中国现代文化名人评传丛书

曾华鹏
范伯群　著

郁达夫评传

南京大学出版社

总主编　张一兵

执行主编　丁帆

中国现代文化名人评传丛书

顾　　问　（按姓氏笔画排序）

　　　　　　刘再复　　袁伟时　　葛剑雄　　董　健

总 主 编　张一兵

执行主编　丁　帆

编　　委　（按姓氏笔画排序）

　　　　　　丁　帆　　王一川　　王中忱　　王彬彬

　　　　　　叶兆言　　田本相　　朱晓进　　孙　郁

　　　　　　吴义勤　　吴为山　　张一兵　　张　法

　　　　　　陈思和　　郑也夫　　胡　明　　徐兴无

　　　　　　蒋述卓　　曾华鹏　　温儒敏　　赖永海

总　序

　　《中国现代文化名人评传丛书》是教育部南京大学新文学研究中心酝酿多年的一个课题计划,它的主旨就是要为广大读者提供一个认识现代社会以来中国文化在极其复杂的语境下是怎样孵化出一大批文人名流的窗口,从而回到历史的现场,更真切地从历史的脉络和缝隙中识别那个时代的文化真实,体悟那个时代里名人的心路历程。

　　近三十年来,海内外陆续出版了许多文化名人的传记和评论著作,可谓十分繁多,其中亦不乏可圈可点之佳作。但总起来说,其局限性也是很明显的——要么就是注重文本的传记特征,凸显其文学性,而淡化了史料性和学术性;要么就是从纯学术性入手,只注重对传主遗留文字内涵的学术性发掘与剖析,而忽略了对人物内心世界的揣摩,对其工作与生活事件的叙述以及对文本艺术性和文学性的追求。从技术层面上来看,这似乎只是个体例问题,其实它关乎的却是文化理念以及方法运用等宏观统摄的大问题。

　　我们这里特别要强调的是关于怎样在大量的史料基础上完成评与传的问题,尤其是传的部分,如何运用合理的"历史的想象力",应该是每一个学者应该持有的基本价值立场。

当"历史是一个被任意打扮的小姑娘"成为许多历史学家回避历史真实性的遮羞布时,当克罗齐的"一切历史都是当代史"成为史学界治史的箴言时,我们不能不看到历史一次次被歪曲的悲剧。我们是一个不缺乏历史教育的国度,但是,我们的历史教育往往是建立在充满着过度丰富的"历史的想象力"之中的,实用政治对历史学的干预往往建立在夸张、扭曲、变形和虚构的基础之上,造就了一代又一代人对历史的误读——远离历史的真实成为一种历史的常态,这是一个十分可怕的事情。当然,我们也十分清楚,历史是永远不可能"还原"和"复原"的,但是,尽可能接近历史的真实,却是每一个史学工作者最最基本的学术道德底线。然而,这个底线为什么会在不同的历史时期一次又一次被突破呢?实用历史的观念把历史学推向了深渊。曾几何时,对秦始皇的过分褒扬而掩盖其非人性的残酷一面,无非是为彼时的专制制度树碑;对各朝各代法家的歌颂无非是为维护其专制统治而立传;对成吉思汗穷兵黩武的膜拜无非是为人类"兽性"张目,因而,当"惜秦皇汉武,略输文采,唐宗宋祖,稍逊风骚,一代天骄成吉思汗,只识弯弓射大雕"不是一个浪漫主义诗人的文学抒情,却成为史学界的治学指南时,注定会产生历史学教育的悲剧结局。同样,对辛亥革命的由贬到褒的过度阐释,片面地追求"历史的想象力",也正是体现了史学界实用主义的治学理念,倘若这种理念不改变,我们的历史学教育仍然会沿着错误的道路滑行。即便是并不遥远的现代史,涂抹历史的记忆也同样是易如反掌的事情。

我们以为,"历史的想象力"应该建立在丰富的史料公开的基础之上,它应该是照亮历史幽暗处的一束光线,使其成为更加光明的原动力;它更应该是填补历史细节不足的润滑剂,成为使其更加丰满起来的驱动力。它不能建立在凭空想象的基础上,没有坚实的史料作为基础,没有基本史实作为实证的依据,就不能抵达历史真实性的彼岸,只有在实证加合乎逻辑的想象前提下,才能更加接近历史真实的原态。

　　如果从文学的角度来谈"历史的想象力"，可能会有许多古往今来的事例可举，只一部《红楼梦》就足以证明它在文学艺术中的生命力所在。但是我想举证的恰恰是二十世纪末以来中国文学在消费文化的影响下滥用"历史的想象力"的弊端。

　　自台港文学中的武侠历史小说流入大陆以后，效仿戏说历史的风潮开始蔓延，作为一种消遣休闲文学，这似乎是无可指责的创作方法。但是，我们不能不看到这样一个悲剧性的事实：许多喝着这样的文学奶汁成长起来的年轻人居然将那些虚构出来的人物故事当作历史教科书的内容来阅读，尤其是在这个人文意识日趋淡薄、工具理性日益发达的时代，那些只希望在"快餐"中获得和完成人文教育的人，是无视历史学和消遣文学之间的界限的，这不能不说是我们文学教育和历史教育的悲哀。

　　如今的历史题材创作已经到了不戏说和不杜撰历史就不能成书的地步了，其中一个最重要的原因就是作家们对于那种需要查阅大量史料，在基本史实的基础上有凭有据地发挥"历史的想象力"的功夫已经失去了耐心，那种"十年磨一剑"、"二十年磨一剑"、"一辈子磨一剑"的严肃创作态度已然被消费文化时代的"快餐"制作法所取代，谁还愿意穷几十年的皓首来"磨铁杵"呢？传统意义上的历史题材的严谨创作已不复存在，为弄清楚一个历史细节花费巨大精力的创作将会成为历史。不知道这是文学的幸还是不幸呢？！

　　从没有"历史的想象力"到过度的"历史的想象力"，我们的历史和文学走过的道路并不曲折，但都不是我们所需要看到的结局。我们需要的是贴近历史原态的价值理念，所以，我们希望这套丛书成为一个运用合理的"历史的想象力"的典范。

　　本着兼顾学术性与可读性的原则，我们在准备编纂这套丛书时，就明确要求作者将"传"与"评"尽可能完美地结合。所谓"传"，是作者以叙事的方法再现传主的生活历程;所谓"评",是作者直接站出来阐释、论说传主的人生意义与文化成就。做到在真实可靠的史料考察基础之上,既具备叙事的文学魅力,又不失清晰的学术剖析。我们充分注意到了本套丛书的受众面——既要为少数文化研究者提供可资参考的史料和学术视野,同时也要兼顾广大文化和文学爱好者拜视文化名人的嗜好,为文化普及做好基础工作。因为我们深知,无论是专业研究,还是业余爱好,一旦失去了其趣味性,是无论如何不可能达到一个"自由王国"境界的。所以,我们倡导在严谨的叙述中,避开那种繁琐考证和过多纠缠于枝节问题的写法,力图着眼于大事件和传主之间的勾连,以及传主行状与时代思潮之间的关联性,以此来勾勒与构筑传主在历史现场的真实存在。

毫无疑问,我们这个时代已经进入了一个文化消费的时代,我们不能要求每一个人都是守成主义者,固守拒绝任何想象的传统"评传"写法,摈弃一切文学的想象和合理的推论。但是,我们绝不提倡那种以出卖传主隐私而获得名利的商业性炒作,反对那种"演义化"的写法。因此,本丛书的编撰原则就十分清楚了,广大读者也可从中看出某种端倪。

为了丰富本丛书史料的直观性,我们要求作者尽可能提供一些有关传主的图像资料,内容包括生活照、手稿、书影等等。其目的就是在严肃的学术性观照中增加历史现场感,同时给书籍的装帧增添一些活泼的色彩,融学术性与艺术性为一体。

丛书将会以成熟一批出版一批的方式呈现在读者面前,其中多属新制原创,少量是旧著修订新版,我们也将在此过程中不断改进和不断完善,将这一套丛书做成一流品位的文化书籍。我们相信,有众多高水平作者的支持,有广大高品位读者的呵护,有一个高要求的编委会以及出版单位的努力与支持,这套丛书一定会达到预期的目标。

丛书编委会

2012 年 1 月

目　录

| 第一章 大风中的孤雁 |

　　从遥远的年代开始,富春江就淙淙地歌唱着,日夜不息地流淌在浙江省的中部。她的清澈潋滟的水流,滋润着两岸丰饶的土地,哺育过一代又一代勤劳的人民。她具有异常优美的景色。早在一千五百年前,梁朝的吴均就对富春江的山光水色作了极为生动的描绘:"自富阳至桐庐,一百许里,奇山异水,天下独绝。水皆缥碧,千丈见底。游鱼细石,直视无碍。急湍甚箭,猛浪若奔。夹岸高山,皆生寒树。负势竞上,互相轩邈,争高直指,千百成峰。泉水激石,泠泠作响。好鸟相鸣,嘤嘤成韵。蝉则千转不穷,猿则百叫无绝。"(《与朱元思书》)在她秀丽的景色中,又点缀着许多名胜古迹,钓台和西台就是其中著名的两处。钓台相传为东汉时严子陵垂钓的地方,后世常以他辞帝归隐的故事作为歌咏那不贪富贵自甘淡泊的隐士的典故;西台则是南宋末年爱国志士谢翱因文天祥就义而击石歌哭悼惜忠良的所在。郁达夫在其《自述诗》里曾吟唱道:"家在严陵滩下住,秦时风物晋山川。碧桃三月花如锦,来往春江有钓船。"就是这富春江明媚秀丽的景色以及沿岸底蕴丰厚的人文环境,孕育着她的儿女中的英杰和俊才，同时也激发了历代无数诗人美好的情思。

1896年12月7日，即光绪二十二年丙申十一月初三的夜半，郁达夫出生在富春江畔的富阳城里。他原名文，小名荫生，达夫为其表字。父亲郁士贤，早年设塾授课兼行中医，后来也曾任富阳县衙门户房司事。母亲陆氏。达夫为郁家幼子，长兄郁华，字曼陀，比他大十二岁，二兄郁浩，字养吾，比他大五岁，姐姐郁凤，比他大两岁。他的家庭原为书香世家，太平天国以后才逐渐破落；达夫出生时仅剩有一间旧式三开间的楼房和六亩薄田，家境贫困。因此郁达夫后来回忆儿时的生活时说："我所经验到的最初的感觉，便是饥饿。"（《悲剧的出生》）

郁达夫出生在"风雨如磐黯故园"的苦难的年代。他说：1896年，"是中国正和日本战败后的第三年；朝廷日日在那里下罪己诏，办官书局，修铁路，讲时务，和各国缔订条约。东方的睡狮，受了这当头的一棒，似乎要醒转来了；可是在酣梦的中间，消化不良的内脏，早经发生了腐溃，任你是如何的国手，也有点儿不容易下药的征兆，却久已流布在上下各地的施设之中。败战后的国民——尤其是初出生的小国民，当然是畸形，是有恐怖狂，是神经质的"（《悲剧的出生》）。另一方面，他的童年又是十分孤独的。在他三岁的时候，父亲就因病去世。正像房屋断了支柱一样，这个家庭的生活也立刻倾斜了。于是，母亲艰难地挑起了沉重的生活担子，经常在外面忙碌奔波，老是不在家里，年幼的姐姐也给送到环山村叶家当童养媳，两个哥哥早就离家很远的书塾去念书，不能和他一起玩。在这个"静得同在坟墓里一样"的家里，陪伴着他的，时常只是老祖母那凄凉而单调的念经的声音。郁达夫回忆说："守了数十年寡的祖母，也已将人生看穿了，自我有记忆以来，总只看见她在动着那张没有牙齿的扁嘴念佛念经。"（《悲剧的出生》）畸形的时代，寂寞的生活，是形成童年时代的郁达夫比较孤僻、内向的性格和气质的重要原因。

由于生活的寂寞，郁达夫就怀着无限亲切的感情眷恋着大自然，而美丽的、神秘的大自然也给这个孤独的孩子带来温暖和安慰,并且使他对生活产生了深深的热爱和丰富的遐想。他后来回忆说:"在小学校念书的时候——也许是在进小学校之先——记得老爱走上离城市稍远的江边上去玩。因为在那里有的是清新的空气,浓绿的草场,和桑槐的并立排着既不知从何处始也不知在何处终的树影,而从树丫枝里望出去的长空,似乎总是一碧无底的。在这些青葱蓝碧的中间,记得还有许多喳喳唧唧和悠然长曳地沁的一声便踪影全无的飞鹰的绝叫声听得出来。置身入这些绿树浓阴的黄沙断岸中间,躺着,懒着,注目望望江上的帆船——那时候这清净的钱塘江上是并没有轮船的——和隔江的烟树青山,我总有大半日白日之梦好做。对于大自然的迷恋,似乎是我从小的一种天性。"(《忏余独白》)当这个头上养了一圈罗汉发的清瘦的孩子沉浸在富春江上的山光水色中的时候,他幼小的心中就会升起一种新的惊异:"这世界真大呀!那宽广的水面!那澄碧的天空!那些上下的船只,究竟是从那里来,上那里去的呢?""我要到什么时候才能大起来呢?我要到什么时候才可以到这象在天边似的远处去呢?到了天边,那么我的家呢?我的家里的人呢?同时感到了对远处的遥念与对乡井的离愁,眼角里便自然而然地涌出了热泪。"(《我的梦,我的青春!》)长日与秀丽的山水相对,培养了郁达夫对自然美的感受能力,孕育了他的诗人的气质。

在郁达夫童年时代的生活中,有几个受苦人的孩子,他们的纯洁、善良、聪慧,给他留下了深刻的印象。经常照顾他的生活的使婢翠花,年纪很小就出来服侍人,她比郁达夫大约大十岁左右,勤劳能干,达夫的母亲整日在外奔劳,"家中的大小操作,全赖着当时只有十几岁的她一双手";翠花是郁达夫寂寞生活中的伴侣,他说:"在我这孤独的童年里,日日和我在一处,有时候也讲些故事给我听,有时候也因我脾气的古怪而和我闹,可是结果终究是非常痛爱我的,却是那一位忠心的使婢翠花。"这个失去童年欢乐的女孩子对待达夫却是异常的关心和疼爱。达夫的守寡的母亲在外面受到亲戚或邻居的欺凌,没有办法,便只好在丈夫的像前痛哭一场。母亲哭了,达夫也陪着哭,这时,翠花也会泪流满面,把达夫抱入怀里,用柔和的话语来抚慰他。有一次达夫不慎跌进大水缸里,失去了知觉,翠花又焦急又怜惜。他回忆说:"……醒转来的时候,已经是晚上了。一睁开眼,我只看见两眼哭得红肿的翠花的脸伏在我的脸上。我叫了一声'翠花!'她带着鼻音,轻轻的问我:'你看见我了么?你看得见我了么?要不要水喝?'"(《悲剧的出生》)对于翠花来说,她的童年没有幸福,没有欢乐,她自己并没有感受到人间的温暖,但是她却处处关心、同情着郁达夫。这个受苦的女孩子身上所表现的纯洁和善良,不能不使郁达夫深深感动。除了翠花以外,郁达夫小时候还有一个朋友,那就是邻居名叫阿千的砍柴的少年。阿千的生活是十分穷困的,他"冬天穿的是同伞似的一堆破絮,夏天,大半身是光光地裸着的;因而皮肤黝黑,臂膀粗大,脸上也象是生落地之后,只洗了一次的样子"。这个穷苦的孩子却勤劳、懂事、乐观。平时,他背着钩刀和小扁担、绳索上山砍柴,碰到人家有丧事或娶亲,他也能去帮忙跑腿,他无忧无愁,整天边干活边唱戏,工作完了,也像大人那样上茶馆酒店。阿千虽然只比达夫大一岁,但他却是郁达夫小时候"所崇拜的英雄"。有时,郁达夫也跟随他到盘龙山上去砍柴,在阿千的指点下,他知道了多少新鲜的事物啊:晴天里一声飞鸣过去的,是老鹰在觅食;树枝头吱吱碴喳,似在打架又像是在谈天的,大半是麻雀之类;远处的竹林丛里,既有抑扬,又带余韵,在那里歌唱的,是深山的画眉;而那长满绛黄色绒毛的薇蕨,炒起来吃味道还很好呢。郁达夫说:"这样问问,那样谈谈,阿千真象是一部小小的自然界的百科大辞典;而到盘龙山脚去的一段野路,便成了我最初学自然科学的模范小课本。"(《我的梦,我的青春!》)翠花和阿千,这两个年幼的受苦的劳动者,在郁达夫面前打开的,是多么美丽的心扉,他们的善良、智慧、勤劳、朴实的优美品质,像春天的细雨,滋润着郁达夫的心田,甚至直到三十年后,这两个童年时代的朋友,还引起郁达夫深深的怀念。

郁达夫七岁时,就夹着绿色书包,拖着红丝小辫子,进书塾读书了。从自由自在的生活到关在屋子里死命地背书,这是多么痛苦的变化。因为在书塾里要从早晨坐到晚上,所以郁达夫和他的同学们就在读书时把身躯使劲地摇摆,并且放开喉咙琅琅地高叫,他们把这当作是"可以助消化,健身体的运动";同时,"大小便,是学生们监禁中暂时的解放,故而厕所就变作了乐园",有一个名叫陈方的同学每天早晨总要大小便十二三次,后来弄得塾师没有办法,"就设下了一枝令签,凡须出塾上厕所的人,一定要持签而出;于是两人同去,在厕所里捣鬼的弊端革去了,但这令签的争夺,又成了一般学生们的唯一的娱乐。"(《书塾与学堂》)这一段充满戏剧性的书塾生活,固然使郁达夫亲自体验到封建教育的僵死和不合理,认识到它是窒息和束缚人的个性发展的沉重桎梏,但是,我们同时也应该承认,郁达夫在这里毕竟也已初步获得一些文化知识。他后来写的《自述诗》说:"九岁题诗四座惊,阿连少小便聪明。"郁达夫在受到文化的初步启蒙以后,在九岁时就以他的诗作显露了他的早慧和惊人的才能。

1907 年,郁达夫正在就读的公立书塾——春江书院,改办为富阳县立高等小学堂,郁达夫便成为最早的新式学堂生。在全校学生中,他的身体、年龄都是属于最小的一个。有几位同班同学是进过学的秀才,年龄都在三十左右,比郁达夫大了十七八岁,他们穿惯了袍子马褂的身躯,穿起制服来,背形微驼,实在不大雅观,这正显示了教育制度新旧交替期的特有现象。郁达夫虽然年纪小,但学习成绩却很好,这一年年底,因为他的平均成绩超出八十分以上,被学校提拔,和其他四位同学跳了一个年级。这件事曾轰动了县城。

　　书塾改为学堂,从而废除了沿袭一千多年的科举制度,这在当时的县城和乡村不能不引起巨大的惊讶和震动,人们都以好奇的目光注视着这一变革中的新事物。郁达夫后来回忆说:"当时的学堂,是一般人的崇拜和惊异的目标。将书院的旧考棚撤去了几排,一间象鸟笼似的中国式洋房造成功的时候,甚至离城有五六十里路远的乡下人,都成群结队,带了饭包雨伞,走进城来挤看新鲜。在校舍改造成功的半年之中,'洋学堂'的三个字,成了茶店酒馆,乡村城市里的谈话的中心;而穿着奇形怪状的黑斜纹布制服的学堂生,似乎都是万能的张天师,人家也在侧目而视,自家也在暗鸣得意。"在当时,甚至连学堂里作文课时发下的两个肉馒头,到乡下也被当作吃了"可以驱邪启智"的珍品呢。所以郁达夫说,"由书塾而到学堂! 这一个转变,在当时的我的心里,比从天上飞到地上,还要来得大而且奇"《书塾与学堂》)。在县立高等小学堂读书期间,郁达夫从十三岁起就开始学习英语。"十三问字子云居,初读琅嬛异域书"《自述诗》)。他和同学们是以浓厚的兴趣和极大的好奇心来学习外语的。他们像背诵古文那样,曲着背,耸着肩,摇摆着身体,用了读古文辞类纂的腔调,来高声朗读英文词句;初学不久,就急于用毛笔在各种线装书上题上英文拼写的自己的名字;稍后,则用异样的发音,操着英语在同学中间开展"你是一只狗"、"我是你的父亲"之类的讨便宜的混战。应该说,这一段学习生活对于郁达夫的思想形成是有积极的影响的。在历史上存在了一千多年的科举制度的传统被废除,而代之以过去所没有过的新式的学堂,这说明固有的秩序正在改变,陈旧的事物必将被历史淘汰,社会是在不断进步的;而学习外语,把郁达夫的目光引向"琅嬛异域书",在他的面前展现了一个陌生的、崭新的领域,这又大大地开拓了他的视野。这种除旧布新的社会进步的现象,不能不在郁达夫的思想里产生潜移默化的作用。

郁达夫像

　　郁达夫在书塾和学堂读书的时间，正是二十世纪初年。民族的灾难，国家的耻辱，政府的腐败，使赤县神州处在风雨飘摇之中；而许多民主志士，正奔走于国内外，为推翻清王朝、拯救祖国而在准备一次血与火的革命。时代的暴风在少年郁达夫的心里也掀起了微澜，他开始关心着国家和民族的命运。他回忆说："到了我十三岁的那一年冬天，是光绪三十四年，皇帝死了；小小的这富阳县里，也来了哀诏，发生了许多议论。熊成基的安徽起义，无知幼弱的溥仪的入嗣，帝室的荒淫，种族的歧异等等，都从几位看报的教员的口里，传入了我们的耳朵。而对于我印象最深的，是一位国文教员拿给我们看的报纸上的一张青年军官的半身肖像。他说，这一位革命义士，在哈尔滨被捕，在吉林被清廷的大员及汉族的卖国奴等生生地杀掉了；我们要复仇，我们要努力用功。所谓种族，所谓革命，所谓国家等等的概念，到这时候，才隐约地在我脑里生了一点儿根。"《书塾与学堂》正是这种活生生的时代和现实的教育，使少年郁达夫的心中开始萌生了爱国的情愫。

　　在家乡的书塾和学堂读了八九年书，郁达夫的文化程度逐渐提高，并且具备一定的阅读能力，因而也就能够初步接触我国的古代文化遗产。他说，他在读书时，"学校的功课，做得很勤，空下来的时候，只读读四史和唐诗古文，当时正在流行的礼拜六派前身的那些肉麻小说和林畏庐的翻译说部，一本也没有读过。只有那年正在小学校毕业的暑假里，家里的一只禁阅书箱开放了，我从那只箱里，拿出了两部书来，一部是《石头记》，一部是《六才子》"《五六年来创作生活的回顾》。广泛阅读《史记》、《汉书》、《后汉书》、《三国志》等历史书籍，认真学习我国古代优秀的诗歌和散文，初步浏览了某些小说、戏曲作品，用心学好学校里的功课，这使少年郁达夫获得了一些历史知识和文化知识，为今后的发展打下了比较坚实的基础。

　　郁达夫"十五岁冬去小学"。1911 年春，十六岁的郁达夫离开了他度过童年和少年时代的家乡富阳,由一位老秀才亲戚陪同,到一百里水路之外的杭州去考中学。当时交通不便,只能乘坐航船慢慢地摇,因而杭州就显得十分遥远了。出发以前,老秀才带着郁达夫先上祖宗堂前去点了香烛,行了跪拜,然后再向祖母、母亲作了三个长揖。当故乡的房屋人家从烟雾迷茫的江面上消失的时候,郁达夫的双颊上止不住地流下了两条冷冰冰的眼泪。然而当他在钱塘江上引领远望到杭州的高山时,这个少年的心里已经涌起了一腔勇进的热意:"杭州在望了,以后就是不可限量的远大的前程!"

投考的学校是当时最难考的杭州府中学堂,考试的内容是作文一篇,几句英文的翻译和四题数学。在等待发榜的闲暇日子里,郁达夫就和那位秀才亲戚以及当时已在杭州陆军小学堂读书的二哥郁浩一道,尽情地游山玩水,饱览了西湖的秀丽风光。待到他被杭州府中学堂录取时,带来的钱已经不够缴纳学膳费了,再加上杭州府中学堂没有宿舍,郁达夫只好另寻出路,终于和三位富阳来的同班同学相约,一道上学膳费比较便宜的嘉兴府中学堂去就学。后来他的《自述诗》里有一首是记此事的:"欲把杭州作汴京,湖山清处遍题名。谁知西子楼台窄,三宿匆匆出凤城。"

在嘉兴府中学堂半年,由于语言、风俗完全不同,而且又是初次离家远行,因而怀乡之念十分强烈。他说:"半年之中,当寝室的油灯灭了,或夜膳刚毕,操场上暗沉沉没有旁的同学在的地方,我一个人真不知流尽了多少的思家的热泪。"(《远一程,再远一程!》)这时,能够抚慰他的寂寞的心,让他寄托孤独的悲哀的,就是读诗和作诗。他在《自述诗》里写道:"吾生十五无他嗜,只爱兰台令史书。忽遇江南吴祭酒,梅花雪里学诗初。"并在诗的自注里说:"十五岁冬去小学,奖得吴梅村诗读之。是予平生专心研求韵律之始。前此唯爱读两汉书耳。"如果说,郁达夫"九岁题诗"只是一种天赋才能的显露,那么现在他就是自觉地专心钻研诗歌的写作了。小学毕业时奖得的吴梅村的诗集是他所爱读的。吴伟业（号梅村），这位十七世纪明末清初的诗人，他在明亡以后的诗作中所咏唱出来的激荡苍凉之音，使郁达夫深为感动。而且，梅村的诗不但是他孤寂生活中的伴侣，也是他学习作诗的借鉴。于是，郁达夫在嘉兴半年，便在一面读书一面作诗的生活中逐渐地成长了。他后来回忆说："忧能伤人，但忧亦能启智；在孤独的悲哀里沉浸了半年，暑假中重回到故乡的时候，大家都说我长成得象一个大人了。事实上，因为在学堂里，被怀乡的愁思所苦扰，我没有别的办法好想，就一味的读书，一味的做诗。"

郁达夫在嘉兴府中学堂读了一个学期，暑假他回富阳路过杭州时，已经不再去赏玩湖山，而是到梅花碑的旧书铺里去买了一大堆书。他说："这一大堆书里，对我的影响最大，使我那一年的暑假期，过得非常快活的，有三部。一部是黎城靳氏的《吴诗集览》，因为吴梅村的夫人姓郁，我当时虽则还不十分懂得他的诗的好坏，但一想到他是和我们郁氏有姻戚关系的时候，就莫名其妙地感到了一种亲热。一部是无名氏编的《庚子拳匪始末记》，这一部书，从戊戌政变说起，说到六君子的被害，李莲英的受宠，联军的入京，圆明园的纵火等地方，使我满肚子激起了义愤。还有一部，是署名曲阜鲁阳生孔氏编定的《普天忠愤集》，甲午前后的章奏议论，诗词赋颂等慷慨激昂的文章，收集得很多；读了之后，觉得中国还有不少的人才在那里，亡国大约是不会亡的。而这三部书读后的一个总感想，是恨我出世得太迟了，前既不能见吴梅村那样的诗人，和他去做个朋友，后又不曾躬逢着甲午庚子的两次大难，去冲锋陷阵地尝一尝打仗的滋味。"（《远一程，再远一程！》）郁达夫从中国近代历史中，更清楚地看到了清朝政府的昏庸腐败，国家地位的岌岌可危，以及爱国志士的英雄气概，从而意识到自己对于国家民族的责任感。这一切就像雨水的浇灌，进一步培育了萌发于他心中的爱国感情的幼苗。

暑假过后，郁达夫终因嫌路途太远，不再去嘉兴上学，而转入原已考取的杭州府中学堂。因为是中途插班进去的学生,而且又在省城的学校,所以他感到陌生和惶恐,比在嘉兴更为孤独。他说:"突然间闯入了省府的中心,周围万事看起来都觉得新异怕人。所以在宿舍里,在课堂上,我只是诚惶诚恐,战战兢兢,同蜗牛似地蜷伏着,连头都不敢伸一伸出壳来。"(《志摩在回忆里》)然而自惭形秽的丑小鸭实际上是一只美丽的白天鹅。郁达夫进校不久,就显示出他的令人惊讶的才能了。他回忆说:"当时的学堂里的课程,英文虽也是重要的科目,但究竟还是旧习难除,中国文依旧是分别等第的最大标准。教国文的那一位桐城派的老将王老先生,于几次作文之后,对我有点注意起来了,所以进校后将近一个月光景的时候,同学们居然赠了我一个'怪物'的绰号;因为由他们眼里看来,这一个不善交际,衣装朴素,说话也不大会说的乡下蠢才,做起文章来,竟也会得压倒侪辈,当然是一件非怪物不能的天大的奇事。"(《孤独者》)十分凑巧的是,这个时候,就在郁达夫的同一级同一宿舍里,还有一个作文也常拿高分的戴金边眼镜的瘦小同学,他名叫徐志摩。谁能想到,就是这两个不起眼的十五六岁的少年,在未来的日子里,将成为蜚声中国文坛的文学家。

郁达夫在杭州府中学堂读书期间,全国曾出现山雨欲来的紧张气氛。这时,孙中山领导的以推翻清政府统治为目标的斗争迅速发展,革命党人正在积极准备着十月的武装起义,社会上各阶层像是大浪里的楼船,都处在颠摇波动之中。郁达夫说,在杭州城较乱时,"余奉祖母、母亲避难家居"(《自述诗·注》),从杭州回到家里。但是,山雨到来前的大风依然吹撼着富阳这座沉静的小城。每天,卖报的小贩敲着铜锣叫卖从省城里来的载有革命进展消息的报纸;革命党人的画像印在有光纸上贴满茶坊酒肆的壁间;人们降低声音交头接耳地谈论着国事。郁达夫也怀着激动的心情,期待着,并且终于迎接革命军的到来。他说:"我也日日的紧张着,日日的渴等着报来;有几次在秋寒的夜半,一听见喇叭的声音,便发着抖穿起衣裳,上后门口去探听消息,看是不是革命党到了。而沿江一带的兵船,也每天看见驶过,洋货铺里的五色布匹,无形中销售出了大半。终于有一天阴寒的下午,从杭州有几只张着白旗的船到了,江边上岸来了几十个穿灰色制服,荷枪带弹的兵士。县城里的知县,已于先一日逃走了,报纸上也报着前两日,上海已为民军所占领。商会的巨头,绅士中的几个有声望的,以及残留着在城里的一位贰尹,联合起来出了一张告示,开了一次欢迎那几十位穿灰色制服的兵士的会,家家户户便挂上了五色的国旗;杭城光复,我们的这个直接附属在杭州府下的小县城,总算也不遭兵燹,而平平稳稳地脱离了满清的压制。"(《大风圈外》)如果说,郁达夫小时候,沿袭一千多年的科举制度的废除,新式学堂的建立,曾经使他聆听到社会进步的足音,那么,现在的辛亥革命,终于结束了长达两千年的封建君主制,在黑暗的中国第一次升起了民主共和的旗帜,这无疑会给他带来更大的震动。历史发展的必然趋势必将在这个年轻人的心中播下民主、进步的思想种子。

在杭州府中学堂上学期间,由于在同学中不入群,郁达夫就把大部分时间都用来买书和读书。当时杭州的旧书铺都聚集在丰乐桥、梅花碑一带,郁达夫每逢星期天,就带着自己省下来的一点钱,在旧书铺里流连忘返。有时赶不上回宿舍吃午饭,他就在市街上的小面馆里,一边吃面,一边翻看刚买来的书。在所购买的书籍中,清代以西湖为背景的短篇小说集《西湖佳话》(古吴墨浪子辑)和描写才子佳人悲欢离合故事的长篇章回小说《花月痕》(魏子安作),是郁达夫着意阅读的两部书,《西湖佳话》中的各个短篇,他起码都读两遍以上。郁达夫爱读的还有《桃花扇》、《燕子笺》等古代戏曲。这些文学作品都带给他很大的艺术享受。他回忆说:"我当时虽则还不能十分欣赏他们的好处,但不知怎么,读了之后的那一种朦胧的回味,仿佛是当三春天气,喝醉了几十年陈的醇酒。"(《孤独者》)在这同时,他还钻研《沧浪诗话》和《白香词谱》等诗歌理论,努力提高旧体诗词的写作水平。大量的阅读与写作,使郁达夫产生了创作和发表的欲望,有时甚至"兴奋得厉害,晚上还妨碍了睡觉"(《孤独者》)。于是他就用假名字向各报馆投稿。他第一次发表作品是在《全浙公报》上,被采用的是一首模仿宋人的五言古诗。当郁达夫在学校阅报室看到自己的作品被报纸排印出来时,兴奋得什么似的,脸热心跳,看了又看,上操场去跳绕了一圈后又回来重新拿起报纸复看一遍,这才放心,这时,他快活得真想大声叫唤起来。可惜郁达夫早年的吟咏多已散佚,写于1911年的三首咏史诗,是目前所能见到的最早的作品,兹录于下:

楚虽三户竟亡秦,万世雄图一夕湮。
聚富咸阳终下策,八千子弟半清贫。

大度高皇自有真,入关妇女几曾亲?
虞歌声里天亡楚,毕竟倾城是美人。

马上琵琶出塞吟,和戎端的爱君深。
当年若赂毛延寿,那得诗人说到今。

年仅十六岁的郁达夫写下的这些诗篇,充分显示了他的文学才华和善于思考历史经验教训的思想特点。

1912年9月,郁达夫为了能更好地学习英文,也为崇拜大学这个诱人的名衔,就转学到杭州的之江大学预科。之江大学原名育英书院,是美国长老会办的教会学校,所以学校里的宗教气氛非常浓厚:每天早晨起床就祷告,吃饭又祷告,平时上午九点至十点有礼拜仪式,星期日还要去做半天礼拜,而圣经则是每年级都必修的重要课目;学校里的各种限制也极严。这一切,对于酷爱自由的郁达夫,都是不能容忍的束缚。他对这所教会学校感到失望和不满,有一部分同学也为膳食问题和厨房发生纠纷而受到学校当局的高压,因而他很快也卷进这场学校风潮里,并成为被学校开除的几名"强硬者"之一。在被勒令离校后,郁达夫就和另外几人一道到同学王仲瑚家开办在海月桥的过塘行小住,继续进行斗争。当时所有对外的传单、新闻记事、请愿呈文等大多出自郁达夫手笔。斗争虽然没有什么满意的结果,但郁达夫回忆说:"可是城里的一处浸礼会的中学,反把我们当作了义士,以极优待的条件欢迎了我们进去。"(《大风圈外》)这所学校就是蕙兰中学。可是进校以后,郁达夫对这所教会学校又十分不满,尤其是那个对洋人奴颜婢膝、对同胞趾高气扬的教务长更引起他的极大反感。所以进校不久,郁达夫就决定自动辍学,回家自学。郁达夫在之江大学预科和蕙兰中学的经历,初步显示了他热爱自由、敢于反抗社会邪恶势力的品格。

此后,郁达夫就回到家乡,在富春江畔那座小楼里,过着索居独学的生活。他在这段时间里学习是刻苦而有计划的。每天清晨起床就先读一小时英文,早饭后整个上午是读中国书的时间,一部《资治通鉴》和两部唐宋诗文醇就是他的课本,下午则看一点自然科学方面的书。这样有计划的刻苦自学,使郁达夫逐渐掌握了一门外语,同时进一步丰富了他的历史、文学以及自然科学的知识。他说,在家乡的独居苦学,"对我的一生,却是收获最多,影响最大的一个预备时代"(《大风圈外》)。同时,无论是这次回家自学,或是一年多以前因辛亥革命避难家居,郁达夫都经常到城外的农村去散步,这就让他有机会亲眼看到农民耕作的劳累,赋税的沉重,生活的艰难,迷信的愚昧,并且终于认识到"中国农村是实在早已濒于破产的绝境了"。农民的困苦使这个年轻人忧心忡忡。他说:"附廓的农民的贫穷与无智,经我几次和他们接谈及观察的结果,使我有好几晚不能够安睡。"(《大风圈外》)如果说,郁达夫小时候曾经从年幼的劳动者身上感受到一些优美的品德,那么随着年龄的增长,他开始关心着劳动农民的命运，为他们的悲惨生活而焦虑，而失眠。应该说，在家居自学这段时间，除了从书本上得到丰富的知识外，能够有机会认真读社会这部大书，对郁达夫来说，这也是莫大的收获。

郁达夫是从时代和民族的深厚土壤中生长起来的一棵天才的幼苗。自己民族苦难的命运激发起他深沉的爱国感情；充满变革的时代培养他争取社会进步的思想意识；历代优秀的文学遗产赋予他丰富的文学修养；他从悠久的历史传统里学习先辈的优美品德；从美丽的大自然获得诗情；并自小同劳动人民保持血肉的联系。这一切，使郁达夫成为一个在思想、生活、艺术方面都有着丰富准备的青年。

啊！郁达夫，虽然你从幼年开始，处境就一直是孤单的，但是时代和生活已经赋予你一对健翮。什么时候你能振翅翱翔，飞向蓝天，飞向更广阔的世界呢？什么时候你能用你的深情、忧郁的声音，来为贫困的祖国和苦难的人民歌唱呢？

第二章 岛国上的抒情时代

一

1913 年,郁达夫的长兄郁曼陀奉他所供职的北京大理院的派遣,赴日本考察司法制度,郁达夫乘此机会随他东渡日本,开始他那长达十年的留学生活。事实上,富春江畔那寂寞的小楼,早已关不住这个年轻人的心了。他说:"即使没有我那位哥哥的带我出去,恐怕也得自己上道,到外边来寻找出路。"(《海上》)

9 月下旬的一个早晨,郁达夫带了几册线装的旧书,穿了一身半新的夹衣,随着哥哥离开了家乡。他们先到上海,住在一品香旅社,为购买船票和应酬来往,忙碌了几天。终于在一个清早,郁达夫和大哥曼陀、大嫂陈碧岑等从杨树浦的汇山码头乘船去日本。当他看到祖国的海岸逐渐在天边消失的时候,他"一点儿离乡去国的悲感都没有",相反的,他终日站在甲板上,满怀喜悦地凝望着辽阔无垠的大海,凌空翱翔的白鸥,西天的落日,秋夜的繁星,他"饱吸了几天天空海阔的自由的空气",在他面前展现着广阔的前程。

他们到达的第一个日本港口是长崎，接着又先后经过濑户、神户、大阪、京都、名古屋等著名城市，一路上且玩且行，等到他们抵达东京，已经是 10 月底了。

在东京小石川区租屋住下后，郁达夫就在这一年的 11 月进入神田的正则学校补习中学功课，晚上还到夜校学习三个钟头的日语。他从住处到正则学校要步行三里多路，天气渐冷，皮鞋破了，在上海做的一套夹呢学生装已无法御寒，幸亏有一位同乡送他一件日本陆军士官学校的旧制服，他晴雨两用，穿了一个冬天。

初到日本，生活上是很不习惯的。房子矮小，睡在铺地的席子上，小菜常常是几块木片似的牛蒡，再加上语言不通，处处感到不便，到这时候，郁达夫"方才感到了离家去国之悲，发生了不可遏止的怀乡之病"（《海上》）。他刚到日本不久，就写了一首诗，抒发他对纷乱中的故国的牵挂和对家乡的思念："闻道江南未息兵，家山西望最关情。几回归梦遥难到，才渡重洋已五更。"

当时中国政府和日本教育当局曾有五校官费的协定，五校即指东京第一高等学校，东京高等师范学校，东京高等工业学校，千叶医学专门学校，山口高等商业学校。凡是考上这五个学校的留学生都由政府给予官费。东京第一高等学校还专为中国留学生设有一年预备班，修满之后就分发到八个高等学校与日本学生一起上课，三年毕业再进大学。因此，留学生只要能考上一高预科，以后一直到大学毕业为止，每月的衣食零用都可以享受官费。郁达夫为了争取能有独立的经济来源，不再在经济上依赖兄嫂，便下决心要考取官费，于是对补习的课程和日语，都加紧用功。从 1914 年 3 月以后，他改变了原来每晚十一时就寝的习惯，"有时候与教科书本荧荧相对，竟会到了附近的炮兵工厂的汽笛，早晨放五点钟的夜工时，还没有入睡"。这种拼命的努力终于使他实现了自己的愿望。郁达夫回忆说:"这一年的夏季,我居然在东京第一高等学校的入学考试里占取了一席。到了秋季始业的时候,哥哥因为一年的考察期将满,准备回国来复命,我也从他们的家里,迁到了学校附近的宿店。于八月底边,送他们上了归国的火车,领到了第一次的自己的官费。"(《海上》)

这一年和郁达夫同时考入一高预科的,还有郭沫若、张资平等。当时日本高等学校课程分为三个部门,第一部为文哲经政科,第二部为理工科,第三部为医科。预科同样也是这样分科教授的。郁达夫考入时是第一部,后来听了长兄曼陀的劝告,认为将来医生较有出路,又转入第三部,因而有机会和郭沫若同班上课。

郁达夫在第一高等学校预科读书期间,开始接触西洋文学。他后来回忆说:"这一年的功课虽则很紧,但我在课余之暇,也居然读了两本俄国杜儿葛纳夫(即屠格涅夫——引者注)的英译小说,一本是《初恋》,一本是《春潮》。"(《五六年来创作生活的回顾》)同时,郁达夫也较勤地写作旧体诗。除了酬答长兄曼陀、二兄养吾的一些诗篇外,1915年他写的一组《日本谣十二首》,抒唱的是他对日本的风土人情、教育文艺的印象,这些诗作已颇委婉动人。郁达夫在一高预科的同班同学郭沫若后来回忆道:"达夫很聪明,他的英文、德文都很好,中国文学的根底也很深,在预备班时代他已经会做一手很好的旧诗。我们感觉着他是一位才士。他也喜欢读欧美的文学书,特别是小说,在我们的朋友中没有谁比他更读得丰富的。"①

1915年夏天,郁达夫在一高预科毕业,他的成绩是第三部的第四名。他被分发至名古屋的第八高等学校学习。八月初三夜他告别居住将近两年的东京时,写了这样一首诗寄赠他的友人:

---

① 郭沫若《论郁达夫》,载《人物杂志》1946年第3期。

蛾眉月上柳梢初，又向天涯别故居。

四壁旗亭争赌酒，六街灯火远随车。

乱离年少无多泪，行李家贫只旧书。

夜夜芦根秋水长，凭君南浦觅双鱼。

这时郁达夫的心情并不好，他后来回忆说："离开东京，上日本西部的那个商业都会名古屋去进第八等学校的时候，心里真充满了无限的悲凉与无限的咒诅；对于两三年前曾经抱了热望，高高兴兴地投入到她怀里去的这异国的首都，真想第二次不再来见她的面。"（《雪夜》）

名古屋第八高等学校位于离开街市中心有两三里地远的东郊乡下，这里的中国留学生比较少。郁达夫进入八高时，学的仍然是医科。但到了1916年秋，由于和长兄曼陀发生龃龉，为了表示报复，郁达夫放弃了长兄建议他读的医科，又由第三部改回第一部文科，并重新从一年级开始。

在八高读书期间，郁达夫除了如饥似渴地阅读大量世界文学名著外，他还开始试作小说，《金丝雀》这篇小说就是这时写成的，可惜原稿已佚失，只留存小说中的五首旧体诗。同时，他这时写的诗，不仅数量多而且质量也好，可以说是他的诗歌创作的第一个丰收期。郑伯奇在《忆创造社》一文里曾写道："记得他（指郁达夫——引者注）在日本'八高'读书的时候就爱写旧体诗。他所写的'汉诗'不仅使日本同学惊异，就连该校的汉文教师也表示钦佩，他因此被全班同学推举为校刊编辑的一员。"[1]当时名古屋的著名日本诗人担风氏对郁达夫的诗曾作了很高的评价，他认为"风骚勿主年犹少，仙佛才兼古亦稀，达夫有焉"（郁达夫1918年11月1日日记）。郁达夫这一期间的诗作，或抒发对故国家乡的思念，或咏唱对日本师友的情谊，或叙写对异地景物的眷恋，或倾诉对自身命运的慨叹，

---

[1]　郑伯奇《忆创造社》，载《文艺月报》1959年第5～9期。

在日本留学时的郁达夫

题材多样,感情真挚,诗味醇美。其中有些作品,曾先后在杭州《之江日报》、上海《神州日报》和日本的《太阳》杂志、《新爱知新闻》的"汉诗栏"上发表。他还参加了名古屋中日友人组成的诗社"佩兰吟社"。这个从九岁就能写诗的年轻人终于携带着诗的竖琴闯进了文学艺术的殿堂。

郁达夫这期间所显示出的聪颖的天资和出众的才华,在同学中留下了非常深刻的印象。钱潮是与郁达夫一道考入东京一高预科的,后来又与他同时被分发到名古屋八高,他们一起度过了几年同窗生活。他在《我与郁达夫同学》一文里回忆了他当时对达夫的印象:"在一高预备班学习时,大概因为是同乡的关系,达夫和我比较接近。他给我最初的印象是:文质彬彬,风流倜傥,但有点神经质。达夫告诉我他对学医兴趣不高,读医科是他长兄郁华的主张。的确,达夫天资很高,聪敏博学,既对中国古典文学特别是诗词有相当的造诣,又精通日语和德语,英语也不错,他后来在名古屋读书时,还经常去找德语教师谈天,流利地用德语会话。""初到名古屋八高,达夫住在学校的学生宿舍御器所村,……我们仍然经常接触。达夫在八高头一年,更加自由不羁了,不大去上课,经常喝酒作诗,每到星期天,更是独自一人到郊外漫游,留连忘返,或者到公园里,高声吟诵中外诗歌和自己的诗作,甚至达到忘乎所以的境地。"钱潮还回忆起这样一件事:"身在异国他乡,我们都很想念家人,特别是达夫,三天两天就给母亲和长兄写信。有一次我发现他母亲的来信竟是用英文写的,十分诧异,达夫对我说,他母亲根本不识英文,中文字也识得很少,为了能经常通信,他教母亲用英文字母拼写富阳话,因为英语仅二十六个字母,比较容易记住和拼写。这是一个出人意外的好办法,我不禁大为赞叹,达夫的聪明,由此可见一斑。"[1]

---

[1]　钱潮《我与郁达夫同学》,见《回忆郁达夫》(陈子善、王自立编,湖南文艺出版社 1986 年出版)。

郁达夫在名古屋八高读书期间，曾于 1917 年暑假回国一次。"去国今年刚四岁"，这是他离开祖国四年后第一次回乡，心情自然是激动而又复杂的。他望着车外的景色，吟咏出这样的诗句："绿树荫中燕子飞，黄梅雨里远人归。青衫零落乌衣改，各向车窗叹式微。"7 月初，当他经过上海的时候，忽传来北京张勋扶植清废帝溥仪复辟的消息。国内政局的动乱和封建顽固势力的猖獗，使他在诗中发出了"干戈满地客还家，望里河山镜里花"的深沉感慨。去国四年的诗人，这次归来，对故乡的山水怀有特别亲切的感情，因而他兴致勃勃地游西子湖，登莫干山；在家乡富阳附近，他观赏龙门山绝壁的万丈飞瀑，俯看舒姑屏山下的秀丽风光，并且都为它们写下优美的诗篇。这次在家乡，郁达夫和比他小一岁的少女孙荃（原名兰坡），奉双方家长之命订了婚。虽然郁达夫对这种旧式的包办婚姻并不满意，但相处之后这位无邪的少女却也使他感到依恋。在即将返回日本的前夕，他写了五首诗赠给未婚妻孙荃，情重意深，流露了依依惜别之情。其中的最后两首是：

> 立马江浔泪不干，长亭诀别本来难。
> 怜君亦是多情种，瘦似南朝李易安。

> 一纸家书抵万金，少陵此语感人深。
> 天边鸿雁池中鲤，切莫临风惜尔音。

返回日本后，郁达夫继续在名古屋第八高等学校求学。1918 年 5 月、6 月间，在日本的中国留学生为反对"中日军协约"而闹风潮，并回国请愿。郁达夫虽没有回国，但他也响应停学，为维持生活，他还曾去东京做工。在 7 月 24 日给未婚妻孙荃的信中他曾谈及此事："留学生归国事起，又逃赴乡间小住。后因财竭，遂赴东京为人佣工。"

1919 年 7 月,郁达夫在名古屋第八高等学校毕业,成绩是三十四个同学中得第二十八名。毕业后他又升入东京帝国大学经济学部。

这一年 9 月,郁达夫接受长兄曼陀之劝,回国参加外交官和高等文官考试。他于 9 月和 10 月在北京先后参加这两次考试,但都失败了。这对平时自视甚高的郁达夫无疑是沉重的打击。他得知外交官考试失败后,曾在 9 月 26 日的日记中愤懑地写道:"庸人之碌碌者,反登台省;品学兼优者,被黜而亡! 世事如斯,余亦安能得志乎? 闻余此次之失败,因试前无人为之关说之故。夫考试而必欲人之关说,是无人关说之应试者无可为力矣! 取士之谓何?"他为此还写了一首诗,抒发他的失望与不平:"江上芙蓉惨遇霜,有人兰佩祝东皇。狱中钝剑光千丈,垓下雄歌泣数行。燕雀岂知鸿鹄志,凤凰终惜羽毛伤! 明朝挂席扶桑去,回首中原事渺茫。"然而此时郁达夫还没有彻底失望。10 月 19 日,他凌晨三点半就起床,迎着"微月一痕,浓霜满地",走进东华门,去参加高等文官考试。但是这次仍然未被录取。两试不第,郁达夫感到莫名的悲哀。他在离京去国前夕写一诗留别二哥养吾:"迹似飞蓬人似雁,东门祖道又离群。秋风江上芙蓉落,旧垒巢边燕子分。薄有狂才追杜牧,应无好梦到刘蕡。明朝去赋扶桑日,心事苍茫不可云。"回到东京后,因心情不好,有一段时间没有给未婚妻写信,到 11 月 28 日才复信给孙荃说:"……因意气消沉,无面目再与汝书耳,谅之宥之。"又说:"青山隐隐,忆煞江南,游子他乡,何年归娶? 君为我伤心,我亦岂能无所感于怀哉! 渭北江东,离情固相似耳,幸勿唤我作无情。"第二天他又给孙荃发出一信说:"文少时曾负才名,自望亦颇不薄,今则一败涂地,见弃于国君,见弃于同袍矣,伤心哉! 伤心哉!"可见这次归国两试不第,使郁达夫深切地感受到报国无门的痛苦,它在郁达夫心灵上留下的是难以磨灭的伤痕。

郁达夫这次回到北京应试,恰好轰轰烈烈的"五四"爱国学生运动才发生不久,北京仍处处洋溢着异常生动的新文化运动的气氛。《新青年》、《每周评论》、《新潮》等刊物上连续发表许多声讨封建礼教,鼓吹科学民主、个性解放的文章,出现了面貌一新的白话诗歌和小说,爱国青年集会、结社、演讲、散传单,热情高涨,而胡适、陈独秀、李大钊、鲁迅等则成为青年们心中崇敬的人物。青年郁达夫在北京期间强烈地感受到这种生气蓬勃的时代气息,并受到熏染与鼓舞。于是他情不自禁地于10月13日给胡适写了一封信,信中赞扬胡适等人所发起的"那一番文艺复兴运动已经唤起了几千万的同志者",并向他表示,在自己所崇拜的人物中,"有一个就是你的名字"。这封信充分显示郁达夫对先驱者们的敬仰和对席卷中国大地的这一场新文化运动的拥护的态度。

郁达夫返回日本后就在东京帝国大学经济学部就读,当时这个学校经济专业拥有较强的师资力量,像高野岩三郎、森户辰男、大内兵卫、矢内原忠雄等都是著名的学者。在浓厚的学术气氛影响下,郁达夫曾一度发愤想撰写一部《中国货币史》,但并未实现,因为他的真正兴趣是在文学方面。他后来回忆帝大的学习生活的情景时说:"那时候生活程度很低,学校的功课很宽,每天于读小说之暇,大半就在咖啡馆里找女孩子喝酒。"(《五六年来创作生活的回顾》)

1920年夏,郁达夫回国并于夏历六月初九和孙荃在富阳结婚。婚后不久,郁达夫六月二十九日就患疟疾。他后来在日记里回忆说:"新婚未几,病疟势危,斗室呻吟,百忧俱集。悲佳人之薄命,叹贫士之无能。"(1920年11月2日日记)应该说,郁达夫和孙荃自订婚以后,是相知越来越深,感情愈来愈浓的。初订婚时,郁达夫接受这位少女尚比较勉强,却也留下良好印象;回国参加外交官和高等文官考试失败,郁达夫受到重大打击,他从孙荃那里得到理解和安慰,因而将孙荃视为可以在险恶人世中倾诉衷肠的知己;而对诗歌创作的共同爱好更成为他们人生旅途中感情联系的重要纽带。三年来他们身居两地,相隔遥远,但却不断以书信来往、诗歌唱和来维系和发展他们的感情。孙荃原名兰坡，"荃"名是郁达夫赠她的。郁达夫在《赠名》一诗里写道："赠君名号报君知，两字兰荃出楚辞。别有伤心深意在，离人芳草最相思。"孙荃虽居乡间却略通音韵，有时也将她自己的诗作寄给未婚夫，郁达夫就为她修改或写诗回赠，因而这种来往唱和就常常成为这一对远隔重洋的青年男女谈情说爱的特殊方式。如有一次孙荃写了一首题为《有感》的诗作给郁达夫："笑不成欢独倚楼，怀人望断海南州。他年纵得封侯印，难抵春闺一夜愁。"这种深情的怨叹感动了郁达夫，他立即写了一首《寄和荃君》："客里逢春懒上楼，无端含泪去神州。阿侬亦是多情者，碧海青天为尔愁。"而更多的则是郁达夫不断借自己的诗篇来倾吐他的心曲，诉说他的相思。例如"故里逢君月正弯，别来夜夜梦青山"，"多病所须唯药物，此生难了是相思"，"当时只道难离别，别后谁知恨更深"……这些情意绵绵的诗行，说明郁达夫对孙荃感情是真挚而又热烈的。有了这几年的感情积累与交流，应该说，他们的婚姻已具有相当的感情基础，因此，在1920年郁达夫回国与孙荃举行合卺之礼时，可以说已是水到渠成了。新婚期间，郁达夫曾写《春闺两首》："梦来啼笑醒来羞，红似相思绿似愁。中酒情怀春作恶，落花庭院月如钩。妙年碧玉瓜初破，子夜铜屏影欲流。懒卷珠帘听燕语，泥他风度太温柔。""豆蔻花开碧树枝，可怜春浅费相思。柳梢月暗猜来约，笼里鸡鸣是去时。锦样文章怀宋玉，梦中鸾凤恼西施。明知此乐人人有，总觉儿家事最奇。"这两首诗作或许能透露郁达夫新婚生活的某些感受。顺便说一下，这种诗歌交流在郁达夫与孙荃的夫妻生活中始终是他们传达感情的特殊方式。例如两年后郁达夫回国后将再返日本的前夜，他们就以联句的形式来传达彼此的离情别绪："梦里哭君行，疑已天明（孙荃）。醒来却喜夜沉沉（郁达夫）。不是阿侬抛不了，郎太多情（孙）。无语算邮程，暗自心惊（郁）。途中千万莫多停，到得胡天安住后，寄个回音（孙）。"

郁达夫赠孙荃诗手迹

郁达夫与孙荃、龙儿(1922 年)

　　另一方面,我们也不能不看到,郁达夫对待女性,又常常是采取一种泛爱的态度的。他在名古屋曾邂逅一位名叫后藤隆子的日本女子,"相逢道左,一往情深",后来又和一位名叫雪儿的日本女人相遇于东京,两人时断时续同居近一年,此外,他对名古屋大松旅舍一侍女梅野,对京都旅舍一侍女玉儿,也都曾献出自己的热情,并以诗相赠。我们认为,郁达夫对女性的这种泛爱态度是有其异常复杂的原因的。从社会根源上来看,这是旧社会一夫多妻合法化的婚姻制度在爱情观上的反映;同时,我国古代市民文学中才子名士恃才放达、不拘小节的风流韵事,西方文学中浪漫主义以至颓废主义的思潮,"五四"前后在我国广泛传播的个性解放的主张,日本社会存在的男尊女卑的普遍现象,以及弥漫在当时中国留日学生中间的不良风气,所有这些,也都错综交织地对郁达夫的思想行为产生了深刻的影响,从而形成了郁达夫的极其复杂的思想性格。当然,从我们今天看来,郁达夫对女性的这种泛爱态度是不足取的,甚至是可以责备的,但同时我们也应注意,由于这种现象的出现在当时有着极其复杂的社会的、思想的原因,所以我们对它还须作具体分析。如果我们只强调郁达夫对孙荃感情的真挚,而忽视另一面,那是不全面的;如果只看到郁达夫的恃才不羁,而不承认他对孙荃曾有过真挚的感情,那也不实事求是。事实上这两个侧面正是异常复杂地统一在郁达夫的身上的。

　　郁达夫虽曾回国参加外交官和高等文官考试,两试不第,但并不能由此说明他缺乏政治才能;像他这样才华横溢、品学兼优的青年,却见弃于国家,报国无门,这正暴露了当时国内政治的腐败。郁达夫在考试失败后写的诗中曾以唐代的刘蕡自比。刘蕡在对策时大胆地抨击宦官专权,劝皇帝诛灭他们,对国家忠心耿耿,但却不被录取。郁达夫把自己比作刘蕡,或者他认为自己也是一个政治上有见解有胆识的人吧。事实也是如此,他在东京帝国大学读书期间就曾显示出自己的政治才能与胆识。和郁达夫同时在日本留学的孙百刚曾有这样一段回忆：

  那时，在东京的中国留学生，常以神田区的中华留日学生青年会会馆为聚会之所。一位姓马的湖南人在主持会务。逢时逢节，留学生在那里举行恳亲会、联欢会、同乡会等。有时也有学术演讲，名人演讲等。有一次由留日学生总会发起，请了当时日本赫赫有名的所谓"宪政之神"的尾崎行雄来会演讲。尾崎长期当选为众议院议员，历任文部大臣、司法大臣、东京市长等职，以雄辩的"狮子吼"出名。那天留学生慕名而来者不下千人，座无隙地，盛极一时。不知尾崎讲到一个有关中国的什么问题时，有几句讽刺中国的言词。等尾崎讲完一段后，忽然听众中有人站起来向台上质询。态度的磊落，措词的得体，持理的充足，观点的正确，再加上日语的流利，声调的激昂，博得全场经久不息的热烈掌声，当场赢得尾崎的道歉。这就是当时还在帝大读书，我和他认识不久的郁达夫。

  等到尾崎演讲结束，我们很多熟人都跑到达夫跟前向他握手致敬，他自己也十分自得。从此我更加钦佩他，知道他不仅有文学天赋，更有政治才能。[1]

  在东京帝国大学读书期间，郁达夫不仅显示了政治才能，而且他的文学才华经过较长时间的孕育，也已经到了结出成熟的果实的时候了。1921年，这个经济学部二年级的大学生，虽然在经济学方面并没有取得显著的成绩，可是在文学方面他却写出了震动中国文坛的作品。短篇小说《银灰色的死》、《沉沦》、《南迁》的陆续出现，使郁达夫和文学从此结下

---

[1] 孙百刚《郁达夫外传》，浙江人民出版社1982年出版。

了不解之缘。

二

　　郁达夫从 1913 年赴日留学,到他写作《银灰色的死》、《沉沦》等小说,经过了八九年的岁月。这段时间,郁达夫从少年时代步入青年时代,是他的思想、性格、气质逐渐形成的重要阶段。因此,他在日本的这段独特的生活经历,以及他所受到的教育和熏陶,都直接影响到他的思想、性格和气质的形成,同时也为他的文学创作提供了生活、思想和艺术的准备。

　　首先,郁达夫在日本特别强烈地意识到作为一个弱国子民的屈辱的社会地位,并由此激发起深沉的爱国感情。十九世纪末,清朝政府在中日甲午战争中惨遭失败,签订了《马关条约》;1901 年面对着八国联军的武装侵略,又签订了丧权辱国的《辛丑条约》;民国成立后,1914 年日本帝国主义派兵占领胶济铁路沿线和青岛;1915 年袁世凯则接受日本帝国主义的二十一条侵略要求,丧心病狂地出卖大量中国主权。中国像一头任人宰割的羊,它遭受到帝国主义国家尤其是日本帝国主义的极其野蛮的屠戮与蹂躏。中国的国际地位日益低落,使日本一些怀有狭隘民族感情的人对中国人产生歧视和鄙视的情绪;而那些漂泊重洋到日本留学的中国学生,也由于祖国母亲的瘦弱与憔悴,而从心中升起严重的自卑感。郁达夫在日本留学期间,亲身感受到这种民族歧视的寒冷气氛,而沉重的民族自卑感也常常压得他喘不过气来,使他沉浸在意识到“国际地位落后的大悲哀中”。郁达夫自己的日记和友人的回忆,就曾记录了一些这方面的内容。如在课堂上听课,教员“嘲骂中国人颇不能堪”,在日常交往中,“为日人某嘲弄,笑我国弱也”,甚至在咖啡馆被日本同学无端瞪眼骂“叭儿狗”,等等。同时,对于刚刚进入青年期而又多愁善感的郁达夫这个具体的人,这种因民族歧视而产生的羞耻和自卑又往往是从男女间的关系中敏感地反映出来。他说:"是在日本,我开始看清了我们中国在世界竞争场里所处的地位;……而国际地位不平等的反应,弱国民族所受的侮辱与欺凌,感觉得最深切而亦最难忍受的地方,是在男女两性,正中了爱神毒箭的一刹那。"他又说,在和日本少女接触中,她们"一听到了弱国的支那两字,那里还能够维持她们的常态,保留她们的人对人的好感呢? 支那或支那人的这一个名词,在东邻的日本民族,尤其是妙年少女的口里被说出的时候,听取者的脑里心里,会起怎么样的一种被侮辱,绝望,悲愤,隐痛的混合作用,是没有到过日本的中国同胞,绝对地想象不出来的"(《雪夜》)。郁达夫的留日同学郭沫若在一篇文章里也证实了这点。郭沫若说:"日本人称中国为'支那'。本来支那并非恶意,有人说本是'秦'字的音变,但出自日本人口中则比欧洲人称犹太还要下作。"①

面对着贫弱的祖国,感受到因祖国的国际地位低下而带来的切肤之痛,郁达夫是多么迫切地期望自己亲爱的祖国会尽快地富强起来,从屈辱中站起,昂首挺胸地屹立于世界,而作为她的儿女也能有扬眉吐气的一天。他在日记里就曾屡次庄严地表白:"予有一大爱焉:爱国。"(1917年6月3日日记)"一身尽瘁,为国而已,倘为国死,予之愿也。"(同年11月日记)因而,他在日本写作的不少诗篇,都深沉地倾吐他对于贫弱的祖国的关切与热爱。这里,既有痛苦的叹息,也有焦急的期待;既晓以民族大义,也寻找救国途径。让我们聆听郁达夫深情的歌唱:"猛忆故园寥落甚,烟花撩乱怯登楼"(1913年);"茫茫烟水回头望,也为神州泪暗弹"(1915年);"须知国破家无寄,岂有舟沉橹独浮! 旧事厓山殷鉴在,诸公何计救神

① 郭沫若《关于日本人对于中国人的态度》,载《宇宙风》第二十五期(1936年9月16日出版)。

州?"(1916年)"文章如此难医国,呕尽丹心又若何?"(1918年)"相逢客馆只悲歌,太息神州事奈何!"(1920年)我们从这些感人肺腑的诗行中,所感受到的不正是诗人滚烫的爱国热情吗?同时,这种爱国热情还促使他注视着、关心着国内政治局势的变化,使他体验到拯救祖国无能为力的巨大痛苦。他在1918年7月16日的日记里写道:"阅报识美国促日本出兵于西伯利亚防德兵与俄兵之东下,各政党虽不甚赞成,然日本素欲示勇于他族人前,早晚或将出兵于我国北境也。日本若出兵,则曩日缔结之中日协约当然将生事变,我国之亡不出数年后矣!而南方政府尚极力运动分离,亡中国者中国人也。余一人虽欲救国,亦安可得乎?"

　　爱国感情是在漫长岁月中共同形成并巩固的对自己的祖国的一种最深厚的情愫。洋溢在郁达夫心中的深厚的爱国感情是十分宝贵的。这种珍贵的情愫,在留学日本那种特殊的生活环境里,激发得更加汹涌,更加浓烈,它奔流于郁达夫的作品里,同时鼓舞他为拯救祖国而在人生道路上不停歇地追求。

　　其次,郁达夫在日本也获得了一部分善良的日本友人真诚的情谊,他还从日本人民的优秀品质和进取精神中受到激励,从日本丰富的传统文化中接受广泛的影响和熏陶,这一切,对他的思想、性格和气质的形成,都具有不可忽视的作用。当时虽然有一部分日本人对中国人抱有歧视的态度,但也有相当多的日本人对中国学生是友好的,他们和郁达夫建立了深厚的友谊。郁达夫在日本所写的诗作中,就有许多是赠送给日本友人的。其中有名古屋第八高等学校的木津老师,有汉文先生松本君,有他的日本同学们,有《太阳》杂志的编辑高野竹隐,有诗友日本老人尾张不埭和须磨香国,有名古屋爱知病院的日本女看护等。郁达夫还曾参加佩兰吟社,和一些日本诗友唱和,他在即将离开名古屋时写了一首《留别佩兰吟社同人》:"高楼风雨忆平津,香草筵前酒几巡。何事离人肠欲断,旗亭月色夜来新。"流露出惜别的情绪。郁达夫和名古屋的著名诗人、画家服部担风氏更有较长时间的密切交往。担风比郁达夫年长近三十岁,二人却成为忘年之交,担风非常器重达夫的才华,达夫也十分仰慕担风。他们以诗会友,一见如故。郁达夫称赞担风是"诗坛第一人"、"先生意气真",而担风对郁达夫的诗也作过很高评价。郁达夫曾应担风之邀为其所作的《织女春思图》、《红闺夜月图》、《杨妃醉卧图》等题诗。离别时担风将自己所画的梅花赠送给郁达夫,这位年轻的中国留学生则以诗回赠:"春风南浦黯销魂,话别来敲夜半门。赠我梅花清几许,此生难报丈人恩。"郁达夫和担风的深挚友谊,是中日人民交往中的一段佳话。

郁达夫在日本留学时,正是日本经过明治维新以后的大正年间,政治局势稳定,经济繁荣,文化绚烂。而当时我国国内的情况则是军阀混战,经济萧条,民不聊生。对比之下,郁达夫受到的刺激是很深的。他说:"我在那里留学的时候,明治的一代,已经完成了它的维新的工作;老树上接上了青枝,旧囊装入了新酒,浑成圆熟,差不多丝毫的破绽都看不出来了;新兴国家的气象,原属雄伟,新兴国民的举止,原也豁荡,但对于奄奄一息的我们这东方古国的居留民,尤其是暴露己国文化落伍的中国留学生,却终于是一种绝大的威胁。"《雪夜》当时的日本社会主要在两个方面给郁达夫留下了深刻的美好的印象:一是政治局势的稳定。他说,在日本能够明显地感受到"在中国社会里无论到什么地方去也得不到的那一种安稳之感,会使你把现实的物质上的痛苦忘掉,精神抖擞,心气和平,拼命的只想去搜求些足使智识开展的食粮"《日本的文化生活》。二是日本人民精进自强的精神。他说,"正因为日本一般的国民生活是这么刻苦的结果,所以上下民众,都只向振作的一方面去精进。明治维新,到现在不过七八十年,而整个国家的进步,却尽可以和有千余年文化在后的英法德意比比。生于忧患,死于逸乐,这话确是中日两国一盛一衰的病源脉案"。因此,他认为,"刻苦精进,原是日本一般国民生活的倾向"《日本的文化生活》,日本人民是"以她固有的那种轻生爱国,耐劳持久的国民性做了中心的支柱"(《雪夜》)。政治局势的稳定,国民的轻生爱国、刻苦精进,就能使古老的国家焕发青春,老树上接上了青枝。日本社会生活的这些情况,对于关心自己祖国命运和前途的郁达夫是会有深刻启迪的。

日本是一个具有丰富的文化传统的国家,而像郁达夫这样富于艺术敏感的人,就会像海绵吸水那样,尽量地吸取异国优秀文化的营养,化为自己的血肉,陶冶自己的素质。郁达夫刚到日本不久,就被日本的传统歌剧净琉璃所感动,并写诗记述其事:"碧玉年华足怨思,珠喉解唱净琉璃。瓣香我为临川爇,掩面倾听幼妇词。"(1914年)对于日本的诗歌俳句,郁达夫也是很欣赏的。他说:"至于后来兴起的俳句哩,又专以情韵取长,字句更少——只十七字母——而余韵余情,却似空中的柳浪,池上的微波,不知所自始,也不知其所终,飘飘忽忽,袅袅婷婷;短短的一句,你若细嚼反刍起来,会经年累月的使你如吃橄榄,越吃越有回味。"他对于日本传统舞的单纯清淡的风格也极赞赏:"你眼看着台上面那种舒徐缓慢的舞态——日本舞的动作并不复杂,并无急调——耳神经听到几声玎玎玲玲与冬冬笃拍的声音,却自然而然的会得精神振作,全身被乐剧场面的情节吸收过去。"至于日本的某些歌曲,则曾经异常强烈地摇撼过诗人的心魄。郁达夫回忆道:"还有秦楼楚馆的清歌,和着三味线太鼓的哀者,你若当灯影阑珊的残夜,一个人独卧在'水晶帘卷近秋河'的楼上,远风吹过,听到它一声两声,真象是猿啼雁叫,会动荡你的心腑,不由你不扑簌簌地落下几点泪来;这一种悲凉的情调,也只有在日本,也只有从日本的简单的乐器和歌曲里,才感味得到。"(《日本的文化生活》)此外,还有那富于日本民族特色的茶道、和服、野游等衣食住行的风俗习惯,也都给郁达夫留下深刻的印象。

可见,普通人民的真诚友谊,新兴国家的蓬勃气象,传统文化的绚烂多彩,这是日本这个东洋岛国展现在郁达夫眼前的另一面。因此,他在那里虽曾感到屈辱和隐痛,但也曾感到亲切和依恋。他说,在日本住了几年,"则这岛国的粗茶淡饭,变得件件都足怀恋;生活的刻苦,山水的秀丽,精神的饱满,秩序的整然,回想起来,真觉得在那儿过的,是一段蓬莱岛上的仙境里的生涯"(《日本的文化生活》)。我们认为,对于郁达夫来说,他的思想感情、性格气质、生活方式、文化修养的形成和培育,最主要的条件当然是我国的社会现实和本民族优秀的文化传统,这是毫无疑问的;但是,他从进入青年时代起就较长时间在日本生活和学习,接受教育,对于这种异国现实生活和文化空气的熏陶和影响的因素,也是不应该忽视的。

再次,郁达夫在日本留学期间,有机会打开了世界文学的宝库,如饥似渴地阅读了许多优秀的文学名著,接触到各种各样的文艺流派,这就使他受到进步作家人道主义思想深刻影响,同时也丰富了自己的文艺修养,扩大了眼界,为从事文学创作打下了坚厚的基础。

郁达夫回忆说:"和西洋文学的接触开始了,以后就急转直下,从杜儿葛纳夫(即屠格涅夫——引者注)到托尔斯泰,从托尔斯泰到独思托以夫斯基,高尔基,契诃夫。更从俄国作家,转到德国各作家的作品上去,后来甚至于弄得把学校的功课丢开,专在旅馆里读当时流行的所谓软文学作品。""在高等学校里住了四年,共计所读的俄德英日法的小说,总有一千部内外,后来进了东京的帝大,这读小说之癖,也终于改不过来。"(《五六年来创作生活的回顾》)郁达夫阅读文学作品可以说是量多面广。郑伯奇在《忆创造社》一文里谈到郁达夫时写道:"他读书的范围非常广泛,不专读一个作家,也不专攻一国文学,凡是名著杰作,他大都阅读。甚至初露头角的作家,或者不大出名的作品,只要兴趣投合,他也津津乐道。"

郁达夫在世界文学之林中遨游,饱览各种奇花异草,乔木名葩。他视野广阔,对各种流派敢于兼收并蓄,同时又有自己特别喜爱的品种,特别欣赏的风格。他的兴趣所在主要是那种具有浪漫气息的、抒情味浓的、弥漫着淡淡忧郁情调的、艺术性较高的作品。其中,俄国的屠格涅夫是他最喜欢的、对他影响最大的一位作家。郁达夫后来说:"在许许多多古今大小的外国作家里面,我觉得最可爱,最熟悉,同他的作品交往得最久而不会生厌的,便是屠格涅夫。这在我也许是和人不同的一种特别的偏嗜,因为我的开始读小说,开始想写小说,受的完全是这一位相貌柔和,眼睛有点忧郁,绕腮胡长得满满的北国巨人的影响。"(《屠格涅夫的〈罗亭〉问世以前》)法国的卢骚在郁达夫的心目中可以说达到崇拜的程度。他说:"法国也许会灭亡,拉丁民族的文明,言语和世界,也许会同归于尽,可是卢骚的著作,直要到了世界末日,创造者再来审判活人死人的时候止,才能放尽它的光辉。"(《卢骚传》)他认为《忏悔录》这部书"使人读了,没有一个不会被他所迷,也没有一个不会和他起共感的悲欢的"(《卢骚的思想和他的创作》)。德国十九世纪末一位不甚知名的作家林道(Rudolph Lindau 1829～1910),也是郁达夫所喜欢的。郁达夫认为,林道作品的特色是:"他的用文字,简练得非凡——原因是因他遍通英、法文,知道选择用语——而每一篇小说的叙述进程之中,随处都付以充分的情绪,使读者当读到了他的最琐碎的描写的时候,也不会感到干燥。笔调是沉静得很的,人物性格是淡写轻描而又能深刻表现的";"他的小说的结构,同俄国屠格涅夫的短篇小说很象"。郁达夫称赞林道的小说是"一种珠玉似的好作品"。(《林道的短篇小说》)郁达夫回国以后,曾在1928年翻译林道的小说《幸福的摆》发表在《奔流》杂志上,作家沈从文读后还以为是郁达夫自己写的小说而加了一个外国人的假名,可见他们两人艺术风格的接近。此外,另一个德国作家施托姆(Theodor Storm)也是郁达夫所喜爱的。他对这个作家的生平和创作十分熟悉,认为施托姆的小说《茵梦湖》是"千古不灭的杰作",他还亲自译过其短篇小说《马尔戴和她的钟》。

　　郁达夫在日本生活的时间较长,不能不受到当时日本文学潮流的冲击。二十世纪初,自然主义和唯美主义在日本文学界都曾产生较大的影响。后来,自然主义文学又逐渐衍变而为私小说。所谓"私小说",其作品的主要特征是:以作家自身的生活琐事作题材,侧重于人物心理的剖析,抒发对生活的感伤咏叹,不讲究情节的完整与结构的严谨。葛西善藏是日本私小说的主要代表作家之一。他"一生穷苦,再加上身体多病,就以他这停滞的私生活作为唯一的素材,把整个身心寄托在上面,严格加以观察,进行创作"①。而葛西善藏是郁达夫十分钦佩的一位作家,就是到了回国以后,他也还经常阅读这位日本文学家的作品。他的日记里时有这方面的记载。例如:"看葛西善藏小说二短篇,仍复是好作品,感佩得了不得。"(《村居日记》)"又买了一本新年号,内有葛西善藏的一篇小说名《醉狂者之独白》,实在做得很好。"(《穷冬日记》)除了葛西善藏外,在唯美主义影响下开始写作的佐藤春夫,是郁达夫敬佩的另一位日本作家。佐藤春夫"向往以厌倦、忧郁和厌世为基调的、颓废的诗一般优美的世界",他"深入近代社会上的人们的内心世界,用复杂的阴郁情调,以及微妙、紧凑的旋律,把人们的忧愁刻画出来"②。对于这位忧郁的日本作家,郁达夫曾经写道:"在日本现代的小说家中,我所最崇拜的是佐藤春夫。……我每想学到他的地步,但是终于画虎不成。"有一次何畏曾对他说:"达夫!你在中国的地位,同佐藤在日本的地位一样。"郁达夫自谦地回答:"惭愧惭愧! 我何敢望佐藤春夫的肩背!"(《海上通信》)

在广泛接触世界各国作家的同时,郁达夫也仍然继续钻研我国古代优秀作家的作品,例如在日本期间他曾于盛夏"读唐宋以来各家诗",并写诗对若干诗人作了评价。对于李商隐,他说"义山诗句最风流";对于温飞卿,他说"中晚唯君近正音";对于杜牧,他说"销魂一卷樊川集";对于陆游,他说"慷慨淋漓老学庵";对于元遗山,他说"伤心怕读中州集";

---

① 西乡信纲等《日本文学史》。
② 西乡信纲等《日本文学史》。

对于吴梅村，他说"红粉青衫总断魂"。这些评论反映了郁达夫对这些优秀诗人及其作品有着深切的理解。

对世界文学名著广泛阅读，对自己爱好的作家深入揣摩，对本民族古代优秀作品精心钻研，这一切，使郁达夫在动手写小说时就已经具有非常丰厚的艺术准备，而一些他最喜爱和钦佩的作家，又直接影响了他创作的艺术风格。

此外，我们还要指出，郁达夫在日本所受到的思想影响并不是单纯的，而是相当复杂的。关于这一点，郁达夫也曾不止一次地说明。例如他在为日本仓田百三的戏剧《出家及其弟子》的中译本写的序中曾回忆他在日本读书时期日本青年的思想情况。他说："当时的日本，政治入于小康，思想纵横错乱之至。大家觉得旧的传统应该破坏，然而可以使人安心立命的新的东西，却还没有找着。所以一般神经过敏的有思想的青年，流入于虚无者，就跑上华严大瀑去投身自杀，志趣不坚的，就作了颓废派的恶徒，去贪他目前的官能的满足。所以当时——我在日本修学的时候——的一高学生，自杀的，年必数起，而沈湎于酒色，屡次受了铁拳制裁，还不能改悔的，一学期中，也总有几个。"（《序孙译出家及其弟子》）郁达夫在自传里也说，当时，"伊孛生的问题剧，爱伦凯的恋爱与结婚，自然主义派文人的丑恶暴露论，富于刺激性的社会主义两性观，凡这些问题，一时竟如潮水似地杀到了东京，而我这一个灵魂洁白，生性孤傲，感情脆弱，主意不坚的异乡游子，便成了这洪潮上的泡沫，两重三重地受到了推挤，涡旋，淹没，与消沈"（《雪夜》）。我们认为，当时日本社会的这种复杂的思想状况，无疑会直接影响到郁达夫的思想、感情、性格、气质以及生活作风，同时也在他的作品中留下投影，使作品呈现出比较复杂的面貌。

《沉沦》是郁达夫奉献给读者的第一个小说集。它由上海泰东书局于1921年10月15日出版，集中除《自序》外，收入《沉沦》、《南迁》、《银灰色的死》三篇作品。它是"五四"新文学运动以后出版的第一部小说集。

这部作品集一出版，就引起国内文坛强烈的震动。它的惊人的取材与大胆的描写受到许多具有爱国心的青年的欢迎。郭沫若说："他的清新的笔调，在中国的枯槁的社会里面，好象吹来了一股春风，立刻吹醒了当时的无数青年的心。"[①]沈从文也说，在当时，郁达夫的名字，"成为一切年青人最熟习的名字了。人人皆觉得郁达夫是个可怜的人，是个朋友，因为人人皆可从他作品中，发现自己的模样"[②]。因此，《沉沦》出版不久就销行两万多册，甚至有人从无锡、苏州连夜乘火车专程到上海买书。但是，与此同时，社会上对这部书的抨击与讥嘲，却也冰雹般地从四面八方向郁达夫袭来，人们称他是颓废派的"肉欲描写者"，骂他是在"诲淫"，诬他的作品是"不道德的小说"，有的则嘲讽他是"故意在自己身上造些血脓糜烂的创伤来吸引过路人的同情"。在这些批评者中，立场态度虽有不同，但他们似乎都认为，《沉沦》的出版是一件大逆不道的事情。

在这部书出版半年以后，周作人针对有人认为《沉沦》是"不道德的小说"的论调，在北京《晨报副刊》上发表一篇文章为郁达夫申辩。他指出，所谓不道德文学共有三种：第一种是反因袭思想的文学，也可以说是新道德的文学；第二种是不端方的文学，它"虽不是端方的而也并非不严肃的，虽不是劝善的而也并非诲淫的"；第三种才是真正的不道德的文学，"因为这是破坏人间的和平，为罪恶作辩护的"。周作人认为，《沉沦》显然应该是属于第二种情况，也就是说，它是不端方的文学，但绝不是不道德的文学。在作了上面的分析以后，周作人写道："我临末要郑重的声明，《沉沦》是一件艺术的作品，但他是'受戒者的文学'（Literature for

---

① 郭沫若《论郁达夫》。

② 沈从文《论中国创作小说》，转引自贺玉波编《郁达夫论》（光华书局1932年出版）。

the initiated），而非一般人的读物。……在已经受过人生的密戒，有他的光与影的性的生活的人，自能从这些书里得到希有的力，但是对于正需要性的教育的'儿童'们却是极不适合的。还有那些不知道人生的严肃的人们也没有诵读的资格；他们会把阿片去当饭吃的。关于这一层区别，我愿读者特别注意。"①这位评论者的这些意见，虽未必十分精当，但在当时对郁达夫还是起了保护作用的。

后来，郁达夫在回顾他的这本处女集出版后的情况时曾说：在1921年"这一年的秋后，《沉沦》印成了一本单行本出世，社会上因为还看不惯这一种畸形的新书，所受的讥评嘲骂，也不知有几十百次。后来周作人先生，在北京的晨报副刊上写了一篇为我申辩的文章，一般骂我诲淫，骂我造作的文坛壮士，才稍稍收敛了他们痛骂的雄词"（《鸡肋集·题辞》）。在以后出版的《达夫代表作》的扉页上，郁达夫还写下了这样一段题辞："此书是献给周作人先生的，因为他是对我的幼稚的作品表示好意的中国第一个批评家"。

《沉沦》的出现，使一部分读者激动，也使一部分读者震怒，它所引起的褒贬誉毁是如此的不同，又是如此的强烈。这种现象正好说明：郁达夫初期的小说并非那种不痛不痒的平庸之作，而是具有一种撼动人心的力量的；同时它又像是一股夹带着泥沙的溪流，以其异常复杂的面貌呈现在读者的面前，而并非清澈见底。然而，人们从这里，也正可以聆听到诗人富有个性的自己的声音，从而窥见郁达夫初期创作的基本特色。

郁达夫在《忏余独白》一文里曾比较详细地谈到自己写作《沉沦》时的心情。他说：

　　　　人生从十八九到二十余，总是要经过一个浪漫的抒情时代

---

① 　周作人《自己的园地·〈沉沦〉》，载《晨报副刊》1922年3月26日。

的，当这时候，就是不会说话的哑鸟，尚且要放开喉咙来歌唱，何况乎感情丰富的人类呢？我的这抒情时代，是在那荒淫惨酷，军阀专权的岛国里过的。眼看到的故国的陆沉，身受到的异乡的屈辱，与夫所感所思，所经所历的一切，剔括起来没有一点不是失望，没有一处不是忧伤，同初丧了夫主的少妇一般，毫无气力，毫无勇毅，哀哀切切，悲鸣出来的，就是那一卷当时很惹起了许多非难的《沉沦》。

所以写《沉沦》的时候，在感情上是一点儿也没有勉强的影子映着的；我只觉得不得不写，又觉得只能照那么地写，什么技巧不技巧，词句不词句，都一概不管，正如人感到了痛苦的时候，不得不叫一声一样，又那能顾得这叫出来的一声，是低音还是高音？或者和那些在旁吹打着的乐器之音和洽不和洽呢？

这段自白，清楚地介绍了《沉沦》的写作背景，作者当时的忧伤失望的心情以及不吐不快的强烈的创作冲动，它能够帮助我们更准确地理解和把握这部作品的思想内容和艺术特色。

《沉沦》里的三篇小说，都是郁达夫在东京帝国大学经济学部读书时创作的，时间都在1921年。它们都以在日本的中国留学生的生活为题材，通过叙写他们在爱情方面的悲剧性的故事，反映生活在异国的留学生所身受的屈辱与内心苦闷，同时也表现作者对这些海外孤儿的深切同情和对祖国母亲的热烈期望。

过去一些研究者认为，在郁达夫公开发表的小说中，《沉沦》是他的第一篇作品，其实这是不确的。郁达夫在1921年7月写的《沉沦·自序》里说："银灰色的死是我的试作，便是我的第一篇创作，是今年正月初二脱稿的。"可见，《银灰色的死》才是郁达夫公开发表的第一篇小说作品。它写出以后，郁达夫曾不署名字把它寄给上海《时事新报》的副刊

《学灯》,半年没有消息,到 1921 年 7 月 7 日,才以"T.D.Y"的署名开始在《学灯》上陆续连载,至 9 月 13 日结束。发表时在文末还有一英文附记,说明这是虚构的故事,它较多取材于史蒂文森的《宿夜》和道生的生平事迹。

《银灰色的死》写的是一个留日学生客死异邦的悲惨故事。主人公 Y 君新婚一年的妻子在国内患病死去了,噩耗给他带来极大的刺激,为了排遣心中的苦痛,他变卖身边所有,在东京的女人和醇酒中麻醉自己。后来他在一家酒馆里认识了主人的女儿——二十岁的善良的静儿,他时常向她诉说自己的不幸,而静儿也同情他,陪着他流泪,因而他们成为"一对能互相劝慰的朋友了"。但是,不久他终于听到静儿要嫁人的消息,心中感到异常的凄凉,就把自己仅有的几本旧书卖了,为静儿买了一点嫁礼,自己则发狂似的喝酒,终因脑溢血而死在洒满银灰色月光的路上。

在作品里,Y 君无限哀伤地感叹:"能互相劝慰的知心好友,我现在上那里去找得出这样的一个朋友呢!"主人公的这段自白,可以看作是这篇充溢着忧郁情绪的小说的主调,它在一定程度上抒发了郁达夫以及当时一部分留日学生所感受的孤独和寂寞的感情。而清丽委婉的文字以及荡漾于字里行间的带着淡淡哀伤的诗情,也初步显示了郁达夫初期创作的艺术特色。但是,作者在这里所叙写的,却只是一个纯粹的爱情悲剧故事,他未能在作品里展现比较鲜明的时代背景,也没有揭示产生这个悲剧的社会根源,因而也就未能赋予它更深刻更广阔的社会内容。

郁达夫本人对《银灰色的死》这篇作品并不很喜欢。在《沉沦》集出版时,他是把它放在"附录"的位置的。1928 年钱杏邨、孟超等选编《达夫代表作》时,曾收入《银灰色的死》,而在 1929 年这本书改版时,郁达夫曾建议把它删去,他在这本书的《改版自序》里说:"在改订这书的当中,本来是想把《银灰色的死》及《还乡两记》删去的,但书店的主人,却希望能维持原书的状态,所以只把文句略加了一番修改,而篇数仍复不动。"
1932年他为上海天马书店编《自选集》时,针对以前出版的《达夫代表作》,他在《自选集序》里说:"他人的嗜好,不一定能合我的胃口,反过来说,我的偏见,也许将为旁人所不取。"他决定自己作一番汰选。然而我们比较两本书的目录就可以发现,《达夫代表作》所收的,除了删去《银灰色的死》和两篇《还乡记》外,其余的篇目基本上都仍旧保留在《自选集》中,从这里也可以看到郁达夫对《银灰色的死》这篇作品的态度。

短篇小说《沉沦》定稿于1921年5月9日,它是郁达夫初期的代表作品。作者在《沉沦·自序》里说:"第一篇《沉沦》是描写着一个病的青年的心理,也可以说是青年忧郁病 Hypochondria 的解剖,里边也带叙着现代人的苦闷。"如果说,《银灰色的死》的爱情悲剧的描写缺乏浓郁的时代色彩,那么《沉沦》里对青年忧郁病的解剖,则是在鲜明的时代背景下进行的。

作品主人公"他"是一个留学日本的中国学生,只有二十一岁,却博览群书,才华横溢。他既能写小说,又会做旧体诗;不但懂得英、德、日语,而且还能把自己写作的小说译成外文。可是这样一个才气焕发的青年却具有多愁善感、孤僻自卑的性格。他喜欢独自跑到人迹罕至的山腰水畔去读诗流泪,顾影自怜;而当他处在稠人广众中时,他甚至感到比一个人在冷清的地方还要孤独。同时他又有着严重的自卑感。日本同学在欢笑,他总以为是在笑他,而"一霎时的红起脸来";路上遇见日本女学生,他也会因为自己是支那人而不敢同她们交谈。这种孤僻和自卑,使他感染着严重的忧郁病,并且觉得"世人与他的中间介在的那一道屏障愈筑愈高了"。

郁达夫在作品里真实地揭示了形成主人公这种多愁善感、孤僻自卑性格的时代和社会的原因。作为一个留学生,小说主人公特别敏锐地感受到,由于祖国的贫弱与落后,他们在国外会遭受到怎样令人难以容忍的民族歧视。作者写道："原来日本人轻视中国人,同我们轻视猪狗一样。日本人都叫中国人作'支那人',这'支那人'三字,在日本,比我们骂人的'贱贼'还更难听。"因此当有人问到他是哪里人时,他总说不出话来,感到自己简直是"站在断头台上",而在内心里则痛苦焦急地呼唤:"中国呀中国,你怎么不强大起来!"然而祖国又不能给他带来丝毫的温暖和希望。遥望大海彼岸的故国,依然是处在沉沉的黑夜中。就身边所看到的,也足以使他寒心:自己的长兄从日本 W 大学毕业回北京,分发在法部任职,但由于为人正直,铁面无私,因而受到部内上下的忌惮和排斥,只好辞职;有的人只到国外鬼混几个月,回国后就"在那里享荣华安乐",而自己虽在国外苦学多年,但回国后"难道定能比他们来胡闹的留学生更强么"? 在他的眼前看不到希望和光明。受到异民族的歧视而又感受不到祖国的温暖,再加上个人生活道路的坎坷和气质上的原因,这就形成了主人公多愁善感、孤僻自卑的性格。这种性格特征是烙印着鲜明的时代色彩的。

这个孤僻自卑的青年,身受沉重的民族压迫,深感离开人群的凄冷,他像一个失去双亲抚爱的孤儿,迫切需要的是安慰和同情,而这在他身上则又表现为对于爱情的如饥似渴的需求。他在日记里这样写着:

知识我也不要,名誉我也不要,我只要一个能安慰我体谅我的"心"。一副白热的心肠! 从这一副心肠里生出来的同情! 从同情而来的爱情!

我所要求的就是爱情!

若有一个美人,能理解我的苦楚,她要我死,我也肯的。

若有一个妇人,无论她是美是丑,能真心真意的爱我,我也愿意为她死的。

对于他来说,只有爱情的雨露才能滋润他那干涸的心田。可是,他的孤僻自卑的性格却又妨碍他去获得这种甘美的雨露。他对爱的强烈需求,由于胆怯和自卑,不敢向任何人坦然地倾吐,而是自己加以压抑、窒息和扭曲,并且以多种变态的方式表现出来。于是,从最初的"在被窝里犯的罪恶",到偷看旅馆主人的女儿洗澡,到在野外偷听一对男女的幽会,直至最后自己踏进妓院的大门,他一步步地走向道德的沉沦。

然而这种变态的性的刺激并不可能带给他任何的慰藉,相反的,对于这样一个良心并未泯灭的青年,只有激起更加频繁的内心的苦斗,增添更多的自责,更多的悔恨。"被窝里犯的罪恶"使他深自羞愧和恐惧,"渐渐儿的生了一种怕见人面的心";偷看少女洗澡,使他"心里怕得非常,羞得非常",甚至还"一边他自家打自家的嘴巴";他一面偷听男女幽会,一面在心里谴责自己:"你去死罢,你去死罢,你怎么会下流到这样的地步。"而当他从妓院出来,他的内心苦斗就更剧烈了:"我怎么会走上那样的地方去的? 我已经变了一个最下等的人了。"除了深沉的悔恨和严酷的自责,他同时还意识到,他所诉求的爱和同情,在现实生活中是不可能获得的。他的灵魂的伤痕得不到抚慰,他的干涸的心田得不到汩汩甘泉的灌溉。这种极度的失望使他失去生活的勇气和信心。他说:"我就在这里死了罢。我所求的爱情,大约是求不到的了。没有爱情的生涯,岂不同死灰一样么? 唉,这干燥的生涯,这干燥的生涯。世上的人又都在那里仇视我,欺侮我,……我将何以为生,我又何必生存在这多苦的世界里呢!"

于是他选择茫茫大海作为自己的归宿,愿意让自己沉沦于万顷碧波之中,以洗涤道德沉沦的污秽。然而就在他向这多苦的世界告别时,他也还以深情的目光凝望着西边的天空,凝望着那一颗摇摇不定的明星底下的故国,喊出撕裂人心的声音:

祖国呀祖国！我的死是你害我的！

你快富起来，强起来罢！

你还有许多儿女在那里受苦呢！

《沉沦》的主人公多愁善感、孤僻自卑的性格，是在特定的时代、社会条件下形成的。因此，作品里所描述的这个故事，与其说是一个孤僻自卑者的性格悲剧，倒不如说是一个社会悲剧——由于国家衰弱和民族歧视而造成的悲剧。虽然这个故事的结构还比较松散，人物的性格发展还不够细腻，但由于作者强烈而真诚的感情像一股冲决堤岸的奔流，漫溢于作品之中，因而它具有一种震撼人心的艺术力量。作品里对两性关系的大胆描写和对人物变态心理的浓烈渲染，虽然都为情节发展和人物刻画所必需，但有时由于墨色过重，而影响作品的思想意义更清晰地显示出来。

《南迁》是一篇三万多字的小说，它写成于 1921 年 7 月 27 日。作者在《沉沦·自序》里说："第二篇《南迁》是描写一个无为的理想主义者的没落，主人公的思想在他的那篇演说里头就可以看得出来。这两篇(指《沉沦》和《南迁》——引者注)是一类的东西，就把他们作连续的小说看，也未始不可的。"

作品主人公伊人是一个被欺侮被损害的青年知识分子的形象。"可怜他自小就受了社会的虐待，到了今日，还不敢信这尘世里有一个善人。"虽然如此，他还是不断地追求自己的幸福，但是所得到的却又只是一次一次的失败。一年以前，在他的生活中曾经出现了光辉灿烂的时刻。那时候，他刚从 N 市的高等学校毕业，即将进入东京帝国大学，经济也很宽裕，他还把自己纯洁的爱情虔诚地奉献给一个二十三四岁的日本女人 M。在他看来，名誉、金钱、女人他都得到了，"他的前途还有许多希望在那里"。但是,没有想到,那个日本女人 M 对他并不真诚,只是逢场作戏而已,玩弄够了就将他抛弃。这一切给他的精神和身体都带来巨大的打击。他独自悲叹道:"名誉,金钱,妇女,我如今有一点什么？什么也没有,什么也没有。我⋯⋯我只有我这一个将死的身体。"后来,他经由一个英国牧师的介绍,离开东京到安房半岛的海边休养,在休养地他邂逅一个也是来养病的日本女学生 O,他们同病相怜,在互相关切中逐渐产生了感情。日本少女温柔而纯洁的热情,给他孤冷的生活带来一些暖意,一些慰藉;伊人像是在茫茫的大海里浮沉时忽然抓到了一个救生圈,他在心里轻轻地呼唤:"O 呀 O,你是我的天使,你还该来救救我。"但是就在伊人黯淡的生命中又闪耀出一线光明的时候,突然一阵狂涛巨浪向他打来,一个日本男学生 K 在教会的讲坛上公开攻击他信教动机不纯,说他是"想与女教友交际交际才去信教的"。这种恶意的中伤使他不敢再继续向那位姑娘表白爱情,他的希望熄灭了。作品在伊人因患肺炎而生命垂危时结束。

如果说,《沉沦》里的主人公因为自卑,所以虽需要爱却又不敢去爱,那么,《南迁》中的伊人就不是这样,他是敢于去爱,敢于热烈地追求自己的幸福的,只不过这种追求有时受到对方的欺骗、玩弄,有时受到外来力量的破坏、打击。在这里,作者比较真实地揭示了一个留日学生在追求爱与同情的过程中所遇到的种种挫折。作品里反复出现日本少女 O 咏唱的歌德《迷娘歌》的一句歌词:"你这可怜的孩子呀,他们欺负了你么,唉!"或者可以看作是这篇小说的主题歌吧。

在这篇小说里,欺负伊人的,是日本妇女 M 和日本青年 K,他们或在感情上欺骗、玩弄他,或直接阻挠他去获得幸福,应当说,在郁达夫的艺术构思中,这两个形象是具有一定的象征意义的。作者在《沉沦·自序》里谈到《沉沦》和《南迁》时说:"这两篇东西里,也有几处说及日本的国家主义对于我们中国留学生的压迫的地方,但是怕被人看作了宣传的小说，所以描写的时候，不敢用力，不过烘云托月的点缀了几笔。"从这段话可以看到，这篇小说的真正创作意图在于：通过描述留学青年的悲惨命运，对帝国主义的民族压迫提出愤懑的控诉。

郁达夫说，这篇小说是"描写一个无为的理想主义者的没落"。的确，《南迁》里的主人公又是一个虽怀抱理想但遭到压迫却逆来顺受、不敢反抗的人。他在离开东京以前，看到工场休工的劳动者，他对那些"可怜的有血肉的机械"曾寄予深切的同情；想到自己祖国的同胞在"军人和官僚的政治"统治下过着暗无天日的生活，也感到愤怒。他曾在心里萌发起向黑暗势力抗争的愿望："可恶的这有权势的人，可恶的这有权势的阶级，总要使他们斩草除根的消灭尽了才好。"这一切都表明他是一个富有正义感的青年。可是在安房半岛的海边，在他受到 K 的攻击的时候，对于这种民族歧视和偏见，他却不敢去斗争，相反的，他还在教会的讲坛上发表长篇演说，宣扬"心贫者福矣，天国为其国也"的耶稣教义。他说，在各种"心贫者"中，有一种人"抱了纯洁的精神，想来爱人爱物，但是因为社会的因习，国民的惯俗，国际的偏见的缘故，就不能完全作成耶稣的爱，在这一种人的精神上，不得不感受一种无穷的贫苦"。他认为，这些"心贫者"，"他们在这堕落的现世虽然不能得一点同情与安慰，然而将来的极乐国定是属于他们的"。因而伊人自己就安于现实的苦难生活，安于不幸的命运，心甘情愿地忍受一切压迫，而在这种宗教式的忍受中放弃了对现实幸福的执着追求。郁达夫在深沉控诉民族压迫的同时又指出：主人公本身的性格软弱，安于命运，不敢反抗，也是他不能获得爱和幸福的一个不可忽视的原因。

作者在《南迁》里着意创造一种富有诗意的、抒情的、忧郁的艺术氛围。一方面，他对安房半岛海滨的景色作了非常出色的描写，那无穷的碧落，蒙蒙的月光，辽阔的海面，渔船的帆樯，寂静的海岸，沙上的足迹，错落的人家，构成一幅诗情洋溢的风景画；另一方面，学音乐的女学生 O

以那悲凉微颤的喉音反复地咏唱着《迷娘歌》,以及渔村劳动者在深夜里幽幽唱出的凄切哀婉的乡下俗曲的歌音,又使作品里荡漾着一种忧伤悒郁的旋律。这种艺术氛围对作品里悲剧性情节的发展作了有力的烘托。当然这个作品在艺术上也存在明显的缺点:故事枝蔓过多,对生活素材缺乏更好的提炼与概括,因而写得不够集中,结尾处伊人发表了一篇宣扬基督教义的长达一千七百字的演说,使情节的进展停滞与沉闷,也影响作品结构的凝炼和严谨。

郁达夫的第一个小说集《沉沦》里所收的作品,从不同的侧面反映了当时一部分留学日本的中国学生的生活和情绪。这三篇小说的总的主题是:对爱的渴望和这种渴望的不能实现。这个总的主题在《银灰色的死》里体现为"爱和同情不可得",在《沉沦》里体现为"需要爱但不敢爱",在《南迁》里则体现为"爱和同情受到破坏"。它好似一个乐曲中的主旋律以不同的变奏形态出现在各个乐章里。这个总的主题是作者郁达夫根据现实中的感受而从自己内心深处呼喊出来的声音,是具有深刻的社会内容的:由于"故国的陆沉"和在国外所身受的"异乡的屈辱",一部分海外孤儿对爱抚和同情有着迫切的需要和渴望;但同样由于民族歧视的严酷和祖国的贫困落后,这种爱的渴望是不可能得到满足和实现的。这个燃烧着滚烫的爱国热情的主题,反映了许多身受民族压迫而又感受不到祖国温暖的爱国青年的情绪,叫喊出他们心底的愿望和苦闷,因而能够引起他们非常强烈的共鸣。这是《沉沦》集的最基本的方面。同时,在三篇作品中,主人公的追求都失败,他们都失去了爱,最后有的患病死去,有的投海自尽,有的则挣扎在死亡线的边沿;虽然他们并未完全绝望,但总的说来,作品的调子都比较凄凉与低沉,没有能够引导读者看到更多的希望的亮光,更没有能够让读者看到出路,这是《沉沦》集存在的明显的局限性。

三

　　1921年7月初旬的一天下午，几个中国留日学生在东京郁达夫的住处——一间三铺席大的客舍楼上，成立了一个倡导新文学的团体，它就是在我国现代文学历史上产生过重大影响的创造社。

　　创造社的诞生是经过较长的酝酿过程的。早在1920年春，一些在日本留学的中国学生：九州帝国大学医科学生郭沫若，东京帝国大学经济学部学生郁达夫、造兵科学生成仿吾、地质科学生张资平，东京高等师范学生田汉，以及京都第三高等学校学生郑伯奇等，由于受到国内发生的五四新文化运动的鼓舞，就积极地互相联络，筹备组织一个文学社团，并打算出版一种纯文艺的杂志。他们要为新文化运动贡献自己的青春和力量。当时成仿吾在给郭沫若的一封信里说："新文化运动已经闹了这么久，现在国内杂志界的文艺，几乎把鼓吹的力都消尽了。我们若不急挽狂澜，将不仅那些老顽固和那些观望形势的人要嚣张起来，就是一班新进亦将自己怀疑起来了。"[1]这段话表达了这群年轻人的想法。他们曾推派田汉回国联系刊物出版处，由于没有得到满意的结果而使社团的成立也拖延了下来。1921年夏天，郭沫若回国期间，在上海得到泰东图书局经理赵南公同意承印刊物的许诺后，立刻赶回日本，分别向朋友们报告回国联系的结果，并开始征集稿件。当时因患胃病正住在骏河台的杏云病院治疗的郁达夫，听到郭沫若介绍情况后十分兴奋，热情地表示出院以后便要创作，而且答应以后可以为每期刊物承担一两万字的文章。由于郭沫若的奔走，郁达夫的热心和朋友们的支持，所以在郁达夫出院以后，创造社就在他的寄宿处成立，并决定尽快

———————————

[1]　转引自郭沫若1921年1月18日致田汉信，载《南国月刊》第二卷第一期。

出版《创造》季刊。

创造社成立以后,郭沫若就带着出版刊物的计划回国。不久,郁达夫收到郭沫若从国内来信,要推荐他到安徽省安庆法政学校担任月薪二百大洋的英文教员,同时遥领泰东书局的编辑,主持《创造》季刊的编务。郁达夫当时已是帝大经济学部三年级生,将届毕业,平时可以不必上课,只要按时参加考试就行,因此回信表示同意,并在接到汇来的路费后于1921年9月初回国,暂住在上海马霍路泰东图书局编译所里。郭沫若向他交代了《创造》季刊的编辑事务以后就又转回日本,郁达夫立即承担起创刊号的准备工作。

这时,暑假回国的郑伯奇正在上海,就继续逗留一段时间,协助郁达夫编辑刊物。他曾在回忆录中谈到对郁达夫的印象:

> 沫若去后,我和达夫同住在泰东,一起工作,一起游玩,生活的很愉快。达夫笔下的人物往往象是忧郁的化身,但他本人却是非常活泼,爽朗。他是中等身材,爱着中装,性情平易近人,给人一种亲切的感觉。他爱谈论,说话很随便,但他的一双眼睛却不断地瞅着对方,似乎在追探对他谈话的微细的反应。他的眼睛不大,也不近视,谈话时放射着光芒,显示出他的聪明、机灵和敏感。他的声音有点沙哑,可能是因为他爱吃纸烟的原故。
>
> ············
>
> 达夫喜欢买旧书,特别是外文书。他常引我去逛旧书店;城隍庙内的小铺子,北京路上的旧货摊,我们都去过。有时我们也到虹口外国人开的旧书店去。达夫能讲一口流利的英语,和那里售书的外国人交谈,好象跟自己人谈家常一样地自由自

在。每逛一次，他就要抱一大包书回来。①

　　郁达夫曾经说过，在完成《沉沦》集里的三篇作品以后，他"志虽不大，也高足以冲破牛斗，言出无心，每大而至于目空一世"（《鸡肋集·题辞》）。郁达夫的勃勃雄心、出众才华和书生意气，使他在事业上表现出高度的自信和不凡的勇气，因此在郭沫若离沪没有几天，他就草拟了一份《创造》季刊的出版预告，刊登在1921年9月29日的上海《时事新报》上，内容如下：

> 　　《创造》第一期，一九二二年一月一日出版，社址：上海马霍路德福里320号。
> 　　自文化运动发生后，我国新文艺为一二偶像所垄断，以致艺术之新兴气运，澌灭将尽，创造社同人奋然兴起打破社会因袭，主张艺术独立，愿与天下之无名作家，共兴起而造成中国未来之国民文学。
> 　　创造社同人：田汉、郁达夫、张资平、穆木天、成仿吾、郭沫若、郑伯奇。
> 　　创刊号内容一斑：……

这不是一般的刊物出版预告，它简直是一份锋芒毕露的宣言书。它以锐不可当的气势宣告一个新文学团体的出现，并且表明这支朝气蓬勃的、年轻的文学新军已经参加到向"社会因袭"作战的阵列，以建设中国未来之国民文学为自己的目标。郁达夫可以说是创造社的敢于冲锋陷阵的英勇闯将。郭沫若刚到日本不久，就在《时事新报》上看到这个出版预告，

---

① 郑伯奇《忆创造社》，载《文艺月报》1959年第5～9期。

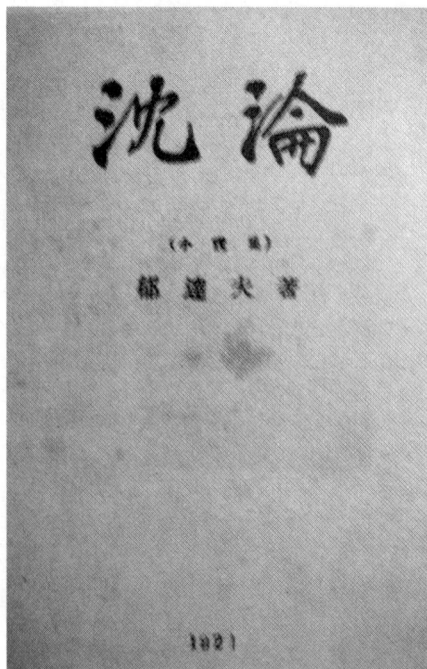

《沉沦》集初版封面

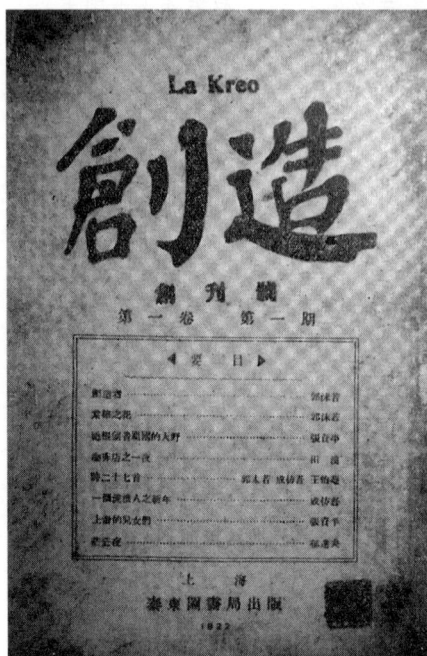

《创造》季刊创刊号封面

立即在 10 月 6 日写信给郁达夫,信中说:"《创造》预告我昨日早在时事新报上看见了。同人们都在希望我们的杂志早出版,资平日前正在写信来问。我在上海逗留了四五个月,不曾弄出一点眉目来,你到不两礼拜,便使我们的杂志早有诞生的希望。你的自信力真比我坚确得多呢!……我见了预告之后,于感得快意的里面,同时增添了无限的责任心。我们旗鼓既张,当然要奋斗到底。"①

郁达夫在发出《创造》季刊出版预告后,就动身赴安庆法政学校任教,同时积极准备创刊号的发稿。虽然手边有了一些朋友们写的可用的稿件,但他总觉得还缺乏较有分量的小说,而且,郁达夫又是一个雄心勃勃的人,如果在一期刊物中他所写的作品不能压卷,他是不肯苟且的,所以他就埋头创作了一篇两万多字的小说《茫茫夜》。1921 年底学期结束他从安庆回上海,全力编辑刊物,但这篇《茫茫夜》直到 1922 年 2 月才最后定稿,为了等它,刊物就不能按时出版。2 月 13 日,郁达夫才将全部稿件编好,并用 T. D. Y. 的署名写了《编辑余谈》,表示"《创造》第一期的所以产不出来,罪都在我"的歉意。在创刊号上,郁达夫除了小说《茫茫夜》和这篇编后记外,还发表了文艺短论《艺文私见》和《淮尔特著〈杜莲格来〉序文》的译文。然而刊物发稿以后,因为书局无人负责校勘督促,一直愆期到 5 月 1 日才同读者见面。

在创刊号编完发稿以后,郁达夫就于 3 月 1 日从上海动身赴日本,参加东京帝国大学经济学部的毕业考试,并于 4 月在帝大毕业,取得经济学士的学位。领得文凭后,郁达夫又被同乡的留学生举作代表,为官费问题回国请愿一次,于 6 月初再回日本,打算再进帝大文学部深造,后未实现,决定回国。

郁达夫从 1913 年跟随长兄去国赴日本读书,到 1922 年在东京帝国

---

① 郭沫若《海外归鸿》,载《创造》季刊第一卷第一期。

大学毕业,结束留学生活,整整经历了十年的岁月。他在那东邻的岛国上度过了自己生命中最宝贵的青年时代。在那里,他饱览富士山下旖旎的风光,捧饮着人类知识甜美的清泉,弹拨出文艺竖琴忧郁的音调,尝试过爱情之神神秘的酸果;在那里,他曾感受过民族歧视的刺骨的寒风,也曾沐浴到人民友谊的温暖的阳光。十年的异国生活留给他多少痛苦的、欢乐的、屈辱的、浪漫的记忆!而如今,在他结束并要告别这种生活,踏上归国的途程时,他的心情是异常复杂的。一方面,他感到一种莫名的怅惘和离愁:"十年久住的这海东的岛国,把我那同玫瑰露似的青春消磨了的这异乡的天地,我虽受了她的凌辱不少,我虽不愿第二次再使她来吻我的脚底,但是因为这厌恶的情太深了,到了将离的时候,我倒反而生起一种不忍与她诀别的心来。"另一方面,他又为回国后前途的黯淡与渺茫而烦恼,他说:"我在那无情的岛国上,受了十几年的苦,若回到故国之后,仍不得不受社会的虐待,教我如何是好呢!……我是不该回国来的。一样的被人虐待,与其受故国同胞的欺辱,倒还不如受他国人的欺辱更好自家宽慰些。"(《中途》)这种复杂矛盾的心情使郁达夫在决定回国以后一天一天地延长归国日期,甚至买好了船票又到邮船公司去要求改迟船班,直到 1922 年 7 月 19 日才离开东京;而当他靠近船舷,在苍茫夜色里望着东边渐渐隐去的日本海岸时,他从内心里呼唤出这样的声音:"日本呀日本,我去了。我死了也不再回到你这里来了。但是我受了故国社会的压迫,不得不自杀的时候,最后浮上我的脑子里来的,怕就是你这岛国哩!Avé Japon! 我的前途正黑暗得很呢!"(《中途》)

从参加创造社到帝大毕业回国,在这一年时间内,郁达夫的作品并不多。除了少数散文、旧体诗和译作外,他所写的小说只有《胃病》(1921 年 7 月)、《茫茫夜》(1922 年 2 月)、《怀乡病者》(1922 年 4 月)、《风铃》(1922 年 7 月改作)、《秋柳》(1922 年 7 月初稿)等篇。这段时间,虽然郁达夫并未正式结束帝国大学的学业,但他却曾在中途回国内编辑刊物和到安庆教书。对于一个在国外的学校里度过了近十年光阴的青年学生，半年的国内生活，给他的触动无疑会是很大的。他初步接触到国内的社会现实，亲自呼吸到在军阀蹂躏下的父母之邦的污浊、窒息的空气，而"五四"运动以后在国内汹涌着的反对封建主义和军阀统治的时代潮流，又带给他以积极的影响。这种新的生活经历为他的创作提供了新的素材，赋予他的作品以不同于《沉沦》集的新的内容。

郁达夫在这几篇小说里，开始把他的笔触引向对于国内生活的描绘。如果说，《沉沦》集里的作品都是以日本社会作为人物活动的背景，那么，在《茫茫夜》等作品中，作者则用一部分篇幅来展现军阀统治下的国内现实的灰暗的生活图画。《茫茫夜》和《秋柳》是连续性的作品，主人公于质夫原是一个留日学生，曾在日本过着放荡的生活，他怀着"决计想把从来的腐败生活改善"的愿望，回国到 A 地当教员。在他开始新的生活的时候，他暗暗地下了决心："必要把旧时的恶习，改革得干干净净，戒烟戒酒戒女色。自家的品性上，也要加一段锻炼。"于质夫到 A 地教书以后，学生们非常欢迎和尊敬他，纷纷要求增加他所教课程的钟点，他也爱护学生，把他们当成"他的亲爱的兄弟"。然而就在他的面前出现了新生活的曙光的时候，地方军阀李星狼、麦连邑却对学校施加蛮横的压迫，因为这个学校的正直的校长曾经反对过李、麦之流的胡作非为，所以"没有一天不被军阀所仇视"。军阀们花了三千元钱收买了几个学生到学校里捣乱，时而聚众闹事，时而持刀威胁，时而搬走校长等人的行李，致使学校无法继续上课；受到大家尊敬的校长被迫辞职，于质夫关于新生活的幻梦也因此破灭。为了排解内心的失望与苦闷，他就开始进出妓院，沉湎于酒色之中。在这两篇作品里，封建军阀既是破坏学校教学秩序的恶势力，也是无情地撕毁于质夫的希望的罪恶的黑手。读者从作品的艺术描写里，可以窥视到当时国内社会现实的黑暗，也可以感受到作者对野蛮的军阀统治的严厉谴责。在《风铃》这篇小说里，郁达夫把对国内炎凉世态的描写和对某些留学生丑恶品质的揭露结合了起来。主人公于质夫在帝国大学毕业后立即满腔热情地回国找职业，但是到了上海他才发觉，"中国的社会不但不知道学问是什么，简直把学校里出身的人看得同野马尘埃一般的小"。由于找不到适当的职业，他只好去向昔日留学的同窗求助。有一个姓M的同学，在日本时不但不用功读书，而且过着花天酒地的生活，他有一次在菜馆里趁机替中国驻日公使付了菜饭钱，就巴结上这个有权有势的人物，从此以后，公使邀他一起逛妓院，他也请公使和姨太太看戏吃饭，打得火热。这个不学无术的纨绔子弟提早回国后立即当上某洋行经理，在上海大出风头。然而于质夫两次去拜访这个M老爷，他却都拒不见面。另一个同学在日本留学时以吸纸烟贪睡出名，"每日睡在被窝里吸吸纸烟，唱几句不合板的'小东人'便是他的日课"，但是回国以后由于当了"某人的女婿"，而成为炙手可热的人物了。于质夫因为连续碰壁，也就不愿再登门造访。他"看看在中国终究是没有什么事情可干了"，就只好又重返日本，从此"觉得一天一天的消沉下去"。后来当有同学告诉他，国内L氏新任总统，南北统一有了希望，准备回国时，于质夫就万分感慨地说：这些军阀们，"他们不过想利用了这些名目，来借几亿外债，大家分分而已。统一，裁兵，废督，名目是好得很呀！但外债借到，大家分好之后，你试看还有什么人来提起这些事情"。《风铃》这篇小说在以后北新书局出版的《达夫短篇小说集》里，作者曾将它改题为《空虚》，可见郁达夫在这篇作品里所要抒发的，正是他对当时国内政治生活的彻底失望的情绪。此外，在《胃病》、《怀乡病者》里，读者同样可以看到，郁达夫是怎样将他的忧郁的目光，注视着国内的社会。作者通过对国内黑暗的生活图景的真实描绘，表达了他对军阀统治下的社会现实的强烈不满，和对灾难深重的祖国前途的深沉忧虑。

在《茫茫夜》、《秋柳》等作品里郁达夫还注意刻画一些挣扎于生活底层的被侮辱被损害者的艺术形象。作者在写《沉沦》集里三篇小说的时候,始终是把全部艺术光束集中照射在主人公的身上,其余的人物一般都不花多少笔墨去描绘,而在这几篇作品里则不是这样,他在以主要力量塑造主人公艺术形象的同时,又能够腾出手来,对一些次要人物加以认真的描写,其中比较成功的则是作者以饱含同情的笔致刻画出来的那些命运悲惨的女性形象。《怀乡病者》写于质夫在东京的一家酒馆里遇见一个十六七岁的中国女侍者,这个眉目清秀的上海姑娘在异国见到自己的同胞,勾引起对故乡的深切怀念,但却只能借酒浇愁,直至醉了还流着冰冷的眼泪喃喃自语:"娥想回自家屋里去。"由于作者准确地把握与表现这个漂泊异邦的少女怀乡的苦闷情绪,因而这个用简洁的线条勾勒出来的女侍者仍然成为一个诗意蕴藉的艺术形象。《茫茫夜》和《秋柳》里还出现了几个性格不同的妓女的形象。但是郁达夫笔下的妓女,并不是一些妖艳淫荡、甘心堕落的性的工具,而是一些本性善良、命运悲惨的妇女。海棠姑娘具有鲁钝、忠厚的性格,她的相貌不美,又不善于应酬媚人,所以客人最少,生活十分困顿。她已被苦难折磨得麻木不仁。虽然她的生活中没有欢乐,没有光明,但她无论承受怎样的蹂躏,却总是无奈地微微一笑,像路旁的野花任人践踏。她是这样安于自己不幸的命运,似乎并不想冲出那无边黑暗的囹圄;对于她来说,大概只有那个不敢让别人知道的出生七八个月的孩子,才是她唯一的安慰吧。翠云姑娘的命运也是很惨的,她曾嫁人,但男人早死,只好再回来过卖笑的生涯,可是现在她已经半老了,那苍黄的脸色,憔悴的形容,潦草的打扮,过时的服装,以及眼睛里常有盈盈的两泓泪水,都显示出她已经像那枯萎的花朵,永远失去了青春和活力,然而这个不幸的女人又在一次火灾中被烧得衣物荡然无存。生活对她是如此残酷无情,她的四周笼罩着浓重的黑暗。碧桃姑娘则好像是一枝生长在污泥里的含苞未放的荷花,她只有十五岁,跟着自己的姑母住在鹿和班里,这个天真、纯洁、充满稚气的女孩子,虽也跟着打牌唱曲,接客出局,但却根本不懂得她所生活的妓院是人世间最丑恶、最无人性的地方,她也还没有想到,在她前面的生活道路上将会有多么可怕的命运在等待她,因而她无忧虑,无邪思。然而她又是一个心地善良、富于同情心的少女,她听了于质夫诉说自己凄凉的经历,就为他洒了同情的眼泪,翠云不幸遭受火灾,她也为之悲哀地叹息。人们看到这个生活在妓院里的天真无邪的女孩子,自然会联想到,海棠、翠云目前的悲惨命运不是已经预示着她的将来了吗? 现实社会的暴风雨的摧残,必然也会使这朵含苞的荷花过早地红销香断的。因而碧桃的形象,也和海棠、翠云一样,都蕴含着深刻的悲剧意义。

郁达夫这时期写作的《怀乡病者》、《风铃》、《茫茫夜》、《秋柳》这几篇小说,都是以于质夫作为主人公的,作者通过不同的作品从不同的侧面来塑造这个具有一定典型意义的艺术形象。这个留日学生在国外遭受到异民族的歧视,毕业后回国找职业处处碰壁,到 A 地当教员又遇到军阀的捣乱。这种怀才不遇、报国无门的生活遭遇给他的心灵留下了深刻的创伤,为了排遣内心的苦闷,他出入于酒楼妓院之地,浮沉在醇酒妇人之中。但是,于质夫并不是一个良心泯灭、玩世不恭的人,相反,他是一个富有正义感和同情心的知识分子。在学校教书期间,对于那些破坏学校教学秩序的军阀之流,他是异常痛恨的。有一次面对着一个受军阀豢养而手持匕首进行捣乱的学生,别的师生都不敢作声,而于质夫却感到"心里有点不平,想出来讲几句话,但是被他的同乡教体操的王先生拖住了";又有一次,几个被收买的学生为驱逐教务长而来搬行李,于质夫也敢于当面责问:"你们何必这样呢?"而当陆校长被军阀逼迫提出辞职,并对师生发表临别演讲时,于质夫感动得热泪盈眶,不等散会就跑回房间,"心里只觉得一种悲愤,无处可以发泄"。可见,在反对军阀迫害的斗争中,他是站在进步的立场上,并且具有鲜明的是非观和爱憎感情的。他有时也进出酒楼妓院,但他对于那些被侮辱与被损害的侍者和妓女,却都给予真挚的同情。在日本时,东京酒楼上那个思念家乡的中国女侍者,曾引起他热情的关注;而在 A 地,对鹿和班里那几个身世凄凉的妓女,他则表现出那么深沉的关切与同情。例如他知道海棠客少,生活困难,"心里却起了一种侠义心",自己起誓:"我要救世人,必须先从救个人入手。海棠既是短翼差池的赶人不上,我就替她尽些力罢。"在以后的日子里,他真的处处照顾海棠,鹿和班发生火灾,他也奋力帮助海棠抢救财物。又如,他听人介绍翠云的不幸经历后,就悲凉地"长叹了一声",十分同情,并尽量想办法来帮助她;翠云遭遇火灾,于质夫到她住的一间同猪圈似的屋里去看望她时,虽然自己并不富裕,却也倾囊相助,并答应继续募款来救济她。在于质夫的心目中,这些妓女并不是低人一等的任人糟蹋的两脚动物,她们和自己一样都是人,她们同样具有人的价值和尊严,同样应该享有和普通人一样的最起码的生活权利。因此他不但不鄙视这群卑贱者,相反,他是始终尊重她们、同情她们的。当然,尽管于质夫曾经把逛妓院的行为当成自己要求个性解放的一个内容,是向封建旧道德的一种大胆的挑战,但是像他这样有良心有正义感的青年,这种扭曲了的反抗是不会使他感到个性的真正解放的,莺燕之巢里的气氛也不可能给他受伤的灵魂带来丝毫的抚慰。面对着卖淫这种世间丑恶的行为,这个富有同情心的知识分子的心里,又怎能不翻腾着矛盾和痛苦的感情波涛呢! 因而他的内心斗争始终是非常激烈的,有时甚至自责到极其残酷的程度。他第一次进妓院时就骂自己是"Living corpse"(活尸);在海棠处留宿,他又严酷地自我谴责:"我真是以金钱来蹂躏人的禽兽呀!"而当他站在纯洁的文学青年面前时,他又真想跪下去向他们忏悔:"啊啊,你们若知道了我的内容,若知道了我的下流的性癖,怕大家都要来打我杀我呢! 我是违反道德的叛逆者,我是戴假面的知识阶级,我是著衣冠的禽兽!"从于质夫这些思想活动中,人们可以看到闪烁在他内心深处的人道的光辉。郁达夫在几篇小说里所刻画的于质夫就是这样的人物:他富有才智,但报国无门;反抗现实,但找不到正确的道路;同情受苦人,但又无能为力;不满于自己的沉沦,但又缺乏自拔的精神力量。这一艺术形象在一定程度上概括了当时一部分不满现实而又找不到出路的知识分子的共同特色,因而具有一定的典型性。

郁达夫在《茫茫夜》、《秋柳》这几篇小说里,描绘了比较广阔的生活背景,拓宽了作品的容量,赋予作品较鲜明的时代色彩;作者把主人公的形象塑造安排在比较复杂的环境中进行,让主人公从不同的事件、场面以及人物关系中来显示自己的性格;在致力探索人物心理活动的同时也较多注意人物外在形态、动作的描绘,因而人物形象就比较清晰、具体和生动。这比《沉沦》集里较多通过在爱情纠葛中的心理分析来刻画人物的手法,已有了进展。但作品在结构上仍然比较松散,对生活素材仍然缺乏更严格的熔铸与剪裁,因而未能写得更凝炼和简洁。当有读者写信批评《茫茫夜》"文体太松","叙事散漫得很"时,郁达夫也撰文表示"这一个批评是我所心服的"(《〈茫茫夜〉发表以后》)。和《沉沦》集相比,这几篇作品猥亵、情色的描写分量更重。《茫茫夜》里曾用较多篇幅描写于质夫由于性和爱情的苦闷所形成的变态心理。当性的苦闷烦扰他时,他就到一家小小的卖香烟的洋货店里,向一个二十五六岁的女人买了一根用熟的针和一条妇人们用的旧手帕。当于质夫得到这两件东西以后,作者是这样描写他的:

> ……幽幽的回到房里,闩上了房门,他马上把骗来的那用旧的针和手帕从怀中取了出来。在桌前椅子上坐下,他就把那两件宝物掩在自家的口鼻上,深深地闻了一回香气。……取了镜子,把他自家的痴态看了一忽,他觉得这用旧的针子,还没有用得适当,呆呆的对镜子看了一二分钟,他就狠命的把针子向颊上刺了一针。本来为了兴奋的原故,变得一块红一块白的面上,忽然滚出了一滴同玛瑙珠似的血来。……对着了镜子里

的面上的血珠,看看手帕上的猩红的血迹,闻闻那旧手帕和针子的香味,想想那手帕的主人公的态度,他觉得一种快感,把他的全身都浸遍了。

这种性的变态的细腻刻画使读者感到窒息。而《秋柳》里的故事则主要是在妓院鹿和班里进行的,作者正面展示妓院里各种淫秽的生活场景,对诸如抽鸦片、打麻将、饮酒唱曲、狎玩调笑,甚至某些猥亵动作,都作了毫无隐掩的刻画。这种过于露骨的情色叙写不仅带给读者消极的影响,同时也损害了作品艺术画面的美感。

四

俄国著名作家屠格涅夫说:"在文学天才身上,……其实,我认为,在任何天才的身上,重要的东西都是我想称之为自己的声音的东西。是的,自己的声音是重要的。生动的、自己特有的声调,其他任何人喉咙里都发不出的音调是重要的。"我们从郁达夫初期的创作里,完全可以听到作者所特有的那种"自己的声音",这就是说,他的初期创作已十分鲜明地表现出自己的艺术个性和艺术特色,并初步形成自己独特的风格;尽管在以后的创作实践中,郁达夫作品的风格还有发展和变化,但它始终是和初期创作中已经奠定和呈现的基本特色相联系的。

那么,什么是郁达夫初期创作所显示出来的基本特色呢?

首先,反对民族歧视,抨击军阀统治,反抗封建道德,是郁达夫初期创作的重要内容。在作品中,他怀着悲愤的感情描写了留日学生在异国所受到的歧视与欺凌,以及这种民族压迫在他们的心灵上镂刻下的伤痕,而这一主题往往是通过富于悲剧性的爱情故事体现出来的。同时,作者对异民族的压迫的深沉控诉又是和对自己祖国的热切期望结合在一起的。他意识到,只有祖国富强昌盛起来,才有可能真正摆脱异民族的凌侮。然而当时的祖国在封建军阀的统治与蹂躏下却陷入贫弱与黑暗的深渊,所以他对那些横行无忌、祸国殃民的军阀,就无情地加以揭露与挞伐。在斗争过程中,郁达夫还看到,当时盘踞在祖国的胸膛上敲骨吸髓的封建势力,又是极端虚伪的。他们男盗女娼,荒淫无耻,却又道貌岸然,满口仁义道德,处处假装正经。对于这种伪君子,必须揭穿其假面具,使他们暴露在光天化日之下。于是郁达夫以自己的方式向这些伪善者挑战。他大胆地暴露自己,赤裸裸地表现两性关系,虽然这种情色叙写有时不免玷污作品的画面,带给读者消极的影响,但在当时却也的确有其向虚伪的旧道德挑衅的一面。在《秋柳》里,当有人提醒于质夫,要他进出妓院别让学生撞见时,于质夫回答说:"学生能嫖,难道先生就嫖不得么?那些想以道德来攻击我们的反对党,你若仔细去调查调查,恐怕更下流的事情,他们也在那里干哟!"可见,郁达夫的大胆的色情描写,是包含着对旧道德叛逆、对恶势力挑战的用意的。正如郭沫若在《论郁达夫》一文里所说:"他那大胆的自我暴露,对于深藏在千年万年的背甲里面的士大夫的虚伪,完全是一种暴风雨式的闪击,把一些假道学、假才子们震惊得至于狂怒了。为什么?就因为有这样露骨的真率,使他们感受着作假的困难。"郁达夫初期创作中就是这样以自己独特的方式点燃起对民族歧视、军阀统治和封建道德愤怒抨击的烈火,这种富于个性特色的叙写鲜明地体现了"五四"时期反帝反封建的时代精神,而洋溢在作品里的爱国热情,有力地显示了作者的进步立场。

其次,郁达夫初期创作中,充溢着强烈浓郁的人道主义精神。它是郁达夫本时期创作活动的思想基础。一方面,人道主义精神使他强烈地要求个性的解放,并对那些限制、损害个性发展的势力进行攻击。众所周知,人道主义肯定人的价值,尊重人的个性,承认人应该有发挥才能、享有合理生活的权利。而帝国主义的民族歧视,则是一种严重摧残人的尊严和人的权利的民族偏见,封建主义的礼教和道德,也是窒息人性的僵死教条,它们都是束缚人的个性发展的沉重桎梏。郁达夫在《沉沦》、《南迁》等作品里,深刻地表现了异民族的歧视是怎样严重地损害了一个要求有正常人的爱的权利的青年人格的尊严,是怎样残酷地毁灭他的个性和才能,并且喊出作者对现实生活中不人道的现象的抗议,应该说,这是对人的尊严和人的权利的积极捍卫。在《茫茫夜》、《秋柳》里,于质夫把自己的进出妓院看作是对封建道德的蔑视与反叛,他公开宣布:“我教员可以不做,但是我的自由却不愿意被道德来束缚。”尽管于质夫这种反抗的方式并不值得称道,而且嫖妓本身也是一种不道德的行为,但是郁达夫在当时对此却是作为敢于向封建势力和旧道德挑战、维护个性的自由发展的积极态度而加以肯定的。另一方面,在郁达夫初期的创作中,人道主义又体现为对被侮辱与被损害者的深切的同情。《茫茫夜》、《秋柳》等作品中的妓女形象,就是闪耀着作者人道主义精神光辉的艺术形象。对于这群挣扎于生活最底层,依靠出卖肉体为生,社会地位十分卑贱的女性,郁达夫始终是把她们当作人来看待的,他真实地描写了她们和普通人一样,有着善良的性格,丰富的感情,和朴素的希望,而对她们那听凭别人随意买卖、践踏、摆布的非人的命运,则表现出强烈的关怀与同情。作者笔下的主人公在灯红酒绿的妓院中所产生的极其剧烈的内心斗争,以及把自己比作“禽兽”的残酷的自责,正是由人道主义精神所激发起来的感情的浪涛。通过以上的分析,我们可以看到,郁达夫初期创作中以独特的视角所表现的人道主义精神,是体现在反对民族压迫、反对封建道德和对受苦人的同情上的,它和被压迫人民的利益是一致的,和“五四”时期反帝反封建的时代精神是一致的,因而无疑具有积极的、进步的意义。当然,郁达夫在当时还看不到彻底消灭这些不人道的社会现象的现实途径,他面对种种违反人性的行为而束手无策,这正反映了人道主义的局限性。

第三,郁达夫初期的创作中,弥漫着浓厚的感伤情绪。他的作品的这一特色,早为许多评论者所指出:有的说,"他是一个感伤极重的作者"①;有的说,他的小说"充满着感伤的情怀"②;有的说,他的作品"使人忧郁起来"③;有的说,他的著作"只有灰暗的阴惨的悲苦的沉痛的调子交织在全集的各处"④。从郁达夫初期的小说来看,这种感伤色彩的确是异常明显的。他的作品大多叙写富有悲剧性的情节,主人公都有一段不幸的经历;而作者又十分注意揭示这些命运悲惨的人物的感伤的情怀,诸如报国无门的烦恼,怀才不遇的苦闷,遭受凌辱的郁悒,生离死别的悲哀,失去爱情的痛苦,思念故国的忧愁,都在作品中得到细致的表现;此外,郁达夫还善于运用以情写景、情景交融等手法,着意给作品渲染一种忧郁的、哀愁的艺术气氛,从而增浓了作品的感伤情调。所以,在郁达夫作品里回荡着的是感伤的、忧郁的歌声。然而正如郁达夫自己所说:"悲怀伤感,决不是一个人的固有私情"(《达夫自选集序》)。应该指出,郁达夫作品中的感伤情绪,是有其深刻的社会根源的。我们知道,痛苦和绝望是那些不了解它们的来源、看不见出路又没有能力斗争的人所特有的。在"五四"时期,许多有良知的作家,虽然看到社会的罪恶和黑暗,但是由于他们思想视野的局限,对产生罪恶的原因无法了解,而且看不到改变这种黑暗现状的方法、力量和前途,所以在他们的作品中普遍存在着悲观的、感伤的情调。这种特点是深烙着时代的印记的。另一方面,我们还认为,郁达夫作品中所以会有这样浓重的感伤情绪,又是和他个人独特的生活经历和审美趣味分不开的。钱杏邨很早就注意到这一点。他说:"达夫的病态的成因也是如此。在幼年的时候,他失去了他的

---

① 锦明《达夫的三时期》,见贺玉波编《郁达夫论》(光华书局 1932 年出版)。
② 贺玉波《关于〈寒灰集〉》,见贺玉波编《郁达夫论》。
③ 沈从文《论中国创作小说》。
④ 钱杏邨《达夫代表作后序》,见贺玉波编《郁达夫论》。

父亲,同时也失去了母性的慈爱,这种幼稚的悲哀,建设了他的忧郁性的基础。长大来,婚姻的不满,生活的不安适,经济的压逼,社会的苦闷,故国的哀愁,呈在眼前的劳动阶级悲惨生活的实际……使他的忧郁性渐渐的扩张到无穷的大,而不得不在文字上吐露出来,而不得不使他的生活完全的变成病态。"①因此,郁达夫对生活的感受就只能是"没有一点不是失望,没有一处不是忧伤"。同时,由于郁达夫受到日本自然主义文艺思潮和西方世纪末颓废主义的影响,在他的审美趣味中对感伤主义是持肯定的态度的。他后来在一篇文章中曾说:"把古今的艺术总体积加起来,从中间删去了感伤主义,那么所余的还有一点什么? 莎士比亚的剧本,英国十八世纪的小说,浪漫运动中的各诗人的作品,又那一篇得完全脱离感伤之域? 我想感伤主义是并无妨害于文学的。不过须有一个相当的限度,我们要不流于浅薄,不使人感到肉麻,那么这感伤主义,就是文学的酵素了。"(《序孙译出家及其弟子》)正是这种个人独特的生活经历和审美趣味,使郁达夫在写作时,有意识地运用各种艺术手段和色彩,在作品的画面和形象里尽情地渲染这种失望、忧伤的情调,使其成为自己艺术创作的最基本的感情旋律。这就是郁达夫作品的感伤情绪的社会的、个人的原因。由于郁达夫的感伤不是完全属于个人的,因而它能够在一定程度上反映当时一部分不满现实而又找不到出路的青年知识分子的内心苦闷。正如当时有一位评论者所说:"我们可以说作者是恰恰生在这个使人忧郁的时代里,世纪末的颓废的情调与感伤的色彩,他是免不掉含有的。我们更当明白,他的忧郁与悲哀就是我们这些同时代的人的忧郁与悲哀,而他的作品便有力地把他的所感表现了出来,也就是把我们大家的所感表现了出来,所以能得到我们的共鸣。"②

---

① 钱杏邨《达夫代表作后序》。
② 贺玉波《〈过去集〉的三种作品》,见贺玉波编《郁达夫论》。

郁达夫自编"全集"之一种:《寒灰集》封面　　郁达夫自编"全集"之一种:《过去集》封面

郁达夫自编"全集"之一种:
《鸡肋集》封面

第四，郁达夫初期的创作，在反映现实生活和抒发思想感情上具有独特的艺术表现方式。在选择生活素材方面，他的作品呈现出明显的自传色彩。他说："我觉得'文学作品，都是作家的自叙传'这一句话，是千真万真的。""作者的生活，应该和作者的艺术紧抱在一块，作品里的 individuality（即个性——引者按）是决不能丧失的"《五六年来创作生活的回顾》）。因此，在他的笔下，无论是《沉沦》集里的"他"、伊人、Y君，还是《茫茫夜》、《秋柳》等小说中的于质夫，都是大量采用作者个人现实生活中的经历、遭遇作为素材塑造成的，读者从这些艺术形象中可以隐约看到郁达夫的影子，感受到作者本人的思想情绪。但是郁达夫又说："我平常作小说，虽极不爱架空的做作，但我的事实 Wahrheit 之中，也有虚构 Dichturg 在内，并不是主人公的一举一动，完完全全是我自己的过去生活。"《〈茫茫夜〉发表以后》）可见，郁达夫的小说又绝不是作者个人的传记，它的不少情节和细节是虚构的。总之，具有自叙传的成分，但又不是个人传记，这就是郁达夫小说选择素材的特点。在描写人物方面，郁达夫注意集中力量揭示人物的内心世界。他的小说，不大讲究篇章结构的严谨，也不追求离奇曲折的情节，而是全力以赴地描写主人公的性格和命运，表现人物的思想情绪与心灵颤动。他自己曾经说过，他的创作"侧重于个人体验"《达夫自选集序》）。所以他刻画人物形象时也并不特别注意外在特征的描绘，没有花很多笔墨去描画人物的肖像和外部动作，而是运用精雕细刻的笔致对人物作心理分析和心理描写，细致地观察和展示现实世界的风云给人物的精神世界带来的投影，激起的波澜，读者从作品人物内心的活动和变化中可以感受到时代脉搏的跳动。在表达感情的方式方面，郁达夫总是毫不隐瞒和掩饰地让自己的感情奔进倾泻出来，表现出惊人的大胆与直率。这和本时期他对文艺的理解是分不开的。他认为，"文艺是天才的创造物，不可以规矩来测量的"，而"天才的作品，都是 Abnormal，Eccentric，甚至有 Unreasonable 的地方，以常人的眼光来看,终究是不能理解的"①(《艺文私见》)。基于这种认识,郁达夫认为在艺术创作时没有什么需要向读者隐瞒的,不应该受到什么规矩的限制,即使他所倾诉的感情到了越轨的地步也没有关系。于是他把自己的喜怒哀乐的情绪,爱憎的态度,荣辱的感受,甚至是内心深处一刹那的猥亵的念头,自私的打算,性的苦闷,都不加掩饰地彻底暴露在读者面前。正如郭沫若所说,"达夫的为人坦率到可以惊人","自我暴露,在达夫仿佛是成为一种病态了"。② 郑伯奇也说:"他赤裸裸地将自己暴露出来,有时还要加上一点'伪恶者'的面目。他的大胆的描写,在当时作者中,是一个惊异。"③然而正是这种坦白直率的自我暴露,这种真挚恳切的写作态度,使郁达夫赢得了广大读者的心。当时有的评论者就指出,"郁达夫那自白的坦白,仿佛给一切年青人一个好机会,这机会是用自己的文章,诉于读者,使读者有'同志'那样感觉。这感觉是亲切的"④。在作品的语言方面,郁达夫善于运用一种凝炼流畅、诗意蕴藉、热情洋溢的文学语言。它既有文言文的凝炼蕴藉,又有白话文的流畅自由。这种语言能够比较完满地表达作品的内容,它显示了郁达夫在锤炼文学语言方面的功底与修养。以上就是郁达夫在选择素材、描写人物、表达感情、运用语言等艺术表现方式上的特色。而他的作品里的反帝爱国的立场,人道主义的精神,感伤忧郁的情绪,则是通过这种独特的个人化的艺术表现方式传递出来的,这一切构成郁达夫初期创作的率真飘逸的艺术风格,并且使他在五四文坛上独树一帜。

郁达夫的这种艺术上独树一帜的特色,二十年代初期在一部分青年

---

① Abnormal,Eccentric,Unreasonable,即异常的,乖张的,不合理的。

② 郭沫若《论郁达夫》。

③ 郑伯奇《中国新文学大系·小说三集导言》。

④ 沈从文《郁达夫张资平及其影响》,见素雅编《郁达夫评传》(上海现代书局1931年出版)。

作者中曾经产生了较大的影响,有的作者甚至是刻意模仿,因而写出了一些比较接近郁达夫的艺术作风的作品。当时被评论家指为受郁达夫影响较深的青年作者就有冯沅君、倪贻德、王以仁等人。

冯沅君以"淦女士"的笔名,在1924年的《创造》季刊和《创造周报》上,先后发表了《隔绝》、《旅行》、《慈母》、《隔绝之后》等小说,后来编为《卷葹》集出版。在几篇带有连续性的作品中,她叙写了一对热烈追求自由和幸福的青年男女最后以死来反抗封建婚姻制度的悲剧,勇敢地喊出了"身命可以牺牲,意志自由不可以牺牲"的呼声。冯沅君的小说在当时以"女子能在本身上加以大胆的解剖"的特色而受到评论者的注意,论者认为她是受到郁达夫等创造社作家的启示,才会写出那样的作品。几篇小说都是采取第一人称的写法,便于直接抒发主观的感情。作者还擅长运用女性作家特有的那种细腻的笔触,解剖人物极其深微的内心活动。而作家以越轨的笔致叙写爱情生活的场面,以惊人的直率袒露内心世界的隐秘,这种大胆的文字在女性作家中是不多见的,从这里尤其可以看到郁达夫对她的影响。

倪贻德从1923年起在创造社的各种刊物上发表作品。其中短篇小说就有《江边》、《寒士》、《玄武湖之秋》、《花影》等。当时有人说,"倪贻德有点象郁达夫",他的"作品富于感伤情调"。[①] 这种评价是符合倪贻德的作品实际的。例如《江边》里穷困的主人公满怀着希望从上海到镇江任教职,却因学校亏空无法聘请,只能面对滚滚长江倾诉他的无限感慨;《花影》描写一对从小就相互爱恋的男女却未能结合,成为旧婚姻制度的牺牲,作品对那已经失去的青梅竹马式的爱情,渲染得诗意浓郁,却又荡漾着淡淡的哀愁。倪贻德的作品带有欷歔之声叙述自己身世的寂寞,怀着凄凉之情抒发失去爱情的苦痛,在他笔下所展现的失业的烦恼,孤独

---

① 郑伯奇《中国新文学大系·小说三集导言》。

的悲哀,婚姻的不幸,在一定程度上暴露了现实社会的不合理和旧婚姻制度的弊病,寄寓了作者对生活的深沉愤慨,而洋溢在作品字里行间的,却是一种"郁达夫式"的浓重的感伤情调。

王以仁的小说集《孤雁》是被列入"文学研究会丛书"出版的,但是他的艺术作风却更接近于创造社。这部小说集共收入《孤雁》、《落魄》、《流浪》、《还乡》、《沉沦》、《殂落》六篇,它们各自独立而又相互联系。作品一律采用书信体,以直抒胸臆的方式,描写主人公"我"——一个青年知识分子从台州到上海找工作不得,流落街头,饥寒交迫,返回家乡又身陷赌窟,沦为赌徒小偷,最后神经错乱而死。全书笼罩着沉闷、悲伤的情绪。王以仁选取自己的某些经历作为小说素材。他在《我的供状(代序)》里说:"《孤雁》的事实,你猜说是我自己的事迹,我就承认是我自己的事迹吧。在前年暑假出来的时候,我实在是穷得这般利害。"但他又说,作品中的有些事实"却不是我自己的事迹了"。在第一人称的叙写中,作者直率地暴露自己病态的心理活动,大胆地展示自己的不轨行为,例如怀着自杀的决心在铁轨边徘徊,采用欺骗的手段从旅馆里逃脱,到共舞台偷看女人,上青莲阁狎玩妓女,在赌场上狂赌滥饮等等,他都赤裸裸地袒露在读者面前。主人公回顾自己短短的生活道路时说:"名誉! 金钱!美人! 我的一生和这三种美妙的名词,永远没有缔结过片刻的良缘!"难道这不正是郁达夫式的慨叹! 王以仁是承认自己受到郁达夫的影响的。他在《我的供状》里说:"你说我的小说很受郁达夫的影响;这不但你是这般说,我的一切朋友都这般说,就是我自己也觉得带有达夫的彩色的。"而郁达夫对王以仁确也曾寄予深厚的期望。有一次青年作家许杰赠他一本王以仁的短篇小说集,郁达夫就在日记里写道:"王以仁是我直系的传代者,他的文章很象我,他在他的短篇集序文(孤雁集序)里也曾说及。我对他也很抱有希望。可是去年夏天,因为失业失恋的结果,行踪竟不明了。"(《新生日记》)王以仁失踪以后,郁达夫还专门在《洪水》上发表了一篇《打听诗人的消息》，寻找"这一位生死未卜的诗人"，并在文章的最后，深情地向王以仁呼唤："你若还没有死，我以后还要请你做稿子哩。"

贺玉波也曾在一篇文章里记述自己年轻时是怎样受到郁达夫影响的。他说：

> 记得初读《秋柳》的时候，我正在北京师范大学读书，一壁是因了这篇作品影响我甚深，一壁是因了年轻一时的放荡不羁，我竟然常常出没于八大胡同了。……实实在在经历了一番狎戏的生活。于是，我更加赞美《秋柳》了，我竟把我自己当作那主人公于质夫一样，尽力地去寻找碧桃、荷珠、海棠、翠云那一类的人物。
>
> 到底，是我成功了，找到了与他们相仿佛的几个妓女。我便把我几个月所得的经验和实感老老实实地写成了一篇《同命鸟》，所描写的人物雪妃是与荷珠、碧桃相当的，红珍是与海棠、翠云相当的，荷生恰好相当于质夫。不过在故事方面所不同的就是：《秋柳》是以火灾收场，《同命鸟》却以自杀结局罢了。
>
> 无论怎样，我肯定是很受了达夫的作品的影响的。不仅仅了解《秋柳》和其他描写娼妓的作品，而且还亲自把它们所含的情景经历过；结果，我也照样写出《同命鸟》和《自沉》两篇东西来。虽然我自己的作品不及他的万分之一，但是我曾经受过他的作风的影响，这是不能掩饰的。[1]

贺玉波的这段自述，使我们清楚地看到，郁达夫独树一帜的艺术作风具有多么迷人的魅力，它是怎样吸引着青年作者们竞相模仿与效法的；当

---

[1]　贺玉波《写在〈郁达夫论〉的后面》，见贺玉波编《郁达夫论》。

然，作品中某些不健康的内容，却也给青年带来消极的影响。此外，由于郁达夫写于"五四"时期的小说具有十分浓郁的主观抒情色彩，而这种艺术类型在中国传统小说中是很少见到的，所以后来就有研究者据此将郁达夫定为中国现代抒情小说的肇始者，他开创了中国现代小说中的一条崭新的流脉。

| 第三章　回到没有铁窗的囚牢 |

一

1922 年 7 月,郁达夫结束了十年日本留学生活,从东京回到上海。他说:"刚从流放地点遇赦回来的一位旅客,却永远地踏入了一个并无铁窗的故国的囚牢,英国的一位讽世家所说的 Life is a prison without bar① 的这一句金言,到此我才领悟到了彻底。"(《忏余独白》)

郁达夫回到上海以后,和先已在沪的郭沫若同住在哈同路民厚南里。这两个血气方刚、锋芒毕露的年轻人见面不久,就协同向当时已有相当影响的文学研究会开展论战。一年前郁达夫在拟《创造》季刊的出版预告时,曾以"我国新文艺为一二偶像所垄断"的话暗射文学研究会。《创造》季刊第一期出版后,沈雁冰就用"损"的笔名在《文学旬刊》上发表了《"创造"给我的印象》,对《创造》上的作品逐篇加以点评,同时也一一

---

① 意思是"生活是一座没有栅栏的牢狱"。

指出其缺点,并告诫这群目空一切的年轻人:"现在与其多批评别人,不如自己多努力。"由于创造社的成员不在上海,所以并未立即进行争论。然而正如郭沫若所说:"但我们毕竟还年青,一回到上海,便逼到了不能忍受的地步。就在那样的情形之下有达夫的《血与泪》的那篇小说写出,那是嘲弄雁冰和振铎诸人在当时所空吹的'血泪文学'的。我也有《论文学之研究与介绍》和《论国内评坛》的两篇文字,在正式地和他们交绥。"①郁达夫的《血与泪》是当时创造社向文研会反攻的重要作品之一。这篇小说叙写一群青年,他们各人都标榜自己的"主义",其实只是趋附时尚,而且都有其功利目的。主要人物江涛本人过着阔绰优裕的生活,却时常用其"猫叫似的喉音"鼓吹有血有泪的"人生艺术",那也是为了追逐时髦,并以此作为赚钱的手段。作者通过这一形象揭露这种主张的虚伪与空洞。联系郑振铎曾在文研会刊物上提倡"血和泪的文学",郁达夫这篇小说的矛头所向是异常明显的。

当然,这只是新文学运动的两支友军之间发生的龃龉,尽管争论也反映了某些文学见解的差异,但更多的还是由于双方都带着宗派情绪。郭沫若后来曾检讨说:"那时候的无聊的对立只是在封建社会中培养成的旧式的文人相轻,更具体地说,便是行帮意识的表现(着重号原有——引者注)而已。"②同时,正由于这种争论只是年轻人的意气用事,双方并不存在根本的利害冲突,相反的,在反对封建主义旧文化和建设新文学方面目标还是一致的,因而也存在着沟通的可能和合作的基础。所以不久郁达夫为纪念郭沫若的诗集《女神》出版一周年,发起举行一次"女神会"。他在《学灯》上发表了《女神之生日》一文,建议"于女神出版后一周年的八月五日的晚上,我们研究文学的人大家聚集一次,开诚布公的谈谈我们胸中所蕴积的言语,同心协力的想个以后可以巩固我们中国新文

---

① ②　郭沫若《创造十年》,《沫若文集》第七卷。

学的方略"。郁达夫还亲自和郭沫若去邀请郑振铎等参加。到开会的那天晚上,文学研究会的成员郑振铎、沈雁冰、谢六逸、庐隐等,都欣然到一品香旅社来参加这个纪念活动。

然而郁达夫的内心是寂寞的。他回到国内时,正遇上"五四"潮落,新文化运动队伍发生深刻分化,曾经是轰轰烈烈的文坛,"倒显着寂寞荒凉的古战场的情景"(鲁迅语),人们对于新文学也不像前两年那样热情了。有一天晚上,郁达夫和郭沫若到泰东书局的门市部去了解《创造》季刊的销售情况,他们得知初版两千本三个月销掉一千五百本,虽然对于一本新面世的刊物,这一销售数字在当时已经相当不错了,但他们仍很不满意,因而就感到十分悲哀,十分孤独。于是两人相约去喝酒,一连吃了三家酒店,足足吃了三十几壶酒,两人都喝醉了,彼此搀扶着踉踉跄跄走回住处。郭沫若感伤地把两人比为孤竹君之二子,说"结果是只有在首阳山上饿死"。而郁达夫则大骂西洋人和资本家,甚至对着马路上奔驰的汽车,举起手来叫喊:"我要用手枪对待!"

1922年9月,郁达夫又再度去安庆法政专门学校任教。他说:"在日本的大学里毕了业,回国来东奔西走,为饥寒所驱使,竟成了一个贩卖知识的商人。"(《鸡肋集·题辞》)

在安庆期间,郁达夫一面教学,一面创作。而且可以看出,他对于文学创作正在进行多方面的探索。他写作独幕剧《孤独的悲哀》(后来收入《过去集》时改名《孤独》),发表历史小说《采石矶》。此外,他还开始写作长篇小说《春潮》,虽然这部作品并未完成,但从发表在《创造》季刊第一卷第三期的开头四章来看,作者可能是有一个比较宏大的计划的。以上情况表明,这时候郁达夫在创作的题材和体裁方面,都在作多种尝试,他希望自己的创作水平能够有新的突破。

在安庆期间,郁达夫还和创造社的其他人一起,同胡适开展了一场论战。郁达夫曾写了一篇《夕阳楼日记》,发表在《创造》季刊第一卷第二期(1922年9月出版)。文章批评当时翻译界存在的粗制滥译的不良现象,将这类不负责任的译者比作"清水粪坑里的蛆虫",同时又以余家菊由英文重译的德国哲学家威铿的《人生之意义与价值》一书为例,指出译文的若干错误。郁达夫的这篇文章引来了胡适的指责。在《努力周报》第二十期上胡适发表了一篇题为《骂人》的编辑余谈,针对《夕阳楼日记》一文,骂郁达夫"浅薄无聊",说他的改译"几乎句句是大错的",是"全不通"的,并连带也攻击创造社其他成员。为此,郁达夫又写了《答胡适之先生》,发表在10月3日《时事新报》副刊《学灯》上进行答辩,指出胡适的批评是"过于独断",是"暴君的态度","是我们现代人所不应该取的";而在历史小说《采石矶》里又以大考据家戴东原影射胡适,说他是一个排斥异己的卑鄙的文人。此外,在《创造》季刊第一卷第三期上,郭沫若发表了《反响之反响》,成仿吾发表了《学者的态度》,也都是反驳胡适的。这次论战虽然主要是在翻译方面,但郁达夫等人所表现的勇敢精神却给人们留下深刻的印象。郭沫若后来说:"胡适在当年是炙手可热的,谁也不敢碰他;然而我们毕竟敢于碰了这只纸老虎儿……创造社当年受到青年们的同情,其主要原因恐怕就在这些地方。"[1]

由于受到胡适的攻击,以及其他方面的不如意,郁达夫的心情很不好。他曾写一封很悲哀的信给在日本福冈的郭沫若,信上甚至说他要投江自杀,使郭沫若十分担心。他还曾写信给当时在美国勤工俭学的友人张闻天,流露了悲哀和孤独的情绪,因而张闻天从美国给他回了一封长信。信中说:

达夫兄:

我看了你的信,我觉得浑身的难过。我对于你真要洒同情

---

[1] 郭沫若《文艺论集·前记》,《沫若文集》第十卷。

之泪了。你能想法到美国来吗？……

但是在美国一样的无味，一样的孤独！其实在我们这样没有过去可以回想，并没有未来可以希望的人，到处都是一样的。不过你如其是来避难，如其是逃出中国的社会，那末你可到这里来。这里是和中国隔离的，如其你不要晓得中国的情形，不要闻到中国的臭味，你可以永要不晓得永要不闻到。况且我十分欢迎你来，做我在撒哈拉沙漠中的同伴！……①

郁达夫并没有应张闻天的邀约到美国去。但是在 1923 年春，他却从安庆卸了职，在北京小住一段时间后回到了上海。由于失业，贫困就像影子一样跟随着他，使他的心情更加苦闷。1923 年 7 月他在《写完了茑萝集的最后一篇》中说："自去年冬天以来，我的情怀，只是忧郁的连续。我抱了绝大的希望想到俄国去作劳动者的想头，也曾有过，但是在北京被哥哥拉住了。我抱了虚无的观念，在扬子江边，徘徊求死的事情也有过，但是柔顺无智的我的女人，劝我终止了。清明节那一天送女人回了浙江，我想于月明之夜，吃一个醉饱，图一个痛快的自杀，但是几个朋友，又互相牵连的教我等一等。我等了半年，现在的心里，还是苦闷得和半年前一样。"从这里可以看到在沉重的生活压迫下郁达夫的内心是何等的苦闷。然而，失业的结果，使郁达夫更多地体验到生活的苦辛，贫困的威胁，使郁达夫更勤奋地写作以卖文糊口。因此，正如他自己所说："这中间生活愈苦，文章也做得愈多，一九二三的一年，总算是我的 Most Productive 的一年，在这一年之内，做的长短小说和议论杂文，总有四十来篇。"（《五六年来创作生活的回顾》）

---

① 此信载于《创造》季刊第一卷第四期"通信"栏。

在半年失业生活中,郁达夫撰写了许多作品,其中有的成为传诵一时的名篇。如《茑萝行》、《春风沉醉的晚上》、《还乡记》、《苏州烟雨记》等,都是在这时写的,发表以后都曾受到广大读者的热烈欢迎。这期间,他还把自己的三篇作品,即《血泪》、《茑萝行》、《还乡记》编辑成书,以《茑萝集》的书名,作为创造社的"辛夷小丛书"第三种出版。这是他继《沉沦》集以后的又一本小说集。他在《茑萝集自序》里说:"半年来因失业的结果,我的天天在作梦的脑里,又添了许多经验。以己例人,我知道世界上不少悲哀的男女,我的这几篇小说,只想在贫民窟、破庙中去寻那些可怜的读者。"值得注意的是,郁达夫这时期已经把"贫穷"的主题引进他的大多数作品中,这种致力于生的烦恼的描写,比起以前的性的苦闷的表现,是一个十分重大的进展。

在半年失业生活中,郁达夫还用一部分时间从事社会科学理论的研究。这位曾经在东京帝国大学学习过经济学的作家,对各种社会科学理论曾有过广泛的接触。他读过马克思、列宁的著作,还写了《赫尔惨》一文,介绍俄国革命民主主义者赫尔岑的生平和思想。他发表于《创造周报》上的《Max Stirner 的生涯及其哲学》则介绍了德国无政府主义者须的儿纳的身世及其哲学主张。此外,从他撰写的《文学上的阶级斗争》、《艺术与国家》、《文艺赏鉴上之偏爱价值》以及《集中于黄面志的人物》等论文中,我们都可以看到,郁达夫所受到的思想影响是极其复杂的。我们认为,这种对社会科学理论的研究,直接孕育着他的社会观和文艺观的形成。

在半年失业生活中,郁达夫又积极参加创造社几种刊物的编辑工作。这时创造社的另外几位成员如郭沫若、成仿吾等也都在上海。他们同郁达夫一道,全力以赴,把创造社的事业搞得轰轰烈烈。除了已经出版的《创造》季刊外,他们又于1923年5月创办《创造周报》,投入更加紧张的工作:"每周要发一次稿,我们最争的是头一篇,三个人轮流着做,都感觉着有点青黄不接。又要由自己校对，自己跑印刷所，礼拜一发稿，礼拜三送初校，礼拜五送二校，礼拜六送三校，礼拜日出版。弄得整整一个礼拜全没有空闲的时间。"①虽然工作已经异常忙碌，但这几个年轻人却雄心勃勃，于7月份又应《中华新报》之约，为它每天编一版文学副刊，定名为《创造日》。这个日刊主要由郁达夫、成仿吾主持。郁达夫为创刊号写了一篇《创造日宣言》，表明刊物的立场，其中说：

> 我们想以纯粹的学理和严正的言论来批评文艺、政治、经济，我们更想以唯真唯美的精神来创作文学介绍文学。现代中国的腐败的政治实际，与无聊的政党偏见，是我们所不能言不屑言的。
>
> 我们这一栏是世界人类共有的田园，无论何人，只须有真诚的精神和美善的心意，都可以自由来开垦。

这时，创造社同时刊行季刊、周报、日刊三种刊物，此外还编辑出版了"创造社丛书"和"辛夷小丛书"两套丛书中的一些作品。这无疑是这个文学团体成立以后最活跃、最兴旺的全盛时期，而这又是和郁达夫所作的贡献分不开的。当然，他们的辛勤劳动是受到广大读者的重视和欢迎的，创造社的刊物销量不断增加，屡次重版，创造社的声誉也日益提高。陈翔鹤曾回忆说："自从《创造周报》出版以后，青年人对创造社诸人的崇敬和喜爱，不觉便更加强烈起来。这从每到星期日，在上海四马路泰东书局发行部门前的成群结队的青年学生来购买《创造周报》的热烈，便可窥得一个梗概。"②青年读者的热情欢迎正是对创造社诸人的辛苦

---

① 　郭沫若《创造十年》。
② 　陈翔鹤《郁达夫回忆琐记》，载《文艺春秋副刊》第1卷第1～3期(1947年)。

劳动的最高报偿。

尽管创造社的事业热气腾腾地发展,郁达夫从中也得到一些慰藉,但是他又始终未能摆脱内心的苦闷和空虚。他说:"时间一天一天的过去了,但是我的事业,我的境遇,我的将来,啊啊,吃尽了千辛万苦,自家以为已有些物事被我把握住了,但是放开紧紧捏住的拳头来一看,我手里只有一溜青烟!""世俗所说的'成功',于我原似浮云"《青烟》。他在《茑萝集自序》里则对读者说:"人生终究是悲苦的结晶,我不信世界上有快乐的两字。""你们若能看破人生终究是悲哀苦痛,那么就请你们预备,让我们携着手一同到空虚的路上去罢!"一面勤奋地工作,一面又感到空虚,这正是一个富有事业心而又看不到真正出路的知识分子的真实写照。

1923年秋,北京大学经济系教授陈启修被学校派往苏联考察经济,他就推荐郁达夫来接替他讲授统计学,因郁达夫在日本东京帝大学的是经济学专业。郁达夫愿意接受聘请去担任北大的统计学讲师。他的离去无疑将使蒸蒸日上的创造社的事业失去台柱,所以郭沫若竭力劝留,但郁达夫态度很坚决,这主要是因为他当时没有固定职业,一家大小生活无着,虽然他对统计学并没有兴趣,但去北大任教,毕竟可以有比较固定的收入。正如郑伯奇后来回忆时说:郁达夫当时"没有其他职业,专凭老板的高兴,或多或少地施舍一点零用钱,那当然是绝对不能忍受的,而且事实上也绝难长此生活下去。达夫为了教几点钟课坚决去北京,现在想起来,那种心情也是可以理解的了"[①]。郁达夫是10月初乘船离沪赴天津转北京的。他离开了为之付出巨大心血的事业,离开了朝夕相处的知心朋友,为了谋生而孤身北上,心里是有难言的痛苦的。他在海船上

① 郑伯奇《忆创造社》。

写给郭沫若和成仿吾的信中说："啊啊，我们本来是反逆时代而生者，吃苦原是前生注定的。我此番北行，你们不要以为我是为寻快乐而去，我的前途风波正多得很呀！"（《海上通信》）

郁达夫到了北京，很想振作一番，他剃了数月未曾梳理的长发胡须，换了一件新制的夹衣，捧了讲义，欣欣然上北大去和所教的学生见面。但是没有多久，这种讲授自己并不感兴趣的内容的教学生活就使他厌倦了。他到北京后两个月写给郭沫若和成仿吾的信中说："现在我名义上总算已经得了一个职业，若要拼命干去，这几点钟学校的讲义也尽够我日夜的工作了。但是我一拿到讲义稿，或看到第二天不得不去上课的时间表的时候，胸里忽而会咽上一口气来，正如酒醉的人，打转饱嗝来的样子。我的职业，觉得完全没有一点吸收我心意的魔力。对此我怎么也感不出趣味来。讲到职业的问题，我觉得倒不如从前失业时候的自在了。"（《一封信》）郁达夫对这种教学工作的不满，我们从浅草社成员陈翔鹤的一段回忆也可以得到进一步证明。陈翔鹤和郁达夫原在上海就熟识，1924年他们又在北京见面，陈翔鹤回忆说：

> "上了课没有？"见面寒暄之后，我问。
>
> "谁高兴上课，马马胡胡的。你以为我教的是文学吗？不是的，'统计'。统什么计，真正无聊之极！"
>
> "他们为什么不请你教文学呢？"
>
> "谁晓得那般混帐忘八旦的。如果不是帝大同学××提议聘我，恐怕连统计也不会肯请我教呢。"
>
> "真正岂有此理！"[1]

---

[1] 陈翔鹤《郁达夫回忆琐记》。

在北大教统计学期间,郁达夫还在北京平民大学教文学课和在北京艺专教艺术概论,这里的教学内容是中外文学和东西方艺术,这些倒是他自己有兴趣的,讲起来就不会像统计学那样乏味。在这期间,郁达夫同几所学校爱好文学的学生有了广泛的接触,学生们对这位曾经以自己忧伤热情的作品激动过他们的心的著名作家,都怀着敬仰的心情来接近他,郁达夫也从这些学生的真诚友谊里得到慰藉和快乐。于是,学校,公园,旧书摊,平剧院,学生公寓,小饭馆,就时常出现郁达夫和青年在一起的身影。到领了薪时,郁达夫时常请他们进小饭馆,抢着付钱,菜不求多,而酒一定要喝够,喝醉了便大家各谈各的悲哀,发自己的牢骚。陈翔鹤回忆说:"北平的青年人到达夫兄处来谈天的也真多。但同他往来最多的,还要算我,炜谟,冯至,柯仲平,赵其文,丁女士诸人。到末后才有姚蓬子,潘漠华,沈从文,刘开渠诸兄。他对我们一律都称之为'同学'。我们有时一大群的,谈晚了就横卧在达夫兄的床上过夜。谈话的范围,大都不离文艺,文艺家的生活或遗事,有时也谈日本,谈日本的女人,骂金钱,骂社会,骂军阀,骂虚伪的学者。达夫兄的意见真多,伤感之处也真不少。"①

围绕在郁达夫身边的这些年轻人,有的是他的学生,有的是崇拜他的文学青年,他们的共同特点是都痴迷文学。因此,除了在一起喝酒聊天和发牢骚外,郁达夫还能时时在业务方面给予关心和指导。冯至是当时北大德语系的学生,由于旁听过郁达夫的课而与他有较多接触。他亲切地回忆说:"一九二四年是我们交往比较频繁的一年。我不止一次地和陈翔鹤、陈炜谟一起到西城西巡捕厅胡同他的长兄郁曼陀家里去看他。他住在一大间(按照北京的说法是三间没有隔开的)房子里,一面墙壁摆着满架的图书,有英文的、德文的、日文的,当然也有中文

---

① 陈翔鹤《郁达夫回忆琐记》。

的。我翻阅架上的书，……这时，他向我推荐海涅的《哈尔茨山游记》，他说：'这篇游记是我读过的最好的散文里的一篇，写得真好。'我听了他的话，就找出这本书来读，书中明畅的语言、尖锐的讽刺、自然美景生动的描绘，把一座哈尔茨山写得活灵活现，并引起我的愿望，将来把它译成中文。我们在他那里谈外国文学、中国文学，也谈文坛上的一些琐事。他曾应翔鹤的要求，把他喜欢读的外国文学作品开列一份清单，约有二十多种。我记得其中有斯特恩的《感伤的旅行》、王尔德的《道林·格莱的画像》、海涅的《哈尔茨山游记》、凯勒的《乡村里的罗米欧与朱丽叶》以及屠格涅夫的小说等。"[1]郁达夫的指导和影响，在这些年轻人的文学生涯中，无疑是会有重大的促进作用的。

　　围绕在郁达夫身边的这些年轻人，大多数都是比较穷苦的，郁达夫十分同情他们，时常会给予生活上的照顾和经济上的资助。冯至曾回忆郁达夫同他去逛书店，看到有什么适用的好书就花钱买下送给他；当时北京艺专的学生刘开渠也曾回忆，他读书时生活很苦，时常断餐，郁达夫知道后就常常约他去吃馆子。郁达夫对青年的同情有时可以做到倾囊相助。当时有一位青年沈从文，本来和郁达夫并不认识，他从湖南到北京投考大学，但考期已过，无法入学，而原来资助他的人因自身地位动摇不能继续接济，投奔同乡亲戚不被接纳，投稿卖文又没有刊物肯选用，因而他流落北京，住在湖南会馆里，冬天没有棉衣，没有火炉，只能用被子裹着身体御寒。在他走投无路的时候就写信给素不相识的名作家郁达夫，请求援助。郁达夫收到这位陌生的青年的来信，就在 1924 年 11 月 12 日上午冒着北方的大风沙到会馆去看望他。郁达夫看到这个青年坐在冰冷的屋子里发抖，"觉得什么话也说不出来"，就把自己脖子上的毛围巾摘下，披在沈从文身上。郁达夫这时每月实际上拿得到的薪金只有

① 　冯至《相濡与相忘》，见陈子善、王自立编《回忆郁达夫》。

三十多元,他自己冬天连一条棉裤也没有,但他却拿出五块钱同沈从文
出去吃中饭,找回的钱全部送给他。由于郁达夫当天下午还要赶到北大
去教书,未能和沈从文多谈,但是这位流浪青年不幸的境遇引起他深切
的同情,他的心无法平静。于是在当天夜深人静时,他就执笔给这位青
年写信,一直写到凌晨二时,这就是著名的《给一位文学青年的公开状》。
在这封公开信中郁达夫指出,在那个罪恶的黑暗社会里,青年是没有出
路的,想通过求学读书找出路只是一种迷梦。他写道:"象你这样一个白
脸长身,一无依靠的文学青年,即使将面包和泪吃,勤勤恳恳的在大学窗
下住它五六年,难道你拿毕业文凭的那一天,天上就忽而会下起珍珠白
米的雨来的么?"郁达夫最后告诉青年,在无路可走的情况下可以去偷,
因为富人的"那些堆积在那里的财富,不过是方法手段不同罢了,实际上
也是和你一样的偷来抢来的"。这里自然有愤激之辞,作者提出的方法
也并不可取,但是作品里燃烧着的抨击旧社会的愤怒的烈火,作者喊出
了青年内心的苦闷和他们要求反叛的呼声,在当时却是能够激起青年读
者感情的波涛,产生强烈的共鸣的。当时北京有一个名叫彭基相的青年
学生读了这篇文章,就在《晨报副刊》上撰文说:

> 我读了郁达夫这一段顺笔写来的公开状,叫我要发狂
> 了。……
>
> 啊!面包问题!啊!面包问题!最后我还相信只有多数
> 无面包吃的人,来联合起来,解决这个面包问题。为做贼不幸
> 而枭首究竟是可耻的,我们在未饿死以前,最好是先打死一个
> 抢面包的恶贼![1]

---

[1] 彭基相《读了郁达夫先生的〈给一位文学青年的公开状〉以后》,载《晨报副刊》1924
年11月20日。

在北京一年多时间,郁达夫的内心始终感到孤独与苦闷。这从他几次给郭沫若和成仿吾的信中都可以清楚地看出。他到北京两个月写的信中就说他感到"无穷限的无聊和无穷限的苦闷","我想这胸中的苦闷,和日夜纠缠着我的无聊,大约定是一种遗传的疾病"(《一封信》)。1924年3月的一封信里则说:"沫若!我觉得人生一切都是虚幻,真真实在的,只有你说的'凄切的孤单',倒是我们人类从生到死味觉得到的唯一的一道实味。"(《北国的微音》)而7月的一封信又说:"我自春天以来,精神物质,两无可观,萎靡颓废,正如半空中的雨滴,只是沉沉落坠。"(《给沫若》)郁达夫这种内心的苦闷和孤独感,其原因是多方面的,诸如离开创造社的好友孤处异乡,经济上的不宽裕,少数恶劣的学生的侮辱等等,但最主要的还是由于罪恶的社会造成的。有一次一个日本新闻记者访问他,提出"为什么要消沉到这个地步"的问题,郁达夫回答说:"你就应该知道我的消沉也是对国家,对社会的。现在世上的国家是什么?社会是什么?尤其是我们中国?"(《北国的微音》)他还曾对陈翔鹤说:"唉,我们创造社真正是想替中国人开出一条文学的路子来的,可是社会不容许我们,一般混蛋东西都排斥我们。"可见郁达夫所感受到的是一种深沉的时代苦闷。

为了排遣内心的苦闷,郁达夫采取各种方法,有些甚至是变态的手段。如他有时故意烧毁自己爱读的书,剪破爱穿的衣服,摔碎妻子赠作纪念的镜子,燃烧大量香烟来刺激自己,在醇酒女人中寻求麻醉,等等,即他所说的"饮鸩止渴"的方法。但这样做又怎能安慰他寂寞的心灵呢!更多的时候,他是在日斜的午后跑出城外去独步,去玩味这"凄切的孤单"。有时他也带着年幼的侄女去城外散步。他的侄女郁风后来回忆说:"直到夕阳挂在柳树梢上,晚霞把河水染红的时候,他才牵了我的手慢慢走回家去。有时他喝过两口酒,脸和眼睛都有些红,用沙哑的嗓子一路摇摆着唱起老生腔的京戏来,那声音凄怆哀痛,我害怕他象是要大声哭出来。"①这位诗人心里蕴蓄着多么巨大的苦闷啊。

郁达夫说:"受了北大之聘,到北京之后,因为环境的变迁和预备讲义的忙碌,在一九二四年中间,心里感到了许多苦闷焦躁,然而作品终究不多。"(《五六年来创作生活的回顾》)的确,在北京一年多时间,郁达夫的作品很少,除了发表的几封书信和几篇散文外,优秀的短篇小说《薄奠》大约是这时期的主要收获了。

1925年初,武昌师范大学新任校长石瑛为了改变学校死气沉沉的气氛,决定聘用一些具有新思想的开明教师,郁达夫是其中的一位。这位新文学运动的闯将应聘任国文系教授,他来校以后,的确带来了新的气息。他住在学校东北角教师宿舍的二楼西侧的一间房子里,屋里除床铺、写字台和一张方桌外,满房间塞满了古今中外的书籍,尤以英、德、法、日等外文书为多,表明他不是一个与世隔绝的冬烘学者。他开出的课程是几门面目一新的文艺理论,系统地介绍了西方最新的文学艺术理论成果,在当时也实属"新潮",为学生开拓了新的学术视野。而在课外,郁达夫又以平等的态度和学生接触,同他们一起散步,游湖,野餐,喝酒,谈古说今,吟诗作对,他以亲和的态度和渊博的学识征服了青年学生。当时武昌师大国文系学生李俊民后来回忆说:"武昌师大实行选科制,他(指郁达夫——引者)开出的选科是文学概论、小说论和戏剧论,自编讲义。但他编出了讲义并不觉得吃力,他有的是空闲的时间。这是因为他娴熟的内容太多了,用不着多翻资料。我不是一个用功的学生,得自他的多半不从课堂中来,而是从日常的接触中耳濡目染。他喜欢背诵古典诗歌中的警句(这方面没有他开的课),主要是清诗,特别如吴梅村、黄仲则和龚自珍等的诗,是他特别喜爱的,对西洋小说和戏剧中的本事,他如数家珍,只要他感到是警辟的那些段落,常常象讲述故事一样,使听者入

---

① 郁风《三叔达夫》,载《新文学史料》第五辑(1979年)。

迷,得到不少启发。"①

　　但是,当时武昌师大的守旧势力毕竟相当强大。新校长石瑛的革新
意图受到强烈抵制,他在教师任免等方面的一些安排遇到极大阻力。在
学校内部激烈的矛盾中,郁达夫有时会仗义执言,实际上是支持新校长,
这就引起守旧势力的不满,甚至遭到他们的攻击。郁达夫说:"一九二五
年,是不言不语,不做东西的一年。这一年在武昌大学里教书,看了不少
的阴谋诡计,读了不少的线装书籍,结果终因为武昌的恶浊空气压人太
重,就匆匆的走了。自我从事于创作以来,象这一年那么的心境恶劣的
经验,还没有过。"《五六年来创作生活的回顾》)他所说的恶浊空气,指的就是
当时笼罩在武昌师大的乌烟瘴气,以及他在学校里的遭遇。后来他又曾
在几篇文章里具体回顾了这一段不愉快的生活。1925 年他在《现代评
论》第二卷第四十六期上发表的通信中就说,在武昌半年,"武昌大学的
奇怪的情形,也知道了不少",通信中揭露一个学生盗用"武昌师大国文
系学生"名义,利用个人的关系,上书湖北军政当局萧耀南,要他用势力
来左右校长用一个教书的人。郁达夫对这一"攀附军阀骥尾"的行为极
为不满(《说几句话》)。1927 年,他在《创造社出版部的第一周年》中又说,
在武昌时,校长石先生和他都主张聘请郭沫若去当文科学长,但"一位卑
污狗贼的李什么昼和一位同样的什么什么,从中捣鬼","我们在武昌,又
和这些狗仔苦战了半载,终于被它们咬走"。直到 1935 年他还在一篇文
章里回忆说,"十几年前,我在武昌大学教书,当时有几个湖北的学棍,同
几位在大学里教《东莱博议》、《唐诗三百首》的本地末科秀才,结合在一
道,日日在寻仇想法,想把当我们去后,重新争得的每月几万元学款,侵
占去分肥私用。这几位先生的把持学校,压迫和贿买学生的卑鄙丑恶,
……实在是明目张胆,在把学校当作升官发财的钱庄看的缘故。我看得

---

① 李俊民《落花如雨伴春泥》,见陈子善、王自立编《回忆郁达夫》。

气起来了,觉得同这一种禽兽在一笼,同事下去,一定会把我的人性,也染成兽色。因而在有一次开会的席上,先当面对它们——那些禽兽——加了一场训斥,然后又做了一篇通信,把它们的内幕揭了揭穿,至于我自己哩,自然是袱被渡江,顺流东下了。"《追怀洪雪帆先生》从郁达夫的这些自白中,我们对他在武昌所感受到的"恶浊空气"以及他最终的离去就可以有比较具体的了解了。

在武昌教书期间,郁达夫的创作不多。除了短篇小说《寒宵》、《街灯》外,就是著名论文《咒甲寅十四号的评新文学运动》。在这篇文章里,郁达夫对章士钊的反对新文学运动的言论——作了驳斥,并指出新文学运动"是顺应时代潮流而起的运动,为大多数的头脑明晰者所赞同的运动,不必再俟宣传才能普及的运动"。这篇文章在当时同"甲寅派"封建复古倾向的争论中产生了较大的影响。虽然郁达夫很少创作,但由于他在大学里讲文学课程,为了教学的需要编写了一些讲义,以后就陆续整理出《小说论》、《戏剧论》、《文学概说》等专著出版。他为我国现代文学的理论建设作出了自己的贡献。

1925 年 11 月,郁达夫离开武昌,回到上海,回到创造社的朋友中来。正当他为创造社的发展而奔忙时,突然肺病复发,只好回富阳、杭州治疗。翌年年初,病情有了好转,他又到了上海,和郭沫若一起投入《创造月刊》的创刊、编辑工作。郁达夫还为这个刊物的创刊号写了一篇《卷头语》,严正地宣告刊物的立场和态度。他说:

> 我们的志不在大,消极的就想以我们无力的同情,来安慰安慰那些正直的惨败的人生的战士,积极的就想以我们的微弱的呼声,来促进改革这不合理的目下的社会的组成。

《创造月刊》第一期才出版两天,郁达夫就于 1926 年 3 月 18 日和郭沫若、王独清一道，离开上海，奔赴大革命的策源地广州去了。

郁达夫从日本回国，也即踏入一个并无铁窗的囚牢，为饥寒所驱使，他"乞食四方，车无停辙"，伴随着他的始终是物质上的贫困和精神上的苦闷。然而，即使在艰苦的条件下，他在两年时间的学校教学生涯中，依然默默地工作着，并和他的学生们建立了深厚的情谊，形成了十分良好的新型的师生关系，同时他也没有放弃手中的竖琴。而当祖国南方掀起大革命高潮时，他又像一条游动不息的溪流，经过千回百转，热情地倾听波涛汹涌的时代的江海的召唤，并朝着它的方向不息地流动。

二

郁达夫从日本学成归国，就不再领取原有的留学生的官费津贴了，他必须依靠自己工作去取得生活的费用。于是，他结束了自己的"抒情时代"，踏进了令人眼花缭乱的社会，经历了颠沛和失业的折磨，这时他才真正体味到生活的艰辛，感受到生活担子的沉重。而在为着一家人的温饱四处奔走的过程中，他又强烈地感到"恶人的世界，塞尽了我的去路"(《莴萝集自序》)，从而对当前的社会现实有了进一步的认识。这种生活经历的深刻变化在他回国以后这一时期的文学创作中也留下了鲜明的烙印。

在本时期的创作中，由于郁达夫对国内现实生活有了较多的了解，因而他的视野比以前开阔，描写的题材也比以前丰富了。在从日本回国到奔赴广州这三年多的时间内，他创作了二十多篇短篇小说和一个独幕剧。读者可以看到，这些作品展现了比较广阔的生活画面，在体裁和表现手法方面，作者也作了一些新的尝试。《孤独的悲哀》是郁达夫写作的唯一的戏剧体裁的作品。它描写昆曲师傅陈二老发现名妓李芳人就是他十九年前的私生女儿，却又不敢认她，怕因此而使她知道种种丑恶的事实,他明知自己造成罪孽却又已无法刷洗,只好自己忍受悔恨与孤独的折磨,然而对女儿的骨肉深情又使陈二老发出这样的叹息:"难道我们人类应该是互相隔绝,不得不与孤独同入墓下的么?"这个作品没有强烈的戏剧动作,故事情节主要依靠人物的独白和对话来交代,虽然稍嫌简单化,但剧本却通过这种人性的自审揭示了生活底层的一角,让人们窥视到当时一些受苦人的命运和灵魂。《秋河》这篇小说把读者的视线引向另外的生活领域。K省的吕督军原是马弁出身,在军阀混战中爬到了标统,后来又爬到了现有的位置。"十几年的战乱,把中国的国脉和小百姓,糟得不成样子,但吕标统的根据,却一天一天的巩固起来。"这个军阀生活荒淫无耻,他收买和强占了许多女子来任意玩弄。他到省女子师范参观,看到一个向他献礼品的十九岁的女学生,就"用了威迫的手段,半买半抢的终于把她收作了笼中的驯鸟",并在上海为她买了一幢房子,在混乱的政治局势中"仰求外国人的保护"。这个被强迫娶来的女学生对吕督军"时时显出反抗冷淡的态度",为了表示她的复仇,她甚至在督军前妻的儿子从美国留学回来后还同他发生了乱伦关系。作品虽意在揭露军阀的野蛮与无耻,但由于把主要篇幅用来描写军阀的爱妾与儿子之间的乱伦偷情的场景,而吕督军的罪恶行径则隐蔽幕后,因此对军阀的揭露反而显得无力。历史小说《采石矶》的写作是郁达夫对文学体裁的又一新的尝试。它以清代诗人黄仲则在太平府提督学政朱筠河的衙门里当上客的一段经历为题材,通过中宵吟诗写作、青山吊李白墓、受戴东原辱骂、采石山前题诗等情节,表现了黄仲则和同乡同学洪稚存真挚的友谊,突出了黄仲则和大考据家戴东原的矛盾,从而生动地描绘了才华横溢、孤傲忧郁的诗人黄仲则的艺术形象。郁达夫在历史题材的作品中,既依据历史的基本事实,又融化进作者在现实生活中的感受,并且有所寄托,而绚丽多姿的风景描写,细致入微的心理刻画,黄仲则诗作的适当引用,则把作品渲染得诗意盎然。因此,这篇作品发表后就受到读者的注意,并成为郁达夫创作中脍炙人口的名篇。郁达夫在短篇小说《青烟》里还探索了新的表现手法。作品写人生战场上的失败者"我"在灯下烦闷地抽着香烟,随着意识的流动,倾诉着自己的忧郁情绪,接着,从淡紫色的香烟的云雾中出现了一个 Phantom(幻影):一个四十岁左右的清瘦的男子,离开故乡 F 城二十年以后,终于拖着一双走倦了的脚慢慢地走到自己的家门口,然而他发现,他家的房屋已经卖给别人了,母亲去世了,自己的妻也成为帮人家烧饭的女佣。于是这个中年男子怀着巨大的失望和悲痛投进江中自杀。这虽然只是一个幻影,所揭示的悲剧也较肤浅,但却曲折地反映了旧社会一个困顿的、落魄的知识分子悲惨的境遇。这个故事既是现实生活的幻化,又是作品中"我"对未来前途可怕的预感。这种表现手法是比较新颖的。郁达夫还在不同的几篇小说中,从多种侧面来刻画同一个人物形象。例如《寒宵》、《街灯》、《南行杂记》以及稍后的《祈愿》这一组作品,都是叙写"我"同北京的一个妓女银弟的情谊的。在作者笔下,银弟是一个身世飘零、纯洁热情的女子,她地位卑贱却保持着人的尊严,身处逆境却燃烧着对生活的希望。作者是以充满同情的笔致来描绘银弟这一被侮辱被损害的妇女的艺术形象的,但对两性关系的描写也流露出一些庸俗、轻佻的情趣。从上述情况我们可以看到,随着郁达夫生活范围的不断扩大,以及对国内现实了解的逐渐深入,他的创作题材也比过去更为丰富多样,他的艺术镜头已经能够面对较为广阔的生活天地。这不能不说是郁达夫创作的一大进展。

　　然而,在郁达夫本时期的题材丰富的文学创作中,影响最大、最受读者欢迎的是两类作品,一类是以作者自己的生活经历为基本素材,抒写失业与贫困之苦的,另一类是刻画劳动人民的形象,展现他们同贫苦的知识分子之间的真挚友谊。前一类作品如《茑萝行》、《还乡记》、《还乡后记》等,后一类作品则有《春风沉醉的晚上》和《薄奠》等。应该说,这些作品是最能代表郁达夫本时期创作所达到的新水平的。

　　《茑萝行》(1923年4月作)、《还乡记》(1923年7月作)都曾收入郁达夫的第二本作品集《茑萝集》里,《还乡后记》(1923年8月作)则发表在《创造日》上。这三篇是带有连续性的系列作品,发表以后受到读者热烈的欢迎。读者指出,这几篇作品是郁达夫"这时期最能表现他自己的","无一篇不是佳作"①,它们"都是使青年受着极大感动的"②。匡亚明在1931年曾回忆他和他的年轻同学初读《茑萝行》时的激动的情景:"提起他(指郁达夫——引者注)的穿著,我就联想到在《茑萝行》里描写过的他的香港布洋服了。那时我还在苏州的一个师范学校里读书,对于他的热烈的同情与感佩,真象《少年维特之烦恼》出版后德国青年之'维特热'一样,我也仿效着做了一套香港布的制服,同时接踵相效的还有同班同学作群兄。当时的天真的稚气与热情,现在虽完全离开我的生活,但回味还是很饶趣的。"③

　　郁达夫在《茑萝行》、《还乡记》、《还乡后记》这几篇作品里,把失业、穷困的社会苦闷引进了描写夫妻、家庭的生活题材中。在这里,生的烦恼取代了早期作品中的性的苦闷,经济窘困的巨大阴影笼罩着青年男女的爱情和家庭生活。《茑萝行》就十分深刻地揭示了失业和贫困对一对年轻夫妻的爱情的威胁。作品主人公"我"和妻子的结合虽然是出于旧式婚姻,但由于两人都是封建婚姻的受害者,所以婚后也还是建立了相互爱怜、相互同情的夫妻感情,妻子对丈夫"只奉了柔顺两字",她也成为丈夫的"最爱的女人",他们原可以成为一对朝夕相处、互敬互爱的伴侣的。可是,"我"从日本留学毕业后,每月几十块钱的官费津贴没有了,"失了我的维持生命的根据",于是带着许多饥不能食寒不能衣的破书籍

① 锦明《达夫的三时期》,见贺玉波编《郁达夫论》。

② 陈文钊《达夫代表作》,见素雅编《郁达夫评传》。

③ 匡亚明《郁达夫印象记》,见素雅编《郁达夫评传》。

回到中国来。然而"一踏了上海的岸，生计问题就逼紧到我的眼前来，缚在我周围的运命的铁锁圈，就一天一天的扎紧起来了"。他不善交游，又不会钻营，因而四处奔走都找不到职业。这种巨大的失望使他或踯躅于公园，放声痛哭，或徘徊于江滨，试图自尽，在这种时候他又怎么有能力将妻子从家乡接出来同住呢！后来他总算在Ａ地找到了一个教职，虽然明知那学校有许多黑暗的地方，也不得不承诺下来，同时也将妻子接到Ａ地同住。"我"到了Ａ地教书，但担心失业的恐怖却时时使他的内心颤抖，因此，当他知道妻子已经怀孕，即将有了他们的孩子的时候，这种职业不能保证的恐怖感就更加强烈了："一想到辞了教授的职后，就又不得不同六月间一样，尝那失业的苦味。况且现在又有了家室，又有了未来的儿女，万一再同那时候一样的失起业来，岂不要比曩时更苦。"于是他烦躁、粗暴，经常对妻子谩骂，"在社会上受的虐待、欺凌、侮辱，我都要一一回家来向你发泄的"。然而骂了以后又立即痛责自己，上前去爱抚妻子，以至两人相视对泣。当然，这个阶段"我"还是有职业的，这种家庭的不睦主要是由于不能掌握自己命运的焦急、烦闷所引起的。后来，孩子出生了，"我"最担心的失业的魔影也终于又一次降临这个家庭，"我"已完全失去承受苦难的能力，对生活彻底绝望了，于是"我"就日日在家中喝酒，喝醉之后就骂妻儿，说他们是"我"的脚镣。这种无休止的辱骂终于导致妻子投长江自杀，幸而被人救起，不久他们一起到了上海，妻子也独自带着孩子返回浙江老家去了。鲁迅曾经说过："人类有一个大缺点，就是常常要饥饿。为补救这缺点起见，为准备不做傀儡起见，在目下的社会里，经济权就见得最要紧了。"①《茑萝行》里的这一对年轻夫妻，正由于没有掌握经济权和工作权，常常要受到饥饿的威胁，所以不能不成为人生舞台上随别人任意摆布的傀儡了。郁达夫过去的作品往往

---

① 鲁迅《坟·娜拉走后怎样》。

给人产生这样的印象,似乎在生活中有了爱情就有了一切。然而在《茑萝行》里,郁达夫已经异常清醒地认识到,爱情和夫妻生活并不是虚无缥缈的梦境,而是人类现实社会生活的一部分,它并不总是表现为鸟语花香,相反,在不合理的社会制度压榨下,它也会渗出痛苦的血泪来的。人们看到,经济的窘困给这一对年轻夫妻的爱情生活投下了多么巨大的阴影啊!

如果说,在《茑萝行》里,由于好胜的虚荣心使"我"不愿意"同落水鸡似的逃回乡里去",演一出失意的还乡记,只好让妻子带着幼儿独自回乡,自己还想留在上海奋斗,那么,仅仅过了三个月,"我"仍然不得不成为这出失意的还乡记的主角。《还乡记》和《还乡后记》所叙写的就是"我"从上海回富阳老家一路上的经历。"我"在上海奋斗了几个月,仍然是一个"有识无产者",一个"人生战斗场上的惨败者"。于是他带着"两袖清风,一只空袋"和满脸愧色,返回故乡去见老母妻儿,"想去看看故乡的景状,能不能容我这零余者回家高卧"。他把这趟旅行比成是倦鸟的投林,衰狐的返窟,浪子的还家,因而怀着满腔的羞愧与自卑。这两篇作品依照上海出发、车上所见、杭州过夜、江干等船、抵达富阳的线索叙写整个行程,而作者着力展示的是主人公一路上的思想情绪和内心活动。当他在火车上看到窗外秀丽的田园风光的时候,就发出这样的感慨:"唉,良辰美景奈何天,我在这样的大自然里怕已没有生存的资格了吧,因为我的腕力,我的精神,都被现代的文明撒下了毒药,恶化成零。"当他想到自己是一个"有妻不能爱,有子不能抚的无能力者",想到因为失业在上海流离的苦处,想到出国十年一事无成,到头来还得回家吃祖宗的积聚时,悲愤交加,真想跳车一死,脱离这烦恼悲苦的世界。他在杭州住旅馆过夜,茶房要他登记姓名年岁籍贯职业,他"实在是没有写的勇气",只好流着眼泪写了一个假名,在职业栏里填上"浮浪"二字。在他所乘坐的小轮船将近故里的时候,他羞惭地自问:"我有什么面目回家去见我的衰亲,见我的女人和小孩呢?"并在轮船靠岸以后到一个土地庙里去躲了两个小时,到了太阳下山才乘了夜阴溜进家门,以免被熟人遇见。本来,一个人从外地返回自己的故乡,即将同老母、妻子、爱儿相聚,共享天伦之乐,这该是多么幸福、兴奋的时刻。可是他的回乡,却是如此落魄,羞惭,自卑! 这除了他头脑里有"汝当衣锦归,否则永莫回"的虚荣心在作怪外,更主要的是因为失业而穷困潦倒所产生的极大的自卑感。由此可见,怀才不遇,报国无门,这种境遇是怎样严重地损伤着知识分子的心灵,是怎样残酷地扭歪了他们的精神支柱,从而也给他们的家庭生活蒙上一层暗影。由于郁达夫在描写夫妻、家庭生活题材中表现了失业和穷困的社会苦闷,提出了广大读者普遍关注的问题,因而这类作品就格外受到读者的欢迎。

郁达夫在《茑萝行》、《还乡记》、《还乡后记》这几篇作品里,都是运用第一人称的写法。如果说,他的初期作品如《沉沦》、《南迁》、《茫茫夜》等,是将自己的某些经历融进"他"、伊人、于质夫这些独立的艺术形象中,那么现在他就直接写"我"了。而且,在"我"的经历中,有不少情况同郁达夫是完全吻合的。例如,"我"是浙江富阳人,家有老母,十七岁去国,1920 年结婚,1921 年曾回国至 A 地(安庆)教书,1922 年从日本结束留学生活回国,再至 A 地执教,1923 年春离开 A 地,出生不久的儿子名叫龙儿,等等。作品中的"我"同作者本人生活经历的完全吻合,就加浓了这几篇小说的自传色彩。然而这几篇作品绝不是郁达夫叙写个人悲欢离合的自传。"我"也不等于郁达夫,而具有更为广泛的典型意义。郁达夫这时期写过一篇题为《零余者》的散文,称自己是一个"零余者":"我的确是一个零余者,所以对于社会人世是完全没有用的。"他还概括"零余者"的特点是:"袋里无钱,心头多恨"。而在《茑萝行》里,"我"也称自己是一个"生则于世无补,死亦于人无损的零余者"。在《还乡记》里,"我"带着两袖清风、一只空袋回乡,则是为了看看故乡"能不能容我这零

余者回家高卧"。我们认为，郁达夫在《茑萝行》等三篇小说中所写的
"我"，实际上就是以自己经历为素材，经过提炼加工而成的一个"零余
者"的艺术形象。这个"零余者"具有这样几个基本特点：一、"心头多
恨"。他在国外留学多年，有才能有学识，但回国后不被社会所重视，不
被国家所用，这使他发出了"当这样有作有为的年纪，我的生命力，我的
活动力，何以会同冰雪下的草芽一样，一些儿也生长不出来"的感慨，而
在他的心中，则积压了沉重的怀才不遇、报国无门的苦闷与怨恨。
二、"袋里无钱"。他由于时常失业，所以贫困就像影子似的始终跟随着
他。他从上海回富阳，须得把准备送给妻子的银相框拿去押在当铺里，
才能换得几个旅费；他只有一件半旧的夏季长衫，"若被汗水流污了，明
天就没得更换"；他回乡路过杭州把路费用尽，只好在赤日下步行出城。
三、"于世无补"。他是一个有正义感的知识分子，具有鲜明的爱憎感
情，但又时时感到自己的软弱无力。他在回乡路上曾受到江干一个穷苦
的妇人真诚的关怀，却无奈地望着她的坍败的屋椽，怨恨自己没有力量
来帮助她、答谢她。他同情进城打官司的农民，却只能发出"你这老实的
农民，我若有钱，我就给你一百二十块钱救你出险"的空洞叹息。而对于
社会的丑恶和不合理，他并不是不想反抗，但是他除了平时喜欢将钞票
填在自己的鞋子底里，拼死踩践它，"借此可以满足我对金钱复仇的心
思"以外，又能够有什么力量来向旧社会进行实际的抗争呢！他只能向
妻子倾诉自己的苦衷："啊啊！反抗反抗，我对于社会何尝不晓得反抗，
你对于加到你身上来的虐待也何尝不晓得反抗，但是怯弱的我们，没有
能力的我们，教我们从何处反抗起呢？"对于受苦者无力同情，对于虐待
者无力反抗，难怪他要发出"生则于世无补"的叹息。四、自卑颓唐。作
为一个接受过封建教育的知识分子，他又具有光宗耀祖的虚荣心。郁达
夫早在1918年写给未婚妻孙荃的信中就曾说："布衣返里，未免为父老
所笑。"而《茑萝行》里的"我"也在黄浦江边吟诵外国诗人的"汝当衣锦

归,否则永莫回"的诗句。有了这种思想,他就不能安贫守分,蹀躞泥中。因此,一旦由于失业贫困,衣锦还乡的愿望不能实现,而只能"披了一身破襕的衣服"回乡见母亲、妻子的时候,他的心中就自然会升起沉重的自卑感,从而失去了在社会上继续奋斗的勇气,或者想在乡间终老,或者想到钓石矶头"去寻我的归宿"。以上就是"我"这个"零余者"的基本特点。而他的报国无门的遭遇,一贫如洗的处境,无能为力的苦闷,羞惭自卑的心理,又在一定程度上概括了当时一部分贫穷的知识分子的命运。其实,郁达夫许多小说里的主人公,不论是"我"是"他",是伊人或于质夫,都不同程度地具有"零余者"的特点,只是表现形态略有不同,是他们共同组成了郁达夫文学创作中的"零余者"形象家族,而这些洋溢着浓厚的自传色彩的"零余者"的形象,又具有普遍的典型意义。

应该指出,郁达夫正是通过对"零余者"的形象的刻画,引导读者去思考旧社会的不合理,去观察周围环境的弊病的。他在《写完了茑萝集的最后一篇》中说:"你们不要问我这书中写的是事实不是事实,你们看了这书也不必向这书的主人公表同情,因为这书的主人公并不值得你们的同情的。即使这书的一言一句,都是正确的记录,你我有什么法子,可以救出这主人公于穷境? 总之我们现代的社会,现代的人类,是我们的主人公的榨压机,我们若想替他复一复仇,只须我们能够各把自家的仇怨报复了就对了。"在郁达夫看来,重要的问题并不在于作品中的人物、故事是事实还是虚构的,因为这类现象在社会上普遍存在,有目共睹;问题也不在于仅仅向不幸的主人公表同情,因为同情并不能根本改变他的命运。那么关键在哪里呢? 在于必须看到主人公的悲剧是社会造成的,现代的社会"是我们的主人公的榨压机",只有改造这个不合理的社会,才能使这些"零余者"的悲剧不再发生。郁达夫的这个意思在作品中也通过主人公的语言表达出来了。《茑萝行》的"我"对妻子说:"我们的国家社会,不能用我去作他们的工,使我有了气力不能卖钱来养活我自家和你,所以现代的社会,就应该负这责任。"又说:"……若因社会的组织不良,致使我不能得适当的职业,你不能过安乐的日子,因而生出这种家庭的悲剧的,那我们的社会就不得不根本的改革了。"所以,对不合理的社会进行改革,这大约就是郁达夫企望这几篇小说所产生的客观效果吧。

郁达夫的这一写作意图,由于是通过作品中所描写的极平凡的日常生活表现出来的,所以容易为读者所接受。当时就有人发表读后感说:"因为它里边所写的,并没有什么特别的不幸,为一般人所不能遇到的,所以凡是领略过了人生的悲哀的人们,都能懂这本小集子,都能对于它表同情。"[①]当然,有眼力的读者是完全能够领会作者的意图,从作品中咀嚼出它的辣味来的。《晨报副刊》发表的一封题为《〈茑萝集〉的读后感》的读者来信就说:"……读了你的著作,才知道你的笔比你的嘴利害得多呢!读茑萝集的味儿,不是吃橄榄,简直同吃生姜一样。我想吃油腻惯了的中国人,恐怕脾胃不大好,吃点生姜,倒也很配。"[②]读者的这些反应,说明郁达夫在这几篇作品里,通过对自我形象的刻画,说出了广大读者的心里话,喊出了他们的呼声,因而能够像别林斯基所说的:"人们在他的悲哀里看出了自己的悲哀,在他的心灵里认识到自己的心灵,看到他不仅是一个诗人,而且是一个人,一个……和自己同宗的弟兄。"[③]

《春风沉醉的晚上》、《薄奠》是郁达夫本时期呈献给读者的另一类优秀作品。它们曾经引起人们深深的激动。一位评论者这样写道:"不瞒真情,昨天晚上读完了《春风沉醉的晚上》一篇,我的热泪是忍不住突破了眼眶而流了的。虽说我是容易受作品的感动,可是因此而证明它们表

---

① 萍霞《读茑萝集》,载《京报副刊》1924 年 12 月 29 日第 23 号。

② 殷公武《〈茑萝集〉的读后感》,载《晨报副刊》1924 年 3 月 9 日。

③ 《别林斯基论文学》第 41 页。

现的成功,这是不能否认的。"①另一位评论者也说:"我相信,无论是安居在繁华生活里的男女,或者和达夫经过同样生活的男女,生活比达夫更不如的男女,《春风沉醉的晚上》给他们灵魂的摧撼是一样的。现代的生活已经麻木了,灵魂麻木了,《春风沉醉的晚上》从这许多麻木中唤醒了不知多少人们啊!"他还认为,"《薄奠》也是意味深永的一篇"②。

《春风沉醉的晚上》描写的是一个失业的知识分子和一个年轻女工的真挚友谊的故事。作品是用第一人称写作的。"我"是一个有才能的知识分子,曾在国外留学多年,善翻译,能写作,但是回国以后却找不到工作,虽多方努力,仍然是"各方面就职的希望,早已经完全断绝了",因而就过着十分困苦的生活。他住在贫民窟的一个黑沉沉的小阁楼上;因为家具卖完了,只好用书和画架堆作写字台;即使到了春夏之交的热天,因无换季衣服还穿着一件破得不堪的棉袍子;生活的煎迫使他营养不良,神经衰弱。他失去了一切,甚至失去了白天的阳光,只有在夜深人静出外散步时,那轻轻吹拂的沉醉的春风才隶属于他。可以看出,"我"实际上也是一个"零余者"。在这个黑暗而矮小的阁楼上,他的间壁还租住着一个N烟公司的女工。这是一个孤苦伶仃的姑娘,她的名字叫陈二妹,才十七岁,父亲刚去世不久,她没有兄弟姊妹,在上海举目无亲。她在厂里做包纸烟的工作,每天劳动十个钟头,少做一点钟就要扣钱。她除了受着资本家极其残酷的剥削外,还遭遇到管理人无理的欺凌,"工厂的一个姓李的管理人却坏得很",知道她父亲死了,就天天的想戏弄她。这个身世凄凉的十七岁的少女,却承受着如此沉重的压迫,因此她对N烟公司"切齿怨恨",她甚至劝别人"不要吸那我所痛恨的N工厂的烟",在她的心中,蕴藏着多么深沉的对于压迫者的仇恨啊。

---

① 贺玉波《关于〈寒灰集〉》,见贺玉波编《郁达夫论》。
② 锦明《达夫的三时期》。

"同是天涯沦落人，相逢何必曾相识。"这一对陌生人做了一个多礼拜的邻居，就渐渐接近起来。陈二妹看到"我"因失业而"日夜只是在那暗室的灯光下呆坐"，十分同情。有一天就送他一包葡萄浆面包，另外还带来一包香蕉同他一道吃，并且关心地询问他的家庭和身世，为他的不幸境遇叹息，洒下同情之泪。陈二妹不仅在生活上关心这个穷苦的知识分子，更可贵的是，她还从道德方面关怀他。"我"因为神经衰弱症而经常深夜出外散步，白天睡觉；有一次"我"得到五元钱译作稿费，就用它买了一件竹布单衫，并带了一点巧克力、蛋糕之类的食品来同陈二妹分享。然而这种反常的生活习惯和来路不明的奢侈，引起了陈二妹的疑惧，她直率地向他提出："这几天晚上，你每晚在外边，可在与坏人作伙友么？""你何苦要吃这样好的东西，要穿这样好的衣服？你可知道这事情是靠不住的。万一被人家捉了去，你还有什么面目做人。过去的事情不必去说它，以后我请你改过了罢。"这是一种出自心灵深处的真诚的关怀。而当"我"对她的误会作了解释以后，她立刻就给予信任，并且羞赧地道歉说："噢，我错怪你了，我错怪你了。请你不要多心，我本来是没有歹意的。……"在郁达夫笔下，这个年轻的女工，是如此纯洁、善良、真诚、富于同情心，她有着一个水晶般美丽的灵魂。另一方面，"我"对陈二妹也表现出真挚的同情与关怀。"我"拿到稿费买了食品回来，虽然腹中已饥饿得很，但无论如何也要等候陈二妹放工回来同吃；陈二妹因加夜工而疲累不堪，"我"则给予安慰。而陈二妹的美丽灵魂的熠熠光辉，使"我"在黑暗生活中看到一线光明，带给"我"振作精神的力量，他终于向陈二妹表示："我从今天起，就答应你把纸烟戒下来罢！"

在《春风沉醉的晚上》这篇小说里，陈二妹是一个被繁重劳动压得喘不过气来的女工，"我"则是一个想出卖自己的劳动力而不可得的知识分子。从他们身上可以感受到旧社会的冷酷无情和沉沉的黑暗。然而郁达夫通过他的细腻的艺术描写告诉人们，就在那寒夜般的社会里，却有一股真诚的、相互关心、相互爱护的友谊的温情，流动在受苦人之间，它会带给人们一些暖意，一些安慰。这或者就是《春风沉醉的晚上》真正动人的诗意之所在吧。

这篇小说的最后是这样结束的：他们的误解消除以后，陈二妹回她的房间去睡了，明天她还得继续像牛马一样做十个小时的工。而"我"呢，钱又快用完了，衣食的问题又严峻地摆在面前，破棉袍当铺里不会要，想去拉黄包车怕拉不动，想自杀又缺乏勇气，出路在哪里呢？"终究没有一个好法子，可以救我出目下的穷状来"。于是他苦苦地思索着，又走上夜半的街头散步。这时：

> 贫民窟里的人已经睡眠静了。对面日新里的一排临邓脱路的洋楼里，还有几家点着了红绿的电灯，在那里弹罢拉拉衣加。一声二声清脆的歌音，带着哀调，从静寂的深夜的冷空气里传到我的耳膜上来，这大约是俄国的飘泊的少女，在那里卖钱的歌唱。天上罩满了灰白的薄云，同腐烂的尸体似的沈沈的盖在那里。云层破处也能看得出一点两点星来，但星的近处，黝黝看得出来的天色，好象有无限的哀愁蕴藏着的样子。

在寂静的深夜里，那有钱人家的红绿的灯光，漂泊少女的悲哀的歌唱，那若隐若现的星星，蕴藏哀愁的天色，交织成了一种极为凄凉的气氛。作品结尾处的这种艺术气氛，把这两个善良的受苦人的没有出路的苦闷，渲染得更加深浓，同时也使整个作品增添了一层忧郁的色彩。

《薄奠》也是一篇描写知识分子和劳动者的友谊的小说。如果说《春风沉醉的晚上》比较侧重在劳动者对知识分子的关怀、爱护，那么《薄奠》就比较侧重于知识分子对劳动者的同情与帮助。

作品叙写"我"在北京一个春天的傍晚，雇乘了一辆人力车，在偶然的攀谈中知道车夫和自己是街坊邻居,以后又接连坐了几次车,于是两人渐渐地成为朋友。作者就从他们的交往中,刻画了两个各具特色的艺术形象,抒唱了一曲感人肺腑的友谊之歌。

人力车夫虽只有四十二岁,但看起来却好像已经有五十多了。他脸色黝黑,沉默寡言,"身材本来很高,但是不晓是因为社会的压迫呢,还是因为他天生的病症,背脊却是弯着",苦难的生活重担的压迫在他的肖像上刻下了鲜明的印记。他所承受的苦难不仅是百物飞涨的威胁,还有车行东家的残酷的敲诈与剥削。他曾对乘车的"我"诉苦,"他说这个年头儿真教人生存不得。……煤米油盐,都要各涨一倍。他说洋车出租的东家,真会挑剔,一根骨子弯了一点,一个小钉不见了,就要赔许多钱。他说他一天到晚拉车,拉来的几个钱还不够供洋车租主的绞榨,皮带破了,弓子弯了的时候,更不必说了。"人力车夫对于自己被盘剥"绞榨"的经济地位是有着清醒的认识的。但是这个沉默的劳动者并不甘心于身受的社会的虐待,不肯屈服于命运之神的摆布,在他的心中燃烧起要求摆脱被剥削的命运的希望。他节衣缩食,辛辛苦苦地积下来几块钱,他说,"我不过想自家去买一辆旧车来拉,可以免掉那车行的租钱呀!"他企图用自己拼命的劳动和过人的俭省去挣脱剥削的锁链,冲破命运的罗网。应该说,这种愿望是无可非议的,是值得同情的。但是这个人力车夫家中还有瘦弱的妻子和两个年幼的孩子,一家四口必须维持最起码的衣食,物价的飞涨,车行的敲诈,又不断挤干他用血汗换来的少得可怜的钱,而他那弯曲的背脊,拉起车来嘿嘿的急喘,又无法胜任更加繁重的劳动。总之,在如磐的社会压迫下,劳动者想依靠个人的力量摆脱被剥削的命运,是不大可能的。因而这个人力车夫的自己买一辆车的心愿始终没有实现,他就带着深深的失望和遗憾死在南下洼的大水里。作品暗示他是"自家沉河"的。这个人力车夫的形象,反映了劳动者美好希望破灭的悲剧。

作品中的"我"是一个穷困的知识分子,他一年有三百五十九天要过穷日子,妻子小孩远隔在三千里外,他也没有能力接来北京同住。因而他渺焉一身,衷心抑郁,为了排遣心中的苦闷,有时上戏园茶楼,娼寮酒馆,去学习醉生梦死,有时向天长啸一声,发泄不平之气。然而他的良心并未泯灭,相反,他是一个人道主义者。他"若坐洋车的时候,总爱和洋车夫谈闲话,想以我的言语来缓和他的劳动之苦";看到像牛马一样在前面拉车奔走的车夫,他会觉得心里难受,而轻轻地对他说:"我倒不忙,你慢慢的走罢。"他对受苦人充满同情,可是他的拮据的经济情况又使他不可能给予切实有力的帮助,于是他经常陷入矛盾的痛苦中,这在他和人力车夫的交往中特别明显地表现出来。有一次他坐在车上默默地听着车夫诉说生活的艰难,他"觉得这些苦楚,都不是他一个人的苦楚。我真想跳下车来,同他抱头痛哭一场",然而除此以外他没有别的有效的办法。又一次,他遇到车夫和妻子吵架,为了她将他辛苦积下准备买车的三块钱用去买布,看到这情况他非常难受,"这时候我若袋里有钱,一定要全部拿出来给他,请他息怒。但是我身边一摸,却摸不着一个铜银的货币","我只恨我自家太无能力",最后只好将身上的一只银表偷偷地留在车夫家里。他知道车夫生前唯一的愿望就是有一辆自己的车,可是他没有力量帮助自己的朋友实现这一心愿,只有到车夫含恨死后,他才在冥衣铺里定做一辆纸糊的洋车,作为微薄的奠品,安慰那个善良的劳动者在黄土下的魂灵。"我"对人力车夫的情谊是深挚动人的,对他的同情也是十分真诚的,但是"我"的时时感到无能为力的苦闷,也显示了人道主义的局限性。

作品结束时,"我"带着纸糊的洋车和纸锭要出城去祭奠死去的车夫,路上有许多红男绿女好奇地看着。这时,"我"只想放大了喉咙向着那些红男绿女和汽车中的贵人狠命地叫骂:"猪狗！畜生！你们看什么？我的朋友,这可怜的拉车者,是为你们所逼死的呀！你们还看什么？"这是悲哀的控诉,也是愤怒的抗议。"我"想追究逼死他的朋友的凶手的责任,这无疑是值得肯定的。但是他把路上观看的红男绿女都当作攻击的目标,说明他还没有找到那窒息这个善良的劳动者的希望的真正的凶手。而这恐怕连小说作者郁达夫本人也不是十分明确的吧。

短篇小说《春风沉醉的晚上》和《薄奠》的出现,标志着郁达夫艺术上的成熟。这两篇作品都有完美的艺术构思和严谨的结构。《春风沉醉的晚上》除了两人初见面没有讲话外,主要写"我"和陈二妹的四次交往。第一次是探询,写陈二妹问"我"天天在看什么书;第二次是谈心,写两人一面吃香蕉一面谈各自的身世;第三次是疑惧,写陈二妹对"我"的反常的生活习惯和来历不明的挂号信的疑惧;第四次是释疑,写陈二妹的规劝和"我"的解释,终于疑团消释。这四次交往叙写两人的关系既有起伏,有波澜,又一步深入一步,从一般的寒暄,到生活上的关心,再到道德上的关心。作品结构上分四个部分,每个部分着重描写一次交往,显得严谨而匀称。《薄奠》则分为上、中、下三个部分,每一部分着重写一个场面:第一部分写初次乘车结识车夫;第二部分写"我"遇着车夫和妻吵架,"我"偷偷留下银表,中间穿插一段车夫对"我"诉苦的回忆;第三部分写"我"得知车夫被水淹死,就以纸糊洋车作为奠品。这样的结构不枝不蔓,线索集中,层次清晰。我们认为,比起郁达夫过去经常采用的行云流水般的滔滔抒写,这种完美的构思和严密的结构,需要更大的艺术功力。

这两篇作品一方面保持郁达夫过去作品的浓厚的抒情性特色,另一方面又加强了现实性的具体描写。作者不但善于运用诗一般的语言倾吐自己心中的情愫,同时他又注意按照现实的面貌对客观世界进行细致的描绘。例如《春风沉醉的晚上》里对"我"在贫民窟的住房的环境描写,十分具体真实;又如《薄奠》中对北京平则门外的城河、古道、绿芜、远山、鹅群、残照的生动描绘,的确是一幅活泼鲜亮、别饶风致的风景画。这些出色的景物描写，赋予作品鲜明的现实具体性。对于人物的活动，郁达夫也进行了极为细微的观察和刻画。例如他写陈二妹第一次在黑暗的阁楼上的出场：

> ……我一边吸烟，一边在那里呆看放在桌上的蜡烛火，忽而听见梯子口上起了响动。回头一看，我只见了一个自家的扩大的投射影子，此外什么也辨不出来，但我的听觉分明告诉我说："有人上来了。"我向暗中凝视了几秒钟，一个圆形灰白的面貌，半截纤细的女人的身体，方才映到我的眼帘上来。

"我"先是听见楼梯的响动，觉得有人上来，但由于坐在蜡烛火和梯子口之间，所以猛回头只能看见自家的投影，只有在暗中凝视几秒钟，眼睛适应了，才能看见上来的陈二妹的形象。这种描写是多么细致啊，它完全可以使人有亲临其境的感觉。此外，注意典型细节的运用也能加强描写的具体性。例如在《春风沉醉的晚上》里，作者反复几次写陈二妹"深深的看了我一眼"，而在不同的场合，这看一眼有时表示探询，有时表示不解，有时流露出疑惧，有时蕴含着不安。这个细节描写取得很好的艺术效果。《薄奠》里的银表也是很好的细节，"我"留下银表，表现了深切的情意，车夫第二天还表，则显示了他拾金不昧的高尚情操；作品最后纸糊洋车的奠品，也是一个富有表现力的催人泪下的细节。

　　《春风沉醉的晚上》和《薄奠》，是郁达夫作品中两颗灿烂的明珠。他以往的小说，多以知识分子为主人公，而在这两篇作品里，则用饱含感情的笔致，描写了女工和车夫等体力劳动者的人性美，以细腻的艺术手段刻画他们富有诗意的悲剧形象，并表达了对他们人格的尊重，和对其不幸命运的深切同情。这些都显示了郁达夫创作的重大进展。

三

郁达夫从日本回国以后，在从事文学创作和刊物编辑的同时，也写了一些文艺评论文章，而他在北京平民大学、北京艺专和武昌师范大学中文学科任教期间，由于教学的需要，又系统地研究了文艺理论和文学史，并编写了一些文学理论方面的讲义。这些文艺批评和文学研究的理论成果同样是郁达夫文学活动的重大收获，也是他为中国现代文学发展作出的贡献。他的文艺理论成果大致包含以下三类内容：一是文学理论专著。他将在大学里教学时所编写的讲义整理出版，计有《小说论》、《戏剧论》、《诗论》、《文学概说》等。二是文艺评论文章。这里有对众多中外作家和作品的研究与评论，有对各种文学艺术现象的思考与批评，还有对若干文艺理论问题发表的意见与主张等，这类文章除一部分收集在《文艺论集》、《敝帚集》中出版外，还有不少散见于各种报刊上。三是大量的作品序跋。这里有郁达夫为自己的作品集和译著所写的序言、题辞、附记和后叙等，也有他为友人的作品所作的序，他有很多对文学的精彩意见是存留在这类文章中的。如果将郁达夫各个时期的文艺评论文章和专著都加起来，其篇幅大约占他一生全部著作的四分之一左右，颇有分量，无疑是应该受到重视的。

在"五四"出现的文学家中，郁达夫是较早在创作的同时也兼及文艺评论活动的。而且他的文学理论批评还具有以下几个鲜明的特点：首先，郁达夫的文艺评论活动是十分适时的。"五四"文学革命以后，广大新文学作者经过几年的创作实践，产生了一批新的创作成果，在这个时候，迫切需要从理论上来加以研究与总结，这样做有利于新文学运动的继续发展，郁达夫的理论批评正适应了这个需要；另一方面，"五四"以后，新文学作者所运用的各种文学体裁诸如白话小说、白话诗、白话散文

郁达夫著《文学概说》封面

《达夫代表作》封面

郁达夫作品书影

以及话剧文本等与我国传统的旧文体完全不同,它们主要是从西方引进和借鉴的,那么这些来自域外的文学体裁到底具有哪些基本特征,这时是急需介绍和说明的。郁达夫所编写的《文学概说》、《小说论》、《戏剧论》、《诗论》等,正是着重介绍外国理论家对这些文学体裁的特征的理论阐释,这可以帮助文学作者对其所采用的文体有较清晰的认识,从而更自觉地加以掌握。郁达夫在这方面的意图是很明确的。他在《文学概说》里说:中国古代文人所理解的"文学",不是我们现在所讲的"文学","现在我们在这里所说的'文学',是外国文 Literature 的译语。既已贩卖了外国的金丹,这说明书自然也不得不用外国的了"。这个比喻,生动地说明他是自觉地运用外国文艺理论("说明书")来解释当时我国已引进的各种新文体("金丹")的特征。这对我国新文学的发展无疑是十分及时的。其次,郁达夫的文艺评论活动依托着丰富的理论资源。他的文艺评论著作中,虽然对我国古代文艺理论经典也曾有所关注,例如他也曾引用《典论》、《汉书·艺文志》、《文心雕龙》等古籍里的某些论述,但更多的他还是从外国文艺理论著作中寻求强大的理论支撑。他依凭精通英、德、日多国外文的优势直接参考大量的外文资料。我们从《小说论》、《文学概说》、《戏剧论》等书后开列的参考文献目录可以看到其数量之多。如《文学概说》参考文献达十七种,《戏剧论》十三种,《小说论》也有十多种。其中如他引用最多的培理的《小说的研究》(Bliss Perry：*A Study of Pross Fiction*)、哈米顿的《小说技巧论》(Clayton Hamilton：*A Manual of the Art of Fiction*)、莫耳顿的《文学之近代研究》(R. G. Moulton：*Modern Study of Literature*)以及日本木村毅的《小说研究十六讲》、有岛武郎的《生活与文学》、楠山正雄的《近代剧十二讲》等,都是二十世纪二十年代在中国文学界产生很大影响的理论著作,它们对文学和文学体裁从内容到形式都有新的论述,郁达夫依据这些理论资源所撰写的文艺理论著作,也就彰显出崭新的面貌。郁达夫这些论著已经被列为中国现代文学理论建设的第一批优秀成果。另一方面,人们从郁达夫的文学理论著作和文学批评中也可以看到,郁达夫所接受的外国文艺理论是异常复杂的,它留存着各种思想流派影响的痕迹。资产阶级文艺理论家、革命民主主义者、无政府主义者、马克思主义者的文艺观点,都曾对他产生过影响,泰纳、有岛武郎、赫尔岑、须的儿纳、马克思等都是他所敬仰的对象,他从他们的著作中吸取自己有用的东西,但有时却没有来得及消化,使其变成自己的思想血液,因而就会呈现出比较芜杂的面貌。再次,郁达夫是在世界文学发展的广阔视野下以丰富的各国文学创作成果为依据来论述文学问题的。他在《现代小说所经过的路程》中说:"中国现代的真正文艺复兴,应该断自五四运动起始才对。正唯其如此,故而目下我们来论述小说,也应该明白了西欧小说的古今趋势,才能够说话,因为现代的中国小说,已经接上了欧洲各国的小说系统,而成了世界文学的一条枝干的缘故。"在《五四文学运动之历史的意义》里又说:"五四"文学运动,"打破了中国文学上传统的锁国主义,自此以后,中国文学便接上了世界文学的洪流,而成为世界文学的一枝一叶了"。由于郁达夫是在整个世界文学的背景下来研讨中国文学,因此他在论述某一个文艺问题时,就常常能够从世界文学发展历史与各国文学状况的广阔范围来进行探讨。例如他论文学,就从古典主义、浪漫主义、自然主义、理想主义的历史发展中来阐述它在不同阶段的表现倾向;他论现代小说和戏剧,则从古希腊一直叙述到近代的法、英、德各国,介绍小说、戏剧发展的历史渊源和现状。由于郁达夫从留学日本后就阅读了上千部外国各种流派的小说,他的理论阐释就具有非常厚实的基础,加上他又研读了外国的许多文学史著作,对一些国家的文学发展历史比较熟悉,因而他的论述就能从理论与创作、历史与现状等方面把问题讲清楚。同时,郁达夫这种将中国文学置于世界文学的背景下进行考察的理论视角,就将中国"五四"以后的新文学纳入世界文学发展的洪流。正如郁达夫所说,"现代我们所说的小说,与其说是'中国文学最近的一种新的格式',还不如说是'中国小说的世界化',比较得妥当"《小说论》)。由此中国文学就跟上时代的步伐,这必然极大地推进中国文学的现代化进程。

尽管郁达夫并没有形成自己的文艺理论体系,他在这方面的著述内容也还比较芜杂,甚至出现自相矛盾的现象,而且随着他的生活经历的变化,他的文艺思想也会有一些发展,但是他对文艺理论的某些基本问题的认识和主张,应该说还是始终没有根本性的变化的。

首先,郁达夫认为,文艺是生活的反映。作家应以生活为创作的源泉,应反映现实,反映普通人的生存状态及其人性的本质。郁达夫承认作为意识形态的文艺是客观世界的反映。他在较多的著作中都谈到这一点。在《文学概说》里说:"艺术就是人生生活的表现,文学既是艺术的一分枝,当然也是生活的表现。"在《艺术与国家》一文里又说:"大凡艺术品,都是自然的再现。把捉自然,将自然再现出来,是艺术家的本分。"在论述各种类型的文学作品时他也反复表述了这一观点。他认为,"天地间万有充盈,人事纷杂,这些事事物物,诗人都可以拿来做他的材料"《诗论》)。小说要"描写正确的人生","小说家从许多杂乱的世事里,选择出材料来"《小说论》),而近代的戏剧"所反映的,完全是民众的日常生活"《戏剧论》)。郁达夫所说的自然、人事、人生、世事、日常生活,都是指客观世界,他认为,文艺家的创作活动,就是在自己的作品中把客观世界再现、描写、反映出来。

即使是历史题材的文艺作品,也仍然是客观生活的反映。郁达夫在《历史小说论》一文里,把历史小说分为两种类型,"第一种是我们当读历史的时候,找到了题材,把我们现代人的生活内容,灌注到古代人身上去的方法。所以这一种历史小说,……是有血有肉的在现代人的读者面前跃动着的历史。""第二种历史小说,是小说家在现实生活里,得到了暗示,若把题材率直的写出来,反觉实感不深,有种种不便的时候,就把这中心思想,藏在心头,向历史上去找出与此相象的事实来,使它可以如实地表现出这一个实感,同时又可免掉种种现实的不便的方法。"第一种历史小说是以客观地描写历史上的事件和人物为主,也即如实地将古人的生活再现出来;第二种历史小说则是以表现作者的内心寄托为主,是作者把藏在心头的"中心思想"借历史上相似的事实显现出来,而作者的"中心思想"并不是凭空而产生,依然是来源于生活,是"在现实生活里,得到了暗示"的。

在谈到诗歌的旋律韵调时,郁达夫也认为它是从生活中形成的,是现实生活本身所具有的旋律的艺术体现。他说:"天地间的现象,凡是美的生动的事物,是没有一件,不受这旋律 Rhythm 的支配的。风声雨声,日月的巡环,四季的代序,行人的脚步,舻棹的咿呀,以及我们的呼吸脉动,长幼生死的变迁,广义的讲起来,都是一种或长或短的旋律运动。旋律缓慢的时候,就如秋夕的斜阳,静照大海,这时候的情调,是沉静悲凉。旋律急促的时候,就如千军万马,直捣黄龙,这时候的情调,是欢欣热烈……韵律或幽或迫,音调或短或长,虽由当时的情景如何而互异,然而起伏有定,高低得宜,总不能逃出旋律的范围以外,却是一定的。"《诗论》郁达夫这种对生活固有的旋律韵调和艺术的旋律韵调的关系的论述,是很有见地的。

各种文学作品的内容,是现实人生的反映,某些艺术技巧的形成,也是来源于生活。郁达夫对文艺与生活的关系的基本认识,无疑是正确的。

然而"生活"并不是抽象的。作为文学创作源泉的生活,它是以人的活动为主要内容的,正是各式各样的人的千姿百态的活动,构成了无限丰富生动的现实世界,正是人类社会无数男女老少所演出的悲剧和喜剧汇聚成取之不尽用之不竭的生活源泉。因此,文学创作反映生活,主要就是反映各种人的生存状态,再现丰富多彩的人生。郁达夫在《戏剧论》

里曾对现代人生存状态的内容作了简要具体的表述。他说:"若要把近代剧里所反映的近代生活的全部作分类之观察,那么我们不得不先从下列的三方面着手:一、个人与社会,二、恋爱与两性,三、生与死。"他还进一步阐释:"个人对社会的争斗,在现代的社会组织里,随时随地都有的。""个人对社会的反抗,是人的意志对于外部生活的反抗。这一重意志若转而向内,则变成个人的灵魂与肉体的斗争,或人与神秘的威力(死)的斗争",而后者则是"人性中间两重不可避免的难关"。于是他将人的生存状态具体地概括为"一、生的苦闷,二、性的压迫,三、死的恐怖",并且说,"这三件事情,虽则说古今中外,随时随地,都是一样,但无论如何,总没有象在近代生活里那么猛烈。我们能够把这三点常放在心头,去看近代的戏剧,那么就可以知道戏剧和我们的生活的关系,是如何的密切了"。这里所谈的虽是指戏剧里的生活,但也可以说明这就是郁达夫所理解的文学反映生活的具体内容。

郁达夫在他的文论里还同时回答了下面的一个问题:"我们所说的文学的永久性又在哪里?"他认为,"文学作品之中,有一部分完全系属于时代的产物,那是要和时代一道地过去的,……因为现代的社会环境,已经是完全变过了的缘故",而文学作品中还有一部分,是作家能"把捉住超出在一短时候和各种不相干的琐碎关系之外的人性的本质",正因为"作家所具现的是人性的本质,所以他的作品也就是古今中外不易的东西"(《文学漫谈》)。这就是说,如果作家能在作品里真实地表现前文所说的"人性中间两重不可避免的难关",能够把捉住"人性的本质",他就可以获得"古今中外不易的东西",这就是文学的永久性之所在。虽然郁达夫的论述并不十分准确精当,但这却是他依据自己的理解,对文学的永久性问题的回答了。

其次,郁达夫强调作家应在作品里表现自己的个性。他后来在回顾自己的创作生活和总结创作经验时曾说:"我对于创作,抱的是这一种态度,起初就是这样,现在还是这样,将来大约也是不会变的。我觉得作者的生活,应该和作者的艺术紧抱在一块,作品里的 Individuality 是决不能丧失的。"又说,"作家的个性,是无论如何,总须在他的作品里头保留着的。"(《五六年来创作生活的回顾》)强调表现作家的个性,这的确是郁达夫一贯的主张。

郁达夫认为"个性的发见"是人的一种思想觉醒,是"五四"文学革命的一个伟大成果。他在《戏剧论》里说:"我们近代人的最大问题,第一可以说是自我的发见,个性的主张。""我们生在这样的社会里,要是不曾想到自己的个性,便好安然过去,如从前的臣为君死,子为父亡的时代一样。但是我们若一想到自己,又一想到自己的周围的重重铁锁,我们的希望,实在是一点儿也没有,我们所以要生到这世界上来的理由,实在也完全讲不出来。"这里说的"安然过去",其实正是一种精神麻木,而感到没有希望,正是思想觉醒后产生的不满现状的苦闷。郁达夫的这一观点在以后的文章里还作了进一步发挥。如他在为《中国新文学大系·散文二集》写的"导言"里说:"五四运动的最大的成功,第一要算'个人'的发见。从前的人,是为君而存在,为道而存在,为父母而存在的,现在的人才晓得为自我而存在了。我若无何有乎君,道不适于我者还算什么道,父母是我的父母,若没有我,则社会,国家,宗族等那里会有?"郁达夫清楚地认识到,所谓君为臣纲、父为子纲之类的封建道德,是窒息人的个性的桎梏,强调表现个性,正是对封建主义禁锢的彻底反抗,是对人的价值、人的尊严的充分认识与肯定,这是人的思想的觉醒,时代的觉醒。

作家在作品里要表现自己的个性,实质上就是作家的创作过程要充分发挥自己的主体作用,不随风摇摆,不被别人左右,要坚持自己的独立思想,以自己的智慧和眼光对生活素材进行选择与提炼,彰显个人对生活的独到理解与个性化表述。郁达夫在《小说论》里写道:"艺术所表现的,不过是把日常的人生,加以蒸馏作用,由作者的灵敏的眼光从芜杂的材料中采出来的一种人生的精彩而已。所以写在小说上的事实,是从世界上的万事万物里由作家的天才去剔抉出来的事实。并不是把烂铜破铁,一齐描写再现出来,就可以成小说,成艺术品的。自然主义者的所谓科学的描写方法的失败,就在这一个地方。他们主张完全灭却作者的个性,他们主张把观察的事实,毫无遗漏的报告出来。"在郁达夫看来,面对着纷繁复杂的现实世界,选择什么题材进入自己的作品,面对着自己采撷来的种种人生故事,作怎样的价值判断和道德评价,面对着自己笔下的各类人物、事件,又是如何表现自己的爱憎感情与审美态度,这一切作家都起着十分关键的重要作用,而作品的成败得失则都是由作家的思想、感情、性格、天赋以及审美能力所决定。这就是作家个性的作用。郁达夫还认为,作家要能够显示个性的力量就必须敢于超越环境的种种限制,保持独立的人格。他说:"我们人类社会的所以有进化,所以不寂灭者,都因为有超越环境的个性的内部要求存在在那里的缘故。""伟大的个性是不能受环境的支配的。……所以我们个人,一方面虽脱不了环境和时代的影响,一方面也是创造环境,创造时代的主力",而"文艺小说,大抵是以不顾环境,描写那些潜藏在人心深处的人类的恒久的倾向者为主"(《文学概说》)。因此,坚持独立,彰显个性,是郁达夫文学思想的重要内容。

那么,怎样才能够做到在作品里表现出个性呢?不同的作家当然可以根据自己的经验采取各自不同的方式,这是不能强求一律的。对于郁达夫,他则特别主张通过写自己来体现个性。他说:"我们的生活,就是我们的全个性的表现的这一句话,是可以说得的罢!行住坐卧之间,我们无处不想表现自己,小自衣食住的日常琐事,大至行动思想事业,无一处不是我们的自己表现。"(《文学概说》)既然作家本人的生活无论巨细无一处不是个性表现,那么书写自己的生活也就可以表现个性了。在郁达夫看来,一个具有人类良知的正直善良的作家,只要写自己,写个人的身世经历，思想感情，人格力量，理想情操，写本人对生活美丑的思考，对现实是非的评价，以及对周围世界的爱憎态度，等等，他的作品也就能焕发出个性的魅力了。郁达夫的这个意思在他为《中国新文学大系·散文二集》所写的"导言"里说得非常清楚。他写道："古人说，小说都带些自叙传的色彩的，因为从小说的作风里人物里可以见到作者自己的写照；但现代的散文，却更是带有自叙传的色彩了，……这一种自叙传的色彩是什么呢，就是文学里所最可宝贵的个性的表现。"正是基于这种认识，郁达夫在他的文论里就反复强调"'文学作品，都是作家的自叙传'这一句话，是千真万真的"（《五六年来创作生活的回顾》）。而在创作实践中，从他开始写小说起，无论是留学期间写的《沉沦》集，还是回国前后写的《茫茫夜》、《茑萝行》、《春风沉醉的晚上》等，他总是大量地从自己的生活经历中提取创作素材，并在作品中鲜明地表现自己的爱憎感情和对生活的见解。因此这种"自我叙事"也就成为郁达夫个性化表述的主要方式。

郁达夫在他的文艺论著里，还把是否表现个性作为能不能创造优秀作品的重要因素，作为衡量文艺作品高低优劣的标准。在谈到文艺的永久性时，他说："大作家的把捉时代，是要把捉住时代精神的最主要的一个根本观念"，"这时代的基础观念和人性的本质融化入作家的个性，天才作者然后再把它们完完整整地再现出来，于是千古不灭的大作品，就马上可以成立了。"（《文学漫谈》）在这里，郁达夫将作家的个性列为同时代精神、人性本质一样都是产生"千古不灭"的伟大作品的重要条件。在论述现代散文的特征时，郁达夫将它与从前的散文作比较，他认为，"从前的散文，写自然就专写自然，写个人便专写个人"，"散文里很少人性，及社会性与自然融合在一处的"，而"现代的散文就不同了，作者处处不忘自我，也处处不忘自然与社会"。他将"人性，社会性，与大自然的调和"列为现代散文的一个重要特征。

郁达夫有关"表现个性"的论述是他的文艺思想的重要内容，尽管有些论断不够精当,例如他过分强调文学创作的"自叙传"色彩,并有将作家的个性表现与作家的经历书写相混淆之嫌,但这种强调作家在创作中的主体作用的主张是符合艺术规律的,这种弘扬个人作用的思想鲜明地体现了"五四"个性解放的时代精神,无疑是具有反封建的进步意义的。

再次,郁达夫十分重视文艺的真和美的要素。他在《小说论》里说:"小说在艺术上的价值,可以以真和美的两条件来决定。若一本小说写得真,写得美,那这小说的目的就达到了。"而在他起草的《创造日宣言》里,则表示创办日刊的目的之一是"我们更想以唯真唯美的精神来创作文学介绍文学"。郁达夫既然主张文艺是生活的反映,强调文艺家要敢于表现自己的个性,那么文艺应该怎样反映生活?作家又应该如何彰显自己个性呢?他在许多论著中反复强调的就是文艺的真和美的原则。在他看来,真和美既是文艺的生命和价值所在,也是作家从事文学活动所应追求的目标。

郁达夫主张文艺的生命是真实。他在《艺术与国家》一文里明确地指出:"艺术的价值,完全在一真字上,是古今中外一例通称的。"在《小说论》里又说:"小说的生命,是在小说中事实的逼真。"那么,郁达夫所强调的真,它的涵义是什么呢?我们从他的论著中可以看到,在文艺反映生活方面,他强调必须揭示生活的本质真实;在文艺家的主观态度方面,他则强调必须表现真挚的感情。

在文艺反映生活方面,郁达夫提出应该弄清现实(Actuality)和真实(Reality)这两个概念的区别。他认为,"现实是具体的在物质界起来的事情,真实是抽象的在理想上应有的事情",真实属于真理(Truth),"是一般的法则",现实属于事实(Fact),"是一般的法则当特殊表现时候的实事",而"小说所要求的,是隐在一宗事实背后的真理,并不是这宗事实的全部"。这就是说,作家不能满足于现实表面现象的描绘,他必须努力探索蕴藏在事实背后的一般法则,也即体现生活本质的真实。

然而怎样才能揭示出生活的本质呢？郁达夫提出，作品里的"真理，又须天才者就各种事实加以选择，以一种妙法把事实整列起来的时候才显得出来"（《小说论》）。郁达夫这里所说的选择、整列，就是指的作家对生活素材的提炼与概括，通过这种艰苦的艺术提炼与概括的过程，作家才有可能逐步把握并表现出生活的本质，从而达到反映生活真实性的目的。

另一方面，对于文艺家创作时的主观态度，郁达夫反对冷漠无情，也反对虚情假意，而强调必须具有真挚的感情。他在为郭沫若的诗集《瓶》写的《附记》里说："把你真正的感情，无掩饰地吐露出来，把你的同火山似的热情喷发出来，使读你的诗的人，也一样的可以和你悲啼喜笑，才是诗人的天职。"而在《艺术与国家》一文里，他对于那些表现出真情实感的艺术作品则给予很高的评价。他写道："将天真赤裸裸的提示到我们的五官前头来的，便是最好的艺术品。赋述山川草木的尉迟渥斯 Words-worth 的诗，描写田园清景的密莱 Millet 的画，和疾风雷雨一般的悲多纹 Beethoven 的音乐，都是自然的一部分，都是天真，没有丝毫虚伪假作在内的。真字在艺术上是如何的重要，可以不用再说了。"可见，强调反映生活的本质真实，表现文艺家的真挚感情，这就是郁达夫所要求的"真"的基本内容。

郁达夫对"真"的这种理解是比较深刻的。这样，他就能够把他所主张的"真"同自然主义的真实以及科学哲学的真理区别开来。他正确地指出自然主义的局限性在于只是肤浅地巨细无遗地描摹生活的表面现象，只是把作家所见到的"烂铜破铁"一齐陈列在读者面前，自然主义作家"对于现实的把持，也许是周到得很，但是人生的真理，决不是从这些肤浅的表面观察所能得到，正如一个人的灵魂，你不能从他的外貌服饰来猜度的一样"（《小说论》）。是写"外貌"或是写"灵魂"，郁达夫就为自然主义和现实主义的真实观划清了界限。同时，他对文学创作和科学哲学反映生活的"真"的不同方式也作了细致的比较和分析。他写道:"小说所表现的,是人生的真理,然而科学哲学所表现的,又何尝不是人生的真理呢? 这两者的区别,究竟在那里? 是的,小说与科学哲学,在真理的追求这一点是同的,其不同之点,是在表现的方法。哲学科学的表现,重在理智,所用的都是抽象的论证。小说的表现,重在感情,所用的都是具体的描写。所以小说里边,最忌作抽象的空论,因为读者的理智一动,最容易使感情消减。……哈密耳东教授,在他的定义里,特地把'使人生的真理,具体化于想象的事实的系列之中',提起来作小说目的的真意,大约也不外乎此。"《小说论》是"抽象的论证"还是"具体的描写",郁达夫就为科学哲学和文学创作追求"真"的不同方式划清了界限。应该说,郁达夫在当时就能从理论上比较清楚地分析这些区别,的确是十分难得的。

在强调艺术的真的同时,郁达夫也总是强调美。他说:"艺术所追求的是形式和精神上的美。我虽不同唯美主义者那么持论的偏激,但我却承认美的追求是艺术的核心。自然的美,人体的美,人格的美,情感的美,或是抽象的悲壮的美,雄大的美,及其他一切美的情愫,便是艺术的主要成分。"《艺术与国家》

郁达夫强调文艺的美的要素,但正如他自己所表白的,他并不是唯美主义者。这主要表现在他不但要求文艺的形式美,而且也要求内容的美,他是比较注重内容和形式的统一的。他认为,"严格的讲起来,诗的内容外形,分离不开,正如人的灵魂和肉体一样"《诗论》。因此,他对各种文艺样式也都从内容和形式两个方面来探索它的美学要求。例如他在《诗论》中研究诗歌这一体裁时,就是这样论述的:"诗有内外的两重要素。无论如何,第一诗的内容,总须含有不断的情绪 Emotion 和高妙的思想 Thought,第二外形总须协于韵律的原则。"在诗的内容方面他强调要有"热烈丰富的感情"和"高妙的思想"。在感情与思想这两种因素中他又特别强调前者的重要性。他认为"诗的实质,重在感情。思想在诗上所占的位置，就看它的能否激发情感而后定。若思想而不能酿成情绪，不能激动我们人类内在的感情全部，那么这一种思想，只可以称它为启发人智的科学，不能称它为文学，更不能称它为诗"。而对于感情，他则又强调它的社会内容："我想主张，诗既是以感情为主，那么无论那一种感情，都可以入诗，都有一样的价值。不过诗的效果在感动人。若以效力的大小来说，只能说社会的情绪，比较得效力大些。"另一方面，郁达夫又认为，在诗歌中必须赋予这种具有社会意义的思想感情以富于节奏美的形式，这就是韵律，而"诗的韵律，大抵可分抑扬，音数，押韵的三种"，并在《诗论》中对诗的这些格律规则逐一加以研究。可见，郁达夫是从思想感情的内容美和韵律节奏的形式美这两个侧面来研究诗歌的美的。又如，在《小说论》里研究小说体裁，他同样也是从内容和形式两方面来考虑的。在小说的内容方面，他要求作家要努力刻画典型人物。他认为，"人物当然是小说中最重要的要素"，而小说中的人物，"大抵是典型的人物，所以较之实际社会的人物更为有趣。这'典型的'Typical 三字，在小说的人物创造上，最要留意"。同时他又从刻画人物的艺术手法以及背景描绘、艺术结构等方面来研究小说的形式美。郁达夫从内容和形式的统一上来研究文艺作品的美学要求，这种态度无疑是十分正确的。

既然"美的追求是艺术的核心"，那么文艺家怎样才能追求到美呢？在追求美的过程中应该注意什么呢？郁达夫在他的文艺论著中特别强调文艺家创作时的丰富的艺术想象，以及对于各种艺术技巧的掌握，他认为这二者是必不可少的。

郁达夫非常重视创作过程中作家的艺术想象的作用。他说："介乎思想情感之间，在广义的文学上也十分重要，尤其是在诗的领域内，须臾不可离去的，是诗人的想象 Imagination"，"无论诗歌小说里，若没有这一种想象作用，那么情绪也不能发生，思想也无从传播，所以有人竟把纯文学叫作 Imaginary Literature 的，从此也可见得想象在文学上的重要了"

《诗论》)。在小说创作中,无论是刻画人物或是描写背景,同样不能离开想象的作用。郁达夫指出:"小说家在小说上写下来的人物,大抵不是完全直接被他观察过,或间接听人家说或在书报上读过的人物,而系一种被他的想象所改造过的性格。""无论那一本小说里的背景,从没有完全和实在的背景一样的。作家的想象,大抵对于一个背景创造的时候,总要费许多组合和分割的劳。如有不足的地方,他要设法增加,如有不合用的地方,他要设法裁减。"(《小说论》)在郁达夫看来,想象,可以使诗人从生活感受中激发起诗的情绪,可以使小说家把生活原型改造成作品中的典型性格,从生活素材中概括和描绘典型环境。因此,它是作家从生活素材的大地飞向艺术美的境界的翅膀。

郁达夫还认为各种艺术技巧是创造美的重要手段,因此他在《诗论》、《小说论》、《戏剧论》等著作中都以较多的篇幅来论述各种体裁的创作技巧。在诗歌理论中,他细致地介绍了平仄、音节、押韵等各种格律知识。在戏剧理论中,他根据戏剧艺术的特征,将剧情的发展分为序说、纠葛、危机、释明、结末五个部分,然后提出写作剧本时应注意做到:"序说贵简洁优美,纠葛要五花八门,危机须惊心动魄,释明求似淡而奇,从释明到结末要一泻千里,不露痕迹。"此外,他对剧本的艺术结构、人物对话、舞台说明等的技巧也都有所论述。在小说理论中,他分别研究艺术结构、人物刻画、背景描绘的技巧。在艺术结构方面,他着重论述多宗事件系列的结构法,情节的"起头,纷杂,最高点,释明,团圆"各部分在作品中的合理摆布,以及叙述故事的顺叙、倒叙、顺倒兼叙等手法。在人物刻画方面,他提出直接描写和间接描写两种方法。直接描写可以采用注解法、描写法和心理解剖法;间接描写可以采用对话、行动显示性格,其他人物的反应,环境烘托等手法。在背景描绘方面,他则认为应该真实地描写人物活动的环境,表现出"小说的背景,是如何的可以左右事件的进行,又如何的可以决定性格的发展",因此要认真地描绘"人物的职业身分和社会制度的背景”，要渲染出浓厚的地方色彩，同时也要注意自然风景和天气的描写。由于郁达夫本人已有过文学创作的实践，积累了一些经验，因而他对各种体裁的艺术技巧的论述都具体、精当，富于启发性。

　　郁达夫对艺术的真和美的论述，有许多精辟的见解，但也存在着明显的局限性。他强调表现生活的本质真实，但怎样才能把捉到生活的本质真实呢？他以为主要依靠“天才者”对生活素材的选择与整列，这样回答似简单化了。而在真、善、美三者中，他对善的要素比较忽视，然而对于完美的艺术作品来说，这三者是缺一不可的。郁达夫强调文艺家要有真挚的感情，但却未同时强调感情的善，可是真如果不同善联系在一起，这种真挚的感情如果不反映进步人类的高尚的道德情操，如果不反映广大民众的向善诉求，它怎么会是美的呢？它怎么能产生感人的力量呢？郁达夫对善的要素的忽视是同他在理论上的偏颇分不开的。他认为，作家写作时只要注意真和美就可以了，“至于社会的价值，及伦理的价值，作者在创作的时候，尽可以不管。不过事实上凡真的美的作品，它的社会价值，也一定是高的”，“一眼看来艺术作品，好象和道德有不两立之处，但实际上真正的艺术品，既具备了美、真两条件，它的结果也必会影响到善上去，关心世道人心的人，大可不必发发顾虑。”《小说论》另一方面，淡化善的要素同郁达夫主观上不愿意让自己的作品流露明显的教训色彩也有关，他非常担心自己的小说变成“劝善书”《小说论》或“托尔斯泰的基督教宣传的小册子”《〈茫茫夜〉发表以后》，这种担心使他走向另一极端，即尽量淡化善的要素。实际上郁达夫没有看到，在艺术创造过程中，真、善、美三者是不可分开的，是相互渗透的。文艺家在追求真和美的同时，必然也会流露自己的爱憎感情，作出自己的价值判断与道德评价，考虑作品所产生的社会效果，从而显示出其倾向性。而郁达夫关于创作时对于善的要素“尽可以不管”的主张，则可能导致作家消解对自己的道德要求，放弃所应担当的社会责任，这种论断的局限性是十分明显的。

最后，郁达夫的文艺思想是不断发展变化的。他说："一切艺术都是时代和社会环境的产物……时代是不断地在跑，社会也是不断地在变化，所以艺术当然也非同样地更换着不可。"《文学漫谈》郁达夫的文艺思想并不是停滞不变的，相反，随着时代的发展，特别是抗日战争爆发、全民投入抗击侵略者的斗争中后，他对文艺的看法就发生了明显的变化。例如，我们前面曾介绍过，他在初期为文艺反映人的生存状态选择了三个视角：个人与社会，恋爱与两性，生与死。在日寇入侵后，他就赋予这些视角新的时代内容。他在《战时的小说》一文里写道："平时人生的大问题，譬如说'死'罢，在炮火下却大量地在实现，那么冷冷清清的茜纱窗下，一个肺病小姐林黛玉之类的死，当然是毫不成问题了。再说'爱'罢，'情'罢，父母兄弟姐妹妻子的离散，被虐杀，被轮奸，甚而至于奸后的戮尸——这虽然由于敌人的兽性天成，然而也可以说变态性欲的一种——等事实，都已经变成了日常的茶饭琐事，一点点小感情的起伏，自然是再也挑不起人的同情和感叹来。至于'生'的问题哩，失业者成千上万，难民更上了几百万的数位，个人与个人的争生存，阶级与阶级的夺利润，在这当儿，当然也只成了一个极小的波澜。"又如，郁达夫已十分自觉地意识到文学创作必须随着时代的变化而变化。1939 年他刚到新加坡时就在一篇文章里写道："无论小说也好，戏剧也好，诗歌也好，这时候的作品，必定和前几年的不同。不单是说形式，就是内容，也要和三年前的划然成两个时代。这三年的进步，比民国以前的五十年，民国以后的二十年还要快，所以我们在今后，无论那一个作家，决不会，也不能再写三五年以前那么的作品了。"《战时文艺作品的题材与形式等》郁达夫虽然有了转变的自觉，但是由于当时抗日救亡斗争的紧迫和他本人生活的漂泊无定，他没有机会对文艺理论再作系统的研究和新的阐述。然而，即使是有变化，他原本所具有的文学反映生活、表现个性及追求真和美这些基本观点大约也不会有什么根本的变化吧。

| 第四章　在革命的湍流中 |

一

　　1926 年初,广东国民革命军在完成了第二次东征的战斗任务以后,又夺取了南征海南岛的胜利,这使广东革命根据地得到统一和巩固;在年初召开的中国国民党第二次全国代表大会上,通过决议继续执行孙中山联俄、联共、扶助农工的三大政策,这为即将开始的北伐进军准备了必要的条件。祖国南方出现的革命霞光,吸引了各地许多青年的视线,他们纷纷来到了弥漫着战斗气氛的珠江之滨。

　　3 月 18 日,郁达夫和郭沫若、王独清结伴乘船离开上海,奔赴广州。郁达夫是应聘去广东大学任文科教授的。在微雨中来码头送行的有应修人、楼建南和周全平。23 日早晨,他们到达了向往已久的这座南国的江城。

　　这时,除了郁达夫、郭沫若、王独清三人外,创造社的成员成仿吾、郑伯奇、穆木天也都在广州。他们成立了创造社出版部分部,广州就成为创造社的活动中心。郁达夫一面在广东大学教书,一面参加创造社的工作。

可是,正当郁达夫以巨大热情开始他的新生活的时候,忽然接到北京发来的龙儿的病报,于是他在6月初又匆匆离开才住了两个月的广州,北航经上海换船到天津,于旧历五月初十赶到北京。待他到家,他的五岁的儿子龙儿已经埋葬四天了。龙儿的死去,给郁达夫带来极大的悲痛,然而,他除了同妻子孙荃抱头痛哭外,又能有什么别的办法呢!于是他暂时留在北京,安慰可怜的妻子,追念死去的爱儿,整个夏季,"只是悲叹的连续"(《一个人在途上》),"暑假中的三个月,完全沉浸在悲哀里"(1926年11月3日日记)。直到9月下旬,他才离京南下,在上海停留了两个星期,10月20日才再回到广州。这一去来,已经是四个多月过去了。他在上海停留期间,编辑了《创造月刊》第一卷第五期,并为这一期写了一篇《非编辑者言》,文中他回顾了这段生活经历和心情。他说:"而我自己哩,啊啊,再不要提起,这三四个月中间,死了儿子,病了老婆,在北京的危险状态里,躲藏着,闷愤着,非但做文章的趣味没有,并且连做人的感兴都消亡尽了。"

他回到广州,广东大学已改名为国立中山大学,新任的校长是戴季陶,郁达夫也改任为法科教授兼学校出版部主任。

郁达夫回到广州的时候,国民革命军的主力已经北伐。正如鲁迅所深刻指出的,"坚苦的进击者向前进行,遗下广大的已经革命的地方,使我们可以放心歌呼,……这样的人们一多,革命的精神反而会从浮滑,稀薄,以至于消亡,再下去是复旧","广东是革命的策源地,因此也先成为革命的后方,因此也先有上面所说的危机。"(《庆祝沪宁克复的那一边》)郁达夫同样也感受到大后方这种革命精神逐渐浮滑、稀薄的气氛,而国民党右派势力的嚣张又使他更多地看到统一战线中的消极的一面,因而他对广州也感到失望。他在重到广州二十天后的日记里就写道:"一种孤冷

创造社同人(1926 年)　左起：王独清、郭沫若、郁达夫、成仿吾

的情怀,笼罩着我,很想脱离这个污浊吐不出气来的广州。"(1926年11月11日日记)第二天,他又在日记里说:"今朝是中山先生的诞期,一班无聊的政客恶棍,又在讲演,开纪念会,我终于和他们不能合作。……"

正当郁达夫对广州感到失望时,成仿吾来找郁达夫,希望他去上海专办出版部的事情,因为上海创造社出版部出现了一些混乱情况,急需整顿。11月21日,郁达夫、成仿吾、王独清一起议定,由郁达夫担任总务理事,于近期内去上海创造社出版部,算清存账,整理内部。于是他于11月29日向戴季陶正式辞去中大教授及出版部主任之职。郁达夫后来在《对于社会的态度》一文中曾较详细地谈及此事,他说,当时上海创造社出版部有几个青年另立了一个社,"他们都是创造社出版部的服务人员,除住房子吃饭拿薪水不计外,他们所出的书和杂志的包装堆栈及印刷的校对等营业杂费,都由创造社负担,而这些书和杂志的纯利,全由这另一个社来收受的。所以结果弄得变成了创造社耗费了基金在养另外的一个社了","这消息传到了当时我们都在那要当教员的广州,大家合议的结果,要我牺牲了教员的地位,到上海来整理出版部的事情"。

辞去中山大学教职以后,郁达夫还在广州逗留了半个月,一面接受一些朋友、青年的饯行,一面做一些出发前的准备。这期间,12月7日,即旧历十一月初三,是郁达夫的三十岁生日,这天有成仿吾等二十多人盛宴为他庆祝。郁达夫在当天为此事写了一首《风流子》:

小丑又登场。

大家起,为我举离觞。

想此夕清樽,千金难买,他年回忆,未免神伤。

最好是,题诗各一首,写字两三行。

踏雪鸿踪,印成指爪,落花水面,留住文章。

　　明朝三十一。

　　数从前事业，羞煞潘郎。

　　只几篇小说，两鬓青霜。

　　谅今后生涯，也长碌碌，老奴故态，不改佯狂。

　　君等若来劝酒，醉死无妨。

而这一天夜里，他"一晚睡不着，想身世的悲凉，一个人泣到天明"（见日记）。

　　郁达夫是 12 月 15 日上船的，但直到 17 日才开船。在离开广州的前夕，他在日记里写道："行矣广州，不再来了，这一种龌龊腐败的地方，不再来了。我若有成功的一日，我当肃清广州，肃清中国。"（1926 年 12 月 14 日日记）

　　他是带着深刻的失望离开广州的。后来他在文章里回顾这一段经历时说，他和朋友们束装南下，到了革命策源地广州，"在那里本想改变旧习，把满腔热忱，满怀悲愤，都投向革命中去的，谁知鬼蜮弄旌旗，在那里所见到的，又只是些阴谋诡计，卑鄙污浊。一种幻想，如儿童吹玩的肥皂球儿，不待半年，就被现实的恶风吹破了。这中间虽没有写得文章，然而对于中国人心的死灭，革命事业的难成，却添了一层确信"（《鸡肋集·题辞》）。郁达夫怀着美好的憧憬来到广州，但却带着深深的失望离去。这种失望的原因在于：一方面，当时革命主力已经北上，在大后方的广州，革命精神逐渐稀薄，而统一战线中的右派势力则比较嚣张，因而广州城里笼罩着一股污浊的空气，令人窒息。郁达夫由于思想水平的限制，对统一战线发生分化的复杂现象不可能有清晰的认识和辨别，有时就不免将右翼势力的某些阴暗面当作整个革命队伍的阴暗面，从而感到失望。另一方面，正如鲁迅所指出："革命是痛苦，其中也必然混有污秽和血，决不是如诗人所想象的那般有趣，那般完美；革命尤其是现实的事，需要各种卑贱的，麻烦的工作，决不如诗人所想象的那般浪漫……所以对于革命抱着浪漫谛克的幻想的人，一和革命接近，一到革命进行，便容易失望。"①作为一个向往革命的作家，郁达夫只凭一时热情来到广州，他对革命并没有多少认识，所以对革命存有较多的不切实际的幻想，把革命想象得过于完美和浪漫，而对革命进程中可能出现的各种复杂情况缺乏必要的思想准备，革命本身的痛苦和血污也使他感到震颤，从而产生失望情绪。我们认为，以上两点，是郁达夫对革命策源地广州感到失望的主要原因。应该说，郁达夫的这种失望，反映了当时一部分投身革命浪潮的知识分子的思想情绪。

在赴上海的旅途中，由于遇到大风，船在福建马尾停了两天，郁达夫上岸参观了马尾船坞和游览了福州市。这样走走停停，他所乘的船抵达上海时，已经是 12 月 27 日，1926 年也已近岁末了。

虽然广州使他感到失望，但是他并没有绝望，也没有消沉，他是抱着继续奋斗的决心由广州到上海的。在离开广州的前夕，他在日记里写道："此番上上海后，当戒去烟酒，努力奋斗一番，事之成败，当看我今后立志之坚不坚。我不屑与俗人争，我尤不屑与今之所谓政治家争，百年之后，容有知我者，今后当努力创作耳。"（1926 年 12 月 14 日日记）而他在上海迎接 1927 年新年到来的时候，也满怀希望地在日记里写道："今天是一九二七年的元日，我很想于今日起，努力于新的创造，再来作一次创世记里的耶和华的工作。"在 1 月 10 日的日记里，他订了一个近期的写作计划：

> 未成的小说，在这几月内要做成的，有三篇：一、《蜃楼》，二、《她是一个弱女子》，三、《春潮》。此外还有广东的一年生

---

① 鲁迅《二心集·对于左翼作家联盟的意见》。

活,也尽够十万字写,题名可作《清明前后》。明清之际的一篇
历史小说,也必须于今年写成才好。

…………

此外还有底下的几种计划:

一、做一本文学概论。

二、扩张小说论内容,作成一本小说研究。

三、做一本戏剧论。

四、做一部中国文学史。

五、介绍几个外国文人……

如果再加上他已经在写作的《迷羊》,那么郁达夫计划在近期内写作的中
篇小说就有五六部之多,此外他还打算翻译屠格涅夫、莱蒙托夫的几部
长篇小说。这是一个多么庞大的创作计划。虽然这个计划后来并没有
完全实现,但从这里可以窥见郁达夫初到上海时的雄心壮志。

1927年春天,郁达夫的确是精神饱满地在努力工作的。他把主要
力量用在整顿创造社出版部上,而且做出了成绩;他还主编了这段时间
的《创造月刊》《洪水》半月刊,并新创办了一种小型周报《新消息》;他发
表了著名的小说《过去》、《清冷的午后》和一些政治、文艺论文;他还到上
海法科大学教授德文,每周六小时。可见,郁达夫是以勤奋的工作来开
始到上海后的新生活的。

郁达夫虽然在广州感到失望,但是北伐军的胜利和革命高潮的逐渐
到来仍然使他感到兴奋,当时在祖国大地上那像铁流一般波澜壮阔的北
伐进军,使他感受到与革命后方不同的生气勃勃的气息,所以他始终是
抱着支持和拥护的态度的。他在由广州到上海的途中,经过福州,“革命
军初到福州,一切印象,亦活泼泼令人生爱”(1927年1月1日日记)。他在上
海得知国民革命军到了杭州,在日记里写道:“杭州确已入党军手,喜欢

得了不得"(1927年2月18日日记)。1927年3月21日,上海工人举行第三次武装起义,郁达夫和女友在街上看到这个历史性的场面,他在这一天的日记里写道:"自正午十二点钟起,上海的七十万工人,下总同盟罢工的命令,我们在街上目睹了这第二次(引者按:这次是1927年的第二次)工人的总罢工,秩序井然,一种严肃悲壮的气氛,感染了我们两人。"3月27日午后,他还曾"跟了许多工人上街去游行"。郁达夫的这些言行清楚地表明,在大革命的高潮到来的时候,他始终是站在进步的立场上,同情革命,拥护革命,在革命浪潮裹挟下,甚至情不自禁地走进工人们游行的队伍,和他们分享胜利的欢乐。

作为一个作家,郁达夫在大革命高潮到来的时候,也没有忘记用他的笔来宣传革命,为革命呐喊。这段时间写的《无产阶级专政和无产阶级文学》、《告浙江的教育当局》、《在方向转换的途中》、《公开状答日本山口君》等都是著名的论文。在《无产阶级专政和无产阶级文学》一文里,郁达夫认为,"真正无产阶级的文学,必须由无产阶级者自己来创造,而这创造成功之日,必在无产阶级专政的时候"。在《告浙江的教育当局》一文里他则指出,革命军已经到了杭州,浙江新的教育机关也建立了,那么就应该赶快想一种方法来使昏梦未醒的民众清清头脑,同时把那一批混在教育界勾结军阀的教棍清除干净。他在《公开状答日本山口君》里清楚地宣告了他所主编的《创造月刊》的宗旨:"我们的不平与攻击,就是无产阶级者对资产阶级的不平与攻击,我们的喜怒,就是无产阶级者在心的深处所感到的喜怒。我们所想走的路,是一般无产阶级者事实上被环境所迫,不得不走的路。"特别应该提到的是《在方向转换的途中》这篇论文,对眼前正在进行的大革命作了热情洋溢的阐述。文章指出:

目下中国的革命,事实上变成了怎么的一种状态,暂且不论,然而无论何人,对于我们中国现在大众的努力目标,至少至

少在精神上,总应该承认底下的三点:

一、这一次的革命,是中国全民众的要求解放运动。

二、这一次的革命,是马克思的阶级斗争理论的实现。

三、这一次的中国革命,是世界革命的初步。

因为我们这一次的革命,精神上有三种意义,所以这一回的革命运动,和往日的情形不同。第一,目下中国的全民众,不论其手中有无枪械,凡系无产阶级或被压迫阶级中的人,全部都立在同一的战线之上,直接间接,都在从事于革命运动。第二,这一次的革命运动,并非是个人与个人权力之争,也并非是由于少数人的发动,或得成就于少数人之手的。第三,从世界的大势,人类的本能看来,这一次的革命的最终理想,没有完成以先,革命运动是不会停止的。

另一方面,这篇写于1927年4月8日的文章又深刻地指出,"足以破坏我们目下革命运动的最大危险,还是中国人脑筋里洗涤不去的封建时代的英雄主义",而"处在目下的这一个世界潮流里,我们要知道,光凭一两个英雄,来指使民众,利用民众,是万万办不到的事情。真正识时务的革命领导者,应该一步不离开民众,以民众的利害为利害,以民众的敌人为敌人,万事要听民众的指挥,要服从民众的命令才行。若有一二位英雄,以为这是迂阔之谈,那么你们且看着,且看你们个人独裁的高压政策,能够持续几何时"。这些文章议论的是文学、教育、政治等不同方面的问题,有些论断也不够科学、准确,有的提法脱离中国现实,甚至还带有一些狂热的情绪。但这些文章有一个共同特点,就是对已经到来的革命高潮是欢迎和拥护的。特别是《在方向转换的途中》这篇文章写在"四一二"反革命政变的前四天,正是蒋介石在磨刀霍霍的"方向转换的途中",郁达夫敏锐地指出破坏革命的主要危险是"封建时代的英雄主义",大胆地谴责"个人独裁的高压政策",无疑有其明显的现实针对性。

郁达夫在 1927 年 1 月 6 日,也就是他从广州刚到上海几天,写了一篇《广州事情》,后来用"曰归"的笔名发表在《洪水》半月刊第三卷第二十五期上。在这篇文章里,郁达夫虽然也肯定广州是"中华民族进步的证据",但它的主要篇幅却是用来暴露广州的政治、教育、农工运动等方面的黑暗。他指出,在广州的国民政府中有一派,"这些人的口号也是为民众谋幸福,然而对于真正要为民众谋幸福的人,却丝毫也瞧不起,有时候竟有附和着权势来压迫民众的事情。……许多离奇不测的最高机关的命令,或独行独断的不近人情的行为,都是出于这一派人的献策。因为这一派人的飞扬勇跃,所以真正的欲为民众谋利益的工作者,也就隐遁不见了"。在教育方面,郁达夫揭露,当时广州正在进行的"党化教育","却不是正大光明的大多数的民众的党化,仍旧是几个有势力的人在后台牵线作法的党化。所以广州的学生,年青一点,热情如火,渴慕正义的学生,现在都屈伏在旧势力之下,见了铁杖,连头也抬不起来。……甚而至于政府对待学生和学校的高压手段,学生及社会,不能加一句批评。结果就是党政训练所的学生的开除,中山大学学生的甄别,和大批思想较激烈一点的教员和校长的革职"。郁达夫还具体揭露几种人的面目:在国民政府中,有些部长、厅长巧取豪夺,收入颇丰,出门有持抢卫兵保护,家中有几房姨太太,国外有存款,宴客一席几百元,还要花钱去巴结更有实力者;有些秘书、科长则从事"暗中的敲刮";而社会上小政客出身的农工运动小头目,专干摧残同类的勾当;等等。文章的最后,郁达夫写道:

广州的情形复杂,事实离奇,有许多关于军事政治的具体的话,在目下的状态里,记者也不敢说。总之这一次的革命,仍复是去我们的理想很远。我们民众还应该要为争我们的利益而奋斗。现在总要尽我们的力量来作第二次工作的预备,务必使目下的这种畸形的过渡现象,早日消灭才对。不过我们的共同的敌人,还没有打倒之先,我们必须牺牲理想,暂且缄守沉默,来一致的作初步的工作。末了还是中山先生的两句话,"革命尚未成功,同志仍须努力"。

郁达夫这篇《广州事情》发表以后曾轰动一时,并引起创造社其他成员的许多非议。当革命军正在北伐征途中的时候,过早地在上海这个帝国主义、封建军阀活动的中心发表这种揭露革命队伍中的阴暗面的文章,是不合时宜的,因为它可能会被别有用心的人利用来攻击正在蓬勃发展的革命。郁达夫的文章本身也确实存在着某些片面性,他过多地渲染广州的污秽和黑暗,而对这个曾是革命策源地的城市的光明面和新气象,则没有能够作比较详细、具体的报导,事实上受过革命洗礼的土地同依旧在北洋军阀统治下的地方是有着很大的区别的。作者在揭露广州所存在的问题时,也未能较准确、较清晰地辨别哪些情况是革命过程中难以避免的,哪些是由于革命者的不成熟而出现的缺点,哪些则是属于国民党右派势力的活动,因而读者就可能会把左派的错误和右派的破坏混淆起来,这样,既不能把右派的嘴脸彻底暴露,又会损害革命本身的形象。以上这些方面,都会给当时正在进行的北伐革命带来不好的影响,这是郁达夫写作和发表《广州事情》这篇文章的失误之处。尽管如此,我们还要指出,郁达夫在《广州事情》中所揭露的事实,其中有一些的确是属于革命后方国民党右翼势力的活动。他能够在人们还陶醉于凯歌声中的时候,就比较早地察觉到统一战线中这股右派势力的蠢动,将它揭露出来,引起人们的思考和警惕。即便这种察觉还是比较模糊的,但它也反映了郁达夫具有一定的政治敏感。

1927年4月12日,蒋介石在上海发动反革命政变,对革命人民进行了极其残酷的血腥屠杀。郁达夫在天未亮时"就听见窗外枪声四起",亲历了这次震惊中外的大事件。蒋介石的背信弃义和野蛮杀戮使郁达夫感到十分愤怒。他在日记里一再谴责蒋介石的罪行。在 4 月 12 日当天的日记里他就写道:"午后出去访友人,谈及此番蒋介石的高压政策,大家都只敢怒而不敢言。"在 4 月 22 日的日记里又写道:"蒋介石居然和左派分裂了,南京成立了他个人的政府,有李石曾吴稚晖等在帮他的忙。可恨的右派,使我们中国的国民革命,不得不中途停止了。""四一二"反革命政变半个月之后,郁达夫就写了《诉诸日本无产阶级文艺界同志》一文,发表在日本左翼刊物《文艺新闻》第四卷第六期上。文中指出:"蒋介石头脑昏乱,封建思想未除,这一回中华民族的解放运动,功败垂成,是他一个人的责任。""我们觉得蒋介石之类的新军阀,比往昔的旧军阀更有碍于我们的国民革命。"

革命的成果被篡夺,革命的事业被出卖,革命的人民被镇压。历史的天空乌云密布,风雨如磐。这时候,曾经满腔热情拥护革命、宣传革命的郁达夫,目睹革命所遭受的严重挫折,他又一次感到深深的失望。如果说,他在广州的失望只是由于窥见到革命队伍中的某些阴暗面,那么这一次的失望则是由于看到整个革命事业的夭折,它较之上一次,是更深更大的失望。他在 5 月 6 日的日记里叹息道:"连日的快晴,弄得我反而悲怀难遣,因为我有我一己之哀思,同时更不得不加上普世界的愁闷。时局弄得这样,中华民族,大约已无出头之日了。"后来,他在《忏余独白》一文里曾用生动的描绘回顾了大革命期间的这个从希望到失望的过程。他写道:

> 然而这一个 Bastlle 的囚牢终于破裂了,许多同我一样,在一样的幽闭状态里的青年都狂奔出来了,霹雳一声,天下响应,于是"国民革命成功! 国民革命成功!"可是反将过来,就是"青

年倒霉！革命落空！”在囚牢里奔放出来的成千成万的青年，只空做了一场欢喜的恶梦，结果却和罗马帝制下的奴隶一点儿也没有差别，照色照样地被锁住了脚锁住了手日日要往热日下去搬石头抬梁柱，说是神圣至尊，劳苦功高的这位 Augustus 要营宫殿，造鹿台。命令一下，谁敢不遵，因为旁边站立在那里作监督的，一个个都是左执皮鞭右拿阔斧的狞凶的卫士。你搬石抬梁稍或迟缓一点，自然是轻则一鞭，重则一斧，谁还来向你讲理？在这一个出狱之后的苦役状态之下，我也竟垂垂老了，气力也没有了，喉咙也嘶哑了，动都动弹不得，那里还能够伸一伸手，拿一拿笔！

在郁达夫心目中，空前的灾难致使伟大的民族前途渺茫，打破囚牢的革命壮举化为一场噩梦，而沉重的白色恐怖则使自己感到力竭垂老，几乎不能再继续拨动诗的琴弦了。这是多么巨大的苦闷，多么深重的失望啊！

大革命的失败虽然使郁达夫感到失望，但是并没有动摇这位富有正义感的作家的进步立场，尽管右派势力千方百计来拉拢他，许以高官厚禄，郁达夫却始终保持其政治上的气节，没有同反动势力同流合污。在5月10日的日记里他记述这样一件事："中午去赴宴，会见端六杏佛诸人。据说当局者可以保证创造社的不封，但要我一个交换条件，去为他们帮助党务，托病谢绝了。"在5月23日的日记里又写道："在新新酒楼吃晚饭，遇见胡适之，王文伯，周鲠生，王云艇，郭复初，周佩箴诸人。主人李君极力想我出去做个委员，我不愿意。后来他又想请我教周某及其他几个宁波新兴权势阶级的儿子的书，我也没有答应。"有一段时间，郁达夫和"现代评论"派的一些作家曾有较多的交往，但当他发现这些人在当时已具有较浓厚的政治色彩时，也就警觉起来。在7月30日的日记里他这样写道:"上佐藤夫人处小坐,又上通伯那里去旁听现代评论社的开会。他们都是新兴官吏阶级,我决定以后不再去出席了。"在蒋介石残酷镇压革命人民的白色恐怖中,郁达夫没有屈服,而是站稳进步立场,保持政治气节,这是十分难能可贵的。

郁达夫在《洪水》半月刊上发表《广州事情》一文以后,创造社的几个主要成员在这个问题上产生了严重的思想分歧。郭沫若写信批评他。郁达夫在2月12日的日记里写道:"接到了郭沫若的一封信,是因为洪水上的一篇广州事情责备我倾向太坏的,我怕他要为右派所笼络了,将来我们两人,或要分道而驰的。"成仿吾在《洪水》半月刊三卷二十八期上公开发表《读〈广州事情〉》一文,对郁达夫的《广州事情》进行了尖锐的批评。文章的最后,成仿吾指出:"我觉得日归君的毛病,一在于观察不切实,二在于意识不明了,三在于对革命的过程没有明确的认识,四在于没有除尽小资产阶级的根性。至于这篇文章易为反动派所利用,日归君尤为不能不负全责。"但是郁达夫并不同意成仿吾的批评。他在3月8日的日记里写道:"接仿吾来信,……我看了此信,并仿吾所作一篇短文名《读广州事情》,心里很不快活,我觉得这时候,是应该代民众说话的时候"。他们各执己见,都认为自己是正确的,对问题的认识很不一致。大革命失败后,国民党反动当局对创造社的迫害加剧,创造社出版部受到搜查,职工被拘捕。这时创造社的有些成员,就较多地责怪郁达夫,认为是因他的文章、言行的不慎才招惹来灾祸,郁达夫也痛苦地感到"十数年来的老友,都不得不按剑相向"(《日记九种·后叙》)。于是他在1927年8月15日的上海《申报》和《民国日报》上同时登了一个启事:

郁达夫启事

人心险恶公道无存此番创造社被人欺诈全系达夫不负责任不先事预防之所致今后达夫与创造社完全脱离关系凡达夫

在国内外新闻杂志上所发表之文字当由达夫个人负责与创造社无关特此声明免滋误会

后来，郁达夫在文章中曾一再说明他脱离创造社的原因。他在1928年2月写的《翻译说明就算答辩》一文里说："前年的冬天，我徇了朋友的愿望，辞去了职业，回到上海来编辑处理创造社的刊物。一到上海，就做了一篇《广州事情》，随后又做了几篇关于方向转换及阶级文艺的短文。当时同人中就有对我不满的，我也以以后不再做议论文自誓。后来狂风暴雨，时局变迁，一直到了去年的七月。八月上旬，果然来了一件奇祸，当时新来上海主持创造社的人，就以我的空言招祸，于实际毫无补益的大义相责备。一位司银钱出入的，且对我个人很周密的表示了反抗的精神。我于事件结束，一场 Comedy of Errors 闭幕的时候，就脱离了创造社的关系。"在写于1928年8月的《对于社会的态度》一文里，郁达夫对这个问题作了更为详细的说明。他说：

我的要和创造社脱离关系，就是因为对那些军阀官僚太看不过了，在《洪水》上发表了几篇《广州事情》及《在方向转换的途中》等文字的原因。当时的几位老友，都还在政府下任职，以为我在诽谤朝廷，不该做如此的文章。后来又有几位日本《文艺战线》社的记者来上海，我又为他们写了一篇更明显的《诉诸日本无产阶级》的文章，这些文字，本来是尽人欲说的照例的话。而几位老友，都以为我说得太过火了。究竟不晓得是不是这几篇文字的原因，在去年的七月里，居然来了一位自称暗探的司令部的人员，到创造社出版部来说要拿人拘办。弄得出版部里的人员逃散一空，后来由郭复初氏去司令部说明了原委，由胡适之氏向黄膺白辨剖了究竟，创造社出版部才由我自己到警察厅去接受回来。而在这一场悲喜剧结束的时候，正由广州带了重大使命去日本的成仿吾氏，却对我说了这几句话：

"这都是你的不是。因为你做了那种文章，致使创造社受了这样的惊慌与损失！那些纸上的空文，有什么用处呢？以后还是不做的好！"

因为这几句警告的结果，成氏的那位亲族，现在是在管理创造社的全部财产的那位亲族，本来就厌我监督的太严的这位成氏，竟对我很明显的表示了反抗的态度。我看了左右前后的这些情形，深恐以后再将以文字而召祸，致累及于创造社出版部的事业经营，所以就在去年八月十五日的申报民国日报上登了一个完全与创造社脱离关系的启事。

创造社的有些成员，在遭受到国民党反动当局残酷迫害的时候，没能把愤怒与怨恨全部集中投向白色恐怖的制造者，而是过多地责怪自己的同伴，这不能说是明智的态度。尽管郁达夫发表某些文章或有不够慎重之处，但即使没有发表这些文章，只要创造社坚持进步立场，反对蒋介石的独裁统治，那么，在当时也是无法避免反动当局的迫害的。然而就这样，郁达夫在自己的同伴的误解声中，含着委屈的情绪，脱离了六七年来他为之倾注了巨大心血并且作出卓越贡献的创造社。

郁达夫从奔赴广州到大革命失败后在上海脱离创造社，经过了一年半的时间，在这一段时间里，现实生活发生了急遽的变化，郁达夫的内心也经历了痛苦的斗争。他满怀希望到了大革命的策源地，但是由于对革命艰巨性的思想准备不够，以及目睹统一战线内部右翼的阴暗面，他感到失望；他在上海热情洋溢地迎接北伐军的到来，大革命的高潮也鼓舞起他继续奋斗的意愿，然而他却又亲眼看到革命被扼杀在血泊中；他为了把创造社办好，毅然放弃教职到上海整顿社务，可是结果却受到同伴

的误解，只好宣布脱离这个凝聚着自己心血的组织。郁达夫就是这样在
汹涌澎湃的大革命湍流中浮沉，时而兴奋，时而苦闷，不断地追求，但却
又不断地失望。这种经历真实地反映了一部分要求进步向往光明的知
识分子的革命性和局限性。

　　同时，郁达夫的充满着激荡和矛盾的心灵的历程，在这时期写作的
文学作品中也留下了鲜明的烙印。这段时间郁达夫只写了为数不多的
四五篇小说，而且都是描写爱情题材的。《过去》写于 1927 年 1 月，作品
描写主人公李白时三年前曾追求一个活泼美丽的少女，但遭到了拒绝，
正当他经受着失望的痛苦时，那个少女的妹妹老三向他表示自己的爱
情，可是他却又拒绝了她。经过了三年，他和老三久别后又意外地在另
一个城市 M 港相逢，然而她已是一个可怜的新寡，这时他反而向她求
爱，但她已经不愿接受他的热情。李白时终于感到："我们的时期，的确
已经过去了。"作于同月的《清冷的午后》，写的是郑聚芳号分店的小老板
发现自己喜欢的女人另有所爱就投湖身死的故事。1927 年 7 月写作的
《微雪的早晨》，发表时题名《考试》，主人公朱雅儒关心国家命运，痛恨军
阀官僚，立志改革社会，是一个勤奋有为的大学生。他不满于封建婚姻
的桎梏，大胆地和小时的同学陈惠英相爱，追求自己的幸福。但是后来
一个小军阀强娶了惠英，夺走了他心爱的姑娘，朱雅儒愤怒郁悒以致精
神错乱，并终于悲惨地死去。此外，郁达夫的中篇小说《迷羊》开始动笔
是 1926 年 11 月 4 日，写作时断时续，直到 1927 年底才脱稿，也可算作
这个阶段的作品。它叙写主人公王介成在 A 地热恋着女演员谢月英，
这个画家不惜抛弃自己的职务和名誉，终于和她一起乘船私奔。然而在
他们经过短时间的狂热生活以后，谢月英突然离他而去，王介成于是开
始了多方面的艰苦的追寻，但总是找不到他的爱人。这几篇小说，思想
艺术的成就有高有低，发表以后读者的反应也有褒有贬。例如《微雪的
早晨》，郁达夫自己认为是"多少也带一点社会主义的色彩"的作品，发表

以后反应也较强烈。有的人读后悲愤地写道:"那可恶的不平的社会制度啊,我要诅咒你,不知有多少千千万万的有为的青年受过你的无理的压迫,终身难得分毫的自由!我希望现在这个正在崩溃中的旧社会带着它那夕阳般的残辉早早消灭!"①《过去》发表以后,周作人曾写信给作者,赞扬它"是可与Dostoieffski,Garsin相比的杰作,描写女性,很有独到的地方"(郁达夫1927年2月15日日记)。当时有的读者也指出:"《过去》告示我们,达夫在此时期的艺术已臻完全成功境地了。"②而《迷羊》这部中篇出版以后则受到一些读者的批评。刘大杰在《郁达夫与〈迷羊〉》一文里说:"在迷羊里面,我们看不出社会的缺陷或满足,也看不出人类的苦闷或欢乐。没有表现两性的或阶级的斗争,也没有表现旧道德的或权威的反抗。不是新旧时代的冲突,也不是理想与现实两世界不相容的葛藤。六七万字的迷羊,竟看不出作者所要表现的是什么。"③侍桁在《关于〈迷羊〉》一文里则指出:"随着这本书的出版,郁达夫先生作为一个作家的声誉,便从其顶点上跌落了下来","这本书是当时日本流行的小说的模仿品,它的底本是大谷崎氏的《痴人之爱》"。④ 至于《清冷的午后》这篇小说,郁达夫自己在完稿后就在日记里写道,"怕是我的作品中最坏的一篇东西"(1927年1月16日日记)。

应该说,这几篇小说在艺术上都是较成熟的。当时钱杏邨就曾正确指出:"在《过去》、《考试》里,在《迷羊》的后部,都可以看到他的描写的稚气已经脱除净尽,到了炉火纯青的时候了!他已经能跳出自己的圈子,纯客观的更深刻的表现事物了。"⑤的确,这几篇作品对现实生活都能作

---

① 贺玉波《对于〈奇零集〉的杂感》,见贺玉波编《郁达夫论》。
② 锦明《达夫的三时期》,见素雅编《郁达夫评传》。
③ 见贺玉波编《郁达夫论》。
④ 侍桁《文学评论集》(现代书局版)。
⑤ 钱杏邨《〈达夫代表作〉后序》,见素雅编《郁达夫评传》。

郁达夫《日记九种》封面

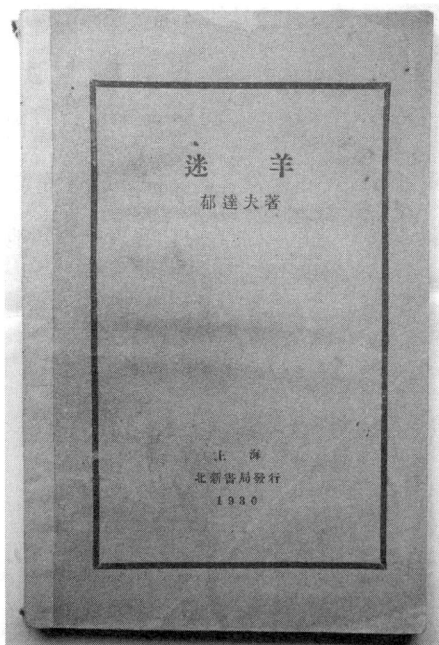

郁达夫小说《迷羊》封面

具体的艺术描写,对人物的内心世界也能作细致的刻画,并致力于性格的塑造,因而人物形象比较清晰生动,同时作者也注意艺术情节的完整和结构的严密。这些都显出了郁达夫掌握艺术技巧的圆熟。但是这几篇作品的弱点也是十分明显的。除了《微雪的早晨》外,其余几篇都未能充分揭示故事的社会背景,因而作品缺乏时代气息,也没有能够反映更深刻的社会内容;有的篇章对两性关系的猥亵描写分量较重,污损了艺术画面,作品的思想格调也受到影响。特别应该指出的是,在这几篇小说里,毫无例外地都涂抹着一层灰暗的颜色,流淌着一种忧伤的失望情绪。《过去》由于追求的一再失败而悲叹青春和爱情的逝去;《清冷的午后》抒发了被欺骗的痛苦;《微雪的早晨》控诉了邪恶势力对美好希望的毁灭;《迷羊》所表现的是幸福的得而复失。虽然各篇的描写角度不同,但回荡在这四个爱情故事中的却都是失望的旋律,这就不能不使作品的调子都显得比较低沉,缺乏亮色,不能给人以向上的鼓舞力量。郁达夫在 1927 年 2 月 7 日的日记里曾深沉地叹息道:"大约我的时候是已经过去了,Blooming season(按:即青春时期)是不会来了,象我这样的一生,可以说完全是造物主的精神的浪费,是创造者的无为的播弄。"这几篇小说所反映的正是作者心灵深处的这种失望、疲倦的声音。我们认为,这种深刻失望的主调,在一定程度上真实地曲折地反映了作者在激烈的现实斗争中的思想矛盾和内心苦闷。

二

大革命失败以后,数以万计的革命者和进步人士遭受到国民党反动当局极其残酷的杀戮与镇压。白色恐怖笼罩着中国大地。郁达夫,这位曾经向往革命、鼓吹革命的正直的作家,这时候同样也感受到如磐的黑暗的压迫。他声音暗哑。当有读者同他讨论文艺与政治的关系时,他只好回答说:在这时的中国,"一言及了政治,就有人来加上你一个共产党的罪名,捉了去杀头枪毙的,这些话我既不能说,也不愿说"(《复爱吾先生》)。他面对反动当局杀人如草的白色恐怖,无限悲愤地指出:"这一个年头,真是不毛之年。"(《大众文艺》第二期:《编辑余谈》)这种政治上的沉重压迫十分严酷地摧残着这位优秀文学家的身心和窒息着他的艺术才能。

这时候,郁达夫在承受反动当局的政治压迫的同时,还遭遇到来自自己阵营的同伴的误解和攻击。在他宣布脱离创造社以后不久,进步文艺界就开始了一场关于"革命文学"的论争,而郁达夫在这次论争中也成为被攻击的对象。当时,创造社和太阳社的一些作家,在浓重的白色恐怖中勇敢地树起了"革命文学"的旗帜,从而使人们受到鼓舞,看到希望,这无疑是有其不可磨灭的贡献的,但是,这些革命作家由于受到当时国内外"左"的思潮的影响,唯我独左,以为自己独得革命的专利,而且对当时中国社会的性质和革命的任务又缺乏清楚的认识,因而错误地把许多同一阵营的朋友也当作革命的对象。他们首先把攻击的矛头指向鲁迅,同时对茅盾、郁达夫、叶圣陶等作家也展开了批判。例如,冯乃超在《艺术与社会生活》一文里就曾经这样说:叶圣陶"是中华民国的一个最典型的厌世家",在鲁迅的作品里,"他反映的只是社会变革期中的落伍者的悲哀",而郁达夫,"他对于社会的态度与上述二人没有差别"[1]。这就是说,郁达夫既是厌世家,又是落伍者,从而完全否定了他的进步性。1928年9月,郁达夫主编《大众文艺》,并且提出了"大众文艺"的主张,但却也遭到了指责。彭康在《革命文艺与大众文艺》一文里认为,郁达夫提出"大众文艺"的主张,只是为了迎合一般人的心理,他所说的"大众","其实还是从'小我'出发的'大众',而其用意是在以这两字偷偷地替换'普罗列塔利亚'来攻击革命文艺","是用这种侧面的阴俏的替换法来打消

---

① 冯乃超《艺术与社会生活》,《文化批判》第一期(1928年1月)。

普罗列塔利亚文艺",因而这种主张是属于"反动的文学阵营",而郁达夫,也是"一个极端的个人主义者,堕落的享乐主义者"[1]。我们认为,尽管郁达夫的作品的确流露出一些消极的情绪,但是它猛烈地袭击着罪恶的旧制度,深切地表达了当时一部分青年追求自由和个性解放的愿望,这些最基本的积极方面怎么能轻易抹杀呢? 同样,尽管郁达夫对自己所提出的"大众文艺"的解释可能有未尽妥帖之处,然而这对于像他这样的作家也并不值得惊怪,充其量也不过是文艺思想的问题,怎么可以这样不加分析地就将一位政治上同情革命的作家随便地划入敌对阵营里去呢! 这种将朋友当作敌人的做法是极不慎重的,是错误的。

鲁迅说:"死于敌手的锋刃,不足悲苦;死于不知何来的暗器,却是悲苦。但最悲苦的是死于慈母或爱人误进的毒药,战友乱发的流弹……"[2]对于郁达夫来说,在脱离创造社以后的一段时间里,他既受到敌人的锋刃的威胁,又受到战友的流弹的伤害,在这种腹背受敌的处境中,他的心里怎么能不感到悲苦,不感到寂寞呢! 1928 年 10 月,他在一次通信中说:"近来的生活,正同住在荒岛上的人一样,孤寂得可怜。"(《通信两件》)后来,他又在一篇文章里感叹道:"这几年来,自己因为不能应时豹变,顺合潮流的结果,所以弄得失去了职业,失去了朋友亲人,失去了一切的一切,只剩了孤零丁的一个,落在时代的后面浮沉着。"(《马蜂的毒刺》)

郁达夫这种孤寂和悲苦的心情,也在他 1928 年写的两篇散文里十分清楚地表现出来。在《灯蛾埋葬之夜》里,他叙写自己"不晓在什么时候,被印上了'该隐的印号'",而所谓"该隐的印号",一是在政治上被认为是"叛逆",一是在时代上被认为是"落伍"。前者来自敌人,后者来自

---

[1]　彭康《革命文艺与大众文艺》,《创造月刊》第二卷第四期(1928 年 11 月)。

[2]　鲁迅《华盖集·杂感》。

朋友。这样他就只好"断绝交游,抛撇亲串",独来独往,跑到乡间租定一间小屋,过着避世寂寞的生活。文章还记述他在一个起风的夜晚,以十分虔诚的态度,将一只因扑向火光而死的美丽的灯蛾,郑重其事地埋葬在天井里。这篇散文所描述的正是作者这个时期的境遇和寂寞心情,而对于因扑火光而死的灯蛾的悼念,则曲折地透露了他在逆境中仍然没有消失对于光明的渴望和追求。《感伤的行旅》写的是作者由于感到"一种异样的孤独",想"到绝无人迹的地方去吐一口郁气",所以就从上海独自到无锡去作一次感伤的旅行。文章在娓娓的记叙中着力渲染一种低沉压抑的气氛,并以浓重的笔墨抒发作者孤独郁悒的情怀,这篇游记较具体地表现了郁达夫这时期的寂寞苦闷的情绪。郁达夫的这段痛苦经历使我们看到,当时在新文学阵营里,面对着反动势力严酷的政治迫害,有一部分革命作家却未能把斗争的矛头始终对准共同的敌人,而是在"左"的思潮影响下,分不清敌人和朋友,甚至把要求革命的朋友也看作敌人,加以无情打击。这样做的结果只能是给自己的朋友带来深重的心灵创伤,同时也必然会削弱对共同敌人作战的力量。这样的历史教训是值得记取的。

尽管郁达夫这时候处于十分困难的境地:既遭到敌人的迫害,又受到朋友的误解,他的心里是异常痛苦和寂寞的,但是,这一切并没有动摇他一贯坚持的反帝反封建的立场,没有改变他反对蒋介石的独裁统治的政治态度,没有熄灭他燃烧在内心深处的对于革命的向往。他说:"一脱离创造社之后,现在就成了一个个人主义者,一个小资产阶级的时代落伍者了。没落也罢,灭亡也好,我只希望以后各人都能走上各人自己所想走的路去,或向成功光明的方面,或向黑暗堕落自杀的方面,不过总要诚诚实实地,不虚不伪地。"(《翻译说明就算答辩》)事实证明,郁达夫在革命处于低潮、历史的天空乌云密布的困难时刻,他凭着对未来的坚定信念,犹如他自己所说的那样,孤独地、不计成败地、诚实而不虚伪地在充满泥泞的人生道路上，一步一步地迈着他的沉重而坚稳的步伐。

在脱离创造社以后的两三年里，郁达夫除了在 1929 年曾赴安庆任安徽大学文科教授，并很快就因受到攻击而返回上海外，大多数时间他都住在上海从事文学活动。在大革命失败以后的那些腥风血雨的日子里，郁达夫始终坚定地和广大正在受难的人民大众站在一起，经受着严峻的历史的考验。

首先，他密切地关注着国家的命运，对于一些重大的政治事件，他都能够站在进步的立场上，旗帜鲜明地表示自己的态度。例如，1927 年，蒋介石在各派军阀的矛盾、争斗中于 8 月 13 日宣告下野，他的下野促进了宁汉的合流。对于这件事，郁达夫在日记里写道："蒋介石下野后，新军阀和新政客又团结了起来，这一批东西，只晓得争权夺利，不晓得有国家，恐怕结果要弄得比蒋介石更坏。总之是我们老百姓吃苦，中国的无产阶级，将要弄得死无葬身之地了。"(1927 年 8 月 18 日日记)过了几天，郁达夫得知军阀孙传芳的军队进了南京，又在日记里写道："今天南京被孙传芳兵夺去，听说蒋、孙又有合作消息，军阀的肺肝，真和猪狗一样。"(1927 年 8 月 27 日日记)又如，1928 年 5 月，日本帝国主义进占济南，并杀伤中国军民一万多人，制造了惊动全国的"济南惨案"，但是蒋介石却下令国民党军队不准抵抗，表现了极其可耻的卑躬屈膝的态度。对于这一丧权辱国的事件，郁达夫也是异常强烈地表示了他的愤怒之情。他在这一年 5 月 9 日的日记里写道："今天是'五九国耻纪念日'，日本人和蒋介石穿通了关节，来占据山东，且杀死了三四千中国人。凡在山东的冯系的人都被蒋介石和日本的兵合起来杀尽了，实在是人道上的一出大悲剧。"翌日，即 5 月 10 日，他又在日记里说："日兵已侵入山东，中国又是一块土地断送了，可恶的是新卖国贼蒋介石。"郁达夫对新旧军阀的争权夺利、帝国主义的侵略屠杀以及蒋介石的卖国投降，都毫不含糊地表现出一个正直的中国人的强烈的义愤，而对于当时劳动人民勇敢地向军阀和

帝国主义进行斗争的正义行动,他则毫无保留地倾注出自己的同情。让我们看一看他 1930 年"五一"劳动节这一天的日记:

> 租界上杀气横溢,我蛰居屋内,不敢出门一步。示威运动代表者们一百零七人都已被囚,大约今天的游行,是不会再有了。军阀帝国主义者的力量真大不过,然而这也犹之乎蒸汽罐上的盖,罐中蒸汽不断地在涌沸,不久之后,大约总有一天要爆发的。
>
> 今天为表示对被囚者们的敬意,一天不看书,不做事情,总算是一种变相的志哀。

对示威群众的深厚同情,对斗争前途的充分信心,以及他以自己的特殊方式对被囚者所表现的敬意和志哀,这一切都是如此的真切和感人。我们从上面所引用的这些日记可以看到郁达夫在字里行间所显示的丝毫不加粉饰的对敌对友的真实的爱憎态度,这是十分可贵的。

其次,郁达夫在文章里愤怒地控诉新旧军阀给中国人民带来的深重灾难,无情地揭露蒋介石疯狂镇压革命人民的滔天罪行,同时他还明确地指出,只有反抗军阀官僚的这种野蛮的统治,人民才能有真正的出路。我们从郁达夫的日记里可以看到,他对新旧军阀的祸国殃民是有着十分深切的认识的,因此,即使像《感伤的行旅》这样的游记作品,他也会情不自禁地处处插入抨击新旧军阀的议论,强烈地表现他对这些丑类的憎恶。例如他在车中看到江南农民秋收后的场景就感慨地说:"……一堆一堆的干草堆儿,是老百姓在这过去的几个月中间力耕苦作之后的黄金成绩,而车辚辚马萧萧,这十余年中间,军阀对他们的征收剥夺,掳掠奸淫,从头细算起来,那里还算得明白? 江南原说是鱼米之乡,但可怜的老百姓们,也一并的作了那些武装同志们的鱼米了。逝者如斯,将来者且更不堪设想,你们且看看政府中什么局长什么局长的任命,一般物价的同潮也似的怒升,和印花税地税杂税等名目的增设等,就也可以知其大概了。"郁达夫对于蒋介石叛变革命以后对人民实行血腥镇压的揭露,由于白色恐怖的威胁,他是采取比较隐晦曲折的方式的。1928年,他发表了一篇杂文《故事》,文中写的是秦朝的故事。秦始皇强横霸道,他非但想把同时代的异己者杀得干干净净,而且对于后世千万年的不附己的人类也同时想杀得个寸草不留,所以他就把全中国的读书人集拢来,不问理由,不问皂白,只是同割草似的杀过去,对于读书人所做所刻所写的东西也都拿来烧成灰。在秦始皇的高压下,老百姓果然不敢作声了,甚至在路上走也不敢互相看一眼。后来秦始皇死了,但是老百姓却是杀不尽的,许多还没有被杀掉的百姓就想动起手来。于是就有一个比秦始皇更厉害,杀人杀得更多的人出来,他还牵过一只鹿来,教大家说,这是马,若有人敢说一声不是的,当然是一刀,以此来维持自己的统治。郁达夫在讲了这个"故事"以后就以简短的文字结束这篇文章。他写道:

> 现在是什么朝代,我不晓得,我只晓得上面所述的仿佛是秦朝的,仿佛也是秦朝以后一直一直传下来直传到了现在的故事。

焚书坑儒的迫害,指鹿为马的霸道,专制独裁的统治,郁达夫所暗示的"现在的故事",它的矛头所向难道还不清楚吗!两年以后,作者在《薇蕨集序》里就以较为明白的语言再一次揭露蒋介石的血腥镇压和独裁统治。他说:"三四年来,不晓为了什么,总觉得不能安居乐业,日日只在干逃亡窜匿的勾当。啊啊!财聚关中,百姓是官家的鱼肉,威加海内,天皇乃明圣的至尊;于是腹诽者诛,偶语者弃市,不腹诽不偶语者,也一概格杀勿论,防患于未然也,这么一来,我辈小民,便无所逃于天地之间了。"

然而,对于蒋介石的这种野蛮的独裁统治,郁达夫是不能容忍的,他在文章中明显地表示了他的反抗。1930年,他在《中学生》杂志的"中国现在中学生的出路"栏里,写了一篇题为《中学生向那里走》的文章。他指出,中国多数的民众是没有出路的,这是由于有极少数新旧军阀和附属于他们的买办、官僚、走狗,他们在那里横征暴敛,敲剥欺凌,荒淫堕落,暗杀明争。因此,中学生要寻找出路,就必须认清与一般国民共同的目标,即"去把那些军阀和寄生在军阀之下的走狗龟兔杀尽";但由于他们都还只是十三四岁的年龄,还不可能马上行动,因此在读书阶段必须锻炼出强壮的身体,并努力获得有用的知识,把自己"造成为改革社会而奋斗的勇士"。郁达夫当时就向广大青少年指出,只有改革社会,向军阀及其走狗作斗争才有出路,这无疑是很有胆识的。

再次,郁达夫写了一系列文章,认真探索大革命失败的原因,并且把目光注视着中国最广大的群众——农民,要求人们重视农民的革命力量,努力提倡农民文艺。1927年9月,他连续撰写的《谁是我们的同伴者》、《乡村里的阶级》、《农民文艺的提倡》、《农民文艺的实质》等政治、文艺论文就是这方面的代表作。在《谁是我们的同伴者》里,作者指出,在我国,革命革了十多年,但是人民得到的却是:无数的人成为"以共产两字而被杀的冤鬼";广大群众没有言论、出版、集会、结社的自由;苛捐杂税负担的加重;参政权利的完全被剥夺。革命的结果是失败。郁达夫认为,革命所以失败的原因"是在我们认不清同伴者"。一方面,我们把一些戴着为民众争自由、谋解放的假面具的投机者错误地当作同伴者,他们一旦投机成功,就以做官为事,反过来反对自由和解放,实行寡头政治。他说:"那些比旧官僚更恶毒的流氓新政客是卖民众、卖朋友的恶党,他们当然不是我们的同伴者,我们若要革命,不得不先打倒这一个新官僚阶级。"另一方面,郁达夫认为,"中国也以农立国,是谁也在那里说的,中国的农民,是组成中国社会的重心的阶级,是谁也承认的,而到现在为止的各期革命运动中,农民却从来还没有作过中枢,我以为这就是我们革命失败的一个大原因"。所以他提出,要争取革命成功,必须引农民为我们的同伴,并且应该早一点到农民中间去做宣传和发动的工作。郁达夫在文中还热情洋溢地写道:"时机早已成熟,湖南的农民,已经把他们的锋芒露过了,船到桥门自会直,我相信闽广的这些多数阶级,也一定会相继的起来。"他对农民阶级的革命力量寄以极大的期望。接着,郁达夫在《乡村里的阶级》一文里又更明确地指出,"象中国这样的封建势力不曾除去,资本主义还没有发达到相当程度的国家,当有产者和无产者争斗的时候,成败的决胜点,在于多数农民的依附与否"。并且他还对农村里的"阶级四层"的特点一一作了分析,指出那些食无定时,居无定所,受人雇佣的农村里的无产劳动者,其利害生死完全与城市无产阶级一致,当然是无产阶级联合战线上的战斗员。而那些有小资本的自立的小农,在真正农工革命起来的时候,他们则是有可能成为无产阶级的侧面军的。最后郁达夫指出,占农村多数的这两个阶层,"都是我们的同伴者,和我们是有十分合作的可能的"。

在这同时,郁达夫还大力提倡农民文艺。在《农民文艺的提倡》一文里,他首先说明,他所提倡的农民文艺,并不是以往那种赞叹乡村风景的纯美和农民生活的安乐的田园诗人的作品,而是申诉在自然灾害威胁和官吏地主榨取下的农民的苦楚与不幸的文艺。他认为,农民占人口的最大多数,但是他们的生活,他们的感情,他们的苦楚,却很少有人去反映与描写,这是新文艺的耻辱。因而他觉得有必要来提倡"这泥土的文艺,大地的文艺"。接着,郁达夫又写了一篇《农民文艺的实质》,对他所提倡的农民文艺的内容作了更加清楚的说明。他认为所谓农民文艺包括以下四种:第一,客观地、如实地反映农村的生活和农民的疾苦的作品;第二,为农民申诉,为农民呼喊,这一种文艺是代替农民来向外宣传的诉状;第三,能唤起人们对于乡村的热爱的具有地方色彩的农村文艺;第四,能开导农民、启发农民的觉悟的作品,也就是使农民能够了解自家的地位,知道自家的能力,和教示农民如何去开拓将来的一种文艺,而这一种是目前最迫切需要的。最后郁达夫说:"总之作者第一要有热烈的感情,第二要有正确的意识。不问你是否出身于泥土的中间,只教你下笔的时候自觉到自己是在为农民努力,自己是现代社会中一个被虐待的农民。你的脚下,有几千万里的大地在叫冤,你的左右,有数百兆绝食的饥民在待哺。见一点写一点,有一句说一句,把你所有的经验,所有的理想,所有的不平,完全倾吐出来,最好的农民文艺就马上可以成立了。"

当然,郁达夫在关于农民问题和农民文艺的论述中也有不正确或不完善的地方。例如,他对军队采取不加分析全部否定的态度,他重视发动、启导农民,但还是停留在理论上的主张,至于通过什么途径付诸实践,他自己并不明确;又如,他认为只要大农大地主能够及早觉悟,和小农佃农联合起来,中国的农民运动也就成功了,这种看法显然是错误的。但是,尽管如此,郁达夫在大革命失败以后,能够从理论上指出农民问题的重要性,能够提出反映农民疾苦的文艺主张,说明他在革命处于低潮的困难时期,并没有完全消沉与绝望,他依然在关心广大乡村民众的命运,依然在积极思考革命的力量与出路问题,这是难能可贵的。

此外,郁达夫在这几年里还耗费了不少精力与心血,先后编辑了几种杂志,这也是他同黑暗势力作斗争和进行文学活动的一个重要内容。他宣布脱离创造社不久,就于1927年9月和几位青年合作创办了《民众》旬刊,他承担了主要的编辑工作。在为这个刊物写的《发刊词》里,郁达夫指出:"多数的民众,现正在水深火热之中。他们受的苦,受的压迫,倒比未革命之前,反而加重了。"因此,他明确地阐述了创办这个刊物的目的。他说:

　　我们想凭了我们的微弱的目力,用了我们的不善诡辩的喉舌,将所见所闻,和所受的,赤裸裸地叫喊出来。

我们不想做官,所以不必阿谀权贵,我们不想执政,所以并
没有党派,我们更不想争地盘,剥民财,所以可痛骂新旧的自私
自利的军人,我们是被压迫,被绞榨的民众的一份子,所以我们
敢自信我们的呼喊,是公正坦白的,我们要唤醒民众的醉梦,增
进民众的地位,完成民众的革命。

事实证明,郁达夫的确是通过这个小小的刊物,努力为民众呐喊的,他曾
通宵达旦地为这个刊物撰写文章,《谁是我们的同伴者》、《乡村里的阶
级》、《农民文艺的实质》等著名论文就都是发表在《民众》旬刊上的,即使
受到反动势力的迫害他也没有退却。他在日记里曾写道:"外间大有人
图侬,因为民众被认为 C. P. 的机关杂志之故。然而我们的努力却不会
因此而少怯……"(1927年11月8日日记)虽然他曾打算改名《The Mass》换
书店出版,但终于还是夭折了。《民众》停刊不久,郁达夫于1928年3月
又开始和鲁迅一起酝酿合编一个刊物,这就是于同年6月正式出版的
《奔流》月刊。他后来在《回忆鲁迅》一文里曾谈到他和鲁迅合编这个刊
物的动机与目的。他说:

创造社因被王独清挑拨离间,分成了派别,我因一时感情
作用,和创造社脱离了关系,在当时,一批幼稚的创造社同志,
都受了王独清等的煽动,与太阳社联合起来攻击鲁迅,但我却
始终以为他们的行动是越出了常轨,所以才和他计划出了《奔
流》这一个杂志。

《奔流》的出版,并不是想和他们对抗,用意是在想介绍些
真正的革命文艺的理论和作品,把那些犯幼稚病的左倾青年,
稍稍纠正一点过来。

鲁迅和郁达夫合编的《奔流》,的确是致力于"介绍些真正的革命文艺的理论和作品"的。这个杂志从 1928 年 6 月创刊,到 1929 年 12 月停刊,一共出了十五期,即从第一卷第一期到第二卷第五期。刊物除了发表中外作家的著译外,特别重视对苏俄文艺政策与科学文艺理论的译介,先后发表了鲁迅翻译的《苏俄的文艺政策》(连载)和《关于文艺领域上的党的政策决议》(《真理报》所载)等文件,还刊登了卢那卡尔斯基的论文《托尔斯泰与马克斯》、《苏维埃国家与艺术》(均为鲁迅翻译),高尔基的《给苏联的"机械的市民们"》(雪峰译),苏联 P. S. Kogan 的《玛克辛·戈理基论》(洛杨译)等。郁达夫除了负担部分编务,他还是刊物的主要著译者之一,在十五期刊物中他发表了十一篇译文和作品,其中有:俄国屠格涅夫的著名演讲《哈姆雷特和堂吉诃德》、苏联高尔基的《托尔斯泰回忆杂记》、英国 Havelosk Ellis 的《伊孛生论》和德国作家林道的小说《幸福的摆》等。《奔流》在介绍科学文艺理论和传播世界进步文学方面作出了重大的贡献,从而成为我国现代文学史上具有广泛影响的刊物之一。除了以上两种刊物外,郁达夫从 1928 年 9 月起还和夏莱蒂一起主编了《大众文艺》,他们一起编了第一卷(共六期)。郁达夫在创刊号上发表了《〈大众文艺〉释名》,文中说:"我们的意思,以为文艺应该是大众的东西,并不能如有些人之所说,应该将她局限隶属于一个阶级的。……我们只觉得文艺是大众的,文艺是为大众的,文艺也须是关于大众的。"尽管他对文艺的大众性的内涵还未能作出精确的阐释,但他们能较早地提出"大众文艺"的问题,以及在刊物中发表了大量国内外进步文学作品,都是不可磨灭的功绩。《大众文艺》后期成为左联的机关刊物。

郁达夫在编辑进步文学刊物的同时,还参加了一系列社会活动。1930 年 2 月他成为中国自由运动大同盟的发起人,3 月,他参加中国左翼作家联盟。在大革命失败以后那些最艰苦的日子里,他都是和进步人民站在一起。虽然他不久以后就脱离左联,但那原因正如他自己所说:"我对于我自己,认识得很清,决不愿担负一个空名,而不去做实际的事务。"而事实上他脱离左联以后还不断地为它做了大量的工作。他后来说:"暗中站在超然的地位,为左联及各工作者的帮忙,也着实不少。除来不及营救,已被他们杀死的许多青年不计外,在龙华、在租界捕房被拘去的许多作家,或则减刑,或则拒绝引渡,或则当时释放等案件,我现在还记得起来的,当不只十件八件的少数。"(《回忆鲁迅》)郁达夫就是这样默默地为进步事业工作。至于这两三年间他的小说创作,数量并不多,只有《二诗人》《在寒风里》《纸币的跳跃》《杨梅烧酒》等五六个短篇小说,而且也没有较有影响的作品。他在1928年7月1日的日记里曾提到"很想以'血洗'为题,做一篇国民党新军阀惨杀农工的小说",后来并未实现,这是很可惜的。

在大革命失败以后的两三年中,郁达夫遭到国民党反动当局的白色恐怖的威胁,同时又受到自己阵营中的朋友的误解。但是在这些极其困难的日子里,他仍然不向反动当局妥协,并且无情地揭露敌人的丑恶面目,积极宣传革命理论,满腔热情地从事进步的文学活动和社会工作。这充分显示了郁达夫虽受迫害和委屈却仍然忠于人民的进步事业的可贵品格。郁达夫所以能够有这样良好的表现,最根本的原因当然与他的身份、地位和经历有关。作为一个有良知的爱国知识分子,他受到帝国主义、封建主义和专制统治者的压迫,在革命受到挫折的时候,这种感受就来得格外深切,因而他和广大被压迫人民有着共同的命运;另一方面,郁达夫本人坎坷的生活经历又使他对残暴的新旧军阀彻底失望,对这群国家的蛀虫产生了强烈的憎恶与仇恨。这一切就使这位对自己的祖国充满热爱的优秀作家在历史的惊涛骇浪中能够坚决同人民大众站在一起。除了这个最根本的原因,我们同时还认为,作家个人生活中的某些积极因素,具体地说,就是郁达夫这个时期和鲁迅的深厚友谊,以及他同王映霞恋爱的成功,在促使他振作精神、积极向上、不断进步方面,也是不应完全被忽视的。

郁达夫和鲁迅的友谊开始于 1923 年,他们在这一年的 2 月 17 日(农历正月初二)在北京鲁迅寓所第一次见面。当时鲁迅在教育部任职,郁达夫则是从安徽法政专门学校来京度寒假。郁达夫比鲁迅小十五岁,但由于"一则因系同乡,二则因所处的时代,所看的书,和所与交游的友人,都是同一类属的缘故"(《回忆鲁迅》),所以竟成了忘年之交,结下了深厚的友谊。这一年 10 月郁达夫到北京大学任教以后,他们的来往就更多了。1925 年以后的两年多时间,由于郁达夫先后去武昌、上海、广州,鲁迅也先后去厦门、广州,他们见面的机会比较少(鲁迅到广州时郁达夫已到上海了)。1927 年 8 月郁达夫在上海脱离创造社以后,鲁迅也于 10 月 3 日从广州到达上海,5 日他们在北新书局的宴席上相见,6 日郁达夫又请鲁迅在六合居吃饭,从这时起他们在此后的两三年间来往就更加频繁。他们并肩参加同创造社、太阳社的论争;合作编辑《奔流》文学月刊;一起成为中国自由运动大同盟的发起人;鲁迅还推荐郁达夫参加左联。他们在共同战斗中加深了两人之间的珍贵友谊。郁达夫是非常尊敬鲁迅的。他说:"……对他的人格,我是素来知道的,对他的作品,我也有一定的见解。我总以为作品的深刻老练而论,他总是中国作家中的第一人者,我从前是这样想,现在也这样想,将来总也是不会变的。"(《对于社会的态度》)后来,他在为《中国新文学大系》编选《散文二集》时,更显示出他对鲁迅有着深刻的理解,对鲁迅的作品有着真挚的热爱。他在这本选集的《导言》里说:鲁迅热爱人类,有志改革社会,具有一种宁为玉碎的品质;鲁迅表面上似乎比较冷,可是内里潮涌发酵的,却是一腔沸血,一股热情,因而是一个极富于感情的人。而鲁迅的作品,"简练得象一把匕首,能以寸铁杀人,一刀见血。重要之点,抓住了之后,只消三言两语就可以把主题道破",所以他说,打开鲁迅的著作,简直像是窃贼进入了阿拉伯的宝库,东张西望,处处被灿烂的艺术光辉所吸引。因此在《散文二集》里,郁达夫一口气选用了鲁迅的杂文、散文、散文诗共二十四篇。郁达夫既敬重鲁迅的人格,又喜爱鲁迅的作品,而且在生活上也非常关心鲁迅。1932年上海发生"一·二八"事变,鲁迅身陷战区,郁达夫担心着鲁迅一家的安危,又得不到他们的确切消息,于是就在报上登了一个寻找鲁迅的启事,表现出异常动人的真挚感情。另一方面,鲁迅对郁达夫也是十分爱护和关切的。这位新文学运动的伟大旗手对郁达夫同样也有着深刻的了解。他说:"我一向很回避创造社里的人物。这也不只因为历来特别的攻击我,甚而至于施行人身攻击的缘故,大半倒在他们的一副'创造'脸。虽然他们之中,后来有的化为隐士,有的化为富翁,有的化为实践的革命者,有的也化为奸细,而在'创造'这一面大纛之下的时候,却总是神气十足,好象连出汗打嚏,也全是'创造'似的。我和达夫先生见面得最早,脸上也看不出那么一种创造气……"①他对郁达夫总的印象是"只觉他稳健和平"②。基于这个总的印象,鲁迅同郁达夫早就已经能够推心置腹地交换对文学的意见:他曾经把自己打算创作以杨贵妃和唐玄宗的爱情故事为内容的长篇历史小说的计划和构思告诉郁达夫;他曾经诚恳地批评过郁达夫对文学真实性问题的片面见解,郁达夫心悦诚服,认为"此论极是"。在鲁迅从广州来到上海以后的这几年里,他们的交往就更加密切了。他们一起同创造社、太阳社进行"革命文学"的论争;一起编辑《奔流》,在合作过程中,鲁迅的勤奋踏实的工作作风给郁达夫留下非常深刻的印象。他说:鲁迅对于实务是具有才干的。在合编《奔流》时,"名义上,虽则是我和他合编的刊物,但关于校对,集稿,算发稿费等琐碎的事务,完全是鲁迅一个人效的劳"《回忆鲁迅》)。由于鲁迅认为郁

---

① 鲁迅《伪自由书·前记》。
② 鲁迅《三闲集·怎么写》。

达夫是可以合作的人,所以他在1930年4月又写信邀约郁达夫一道翻译《高尔基全集》,虽然这个计划后来并未实现,但从这里我们也可以看到鲁迅千方百计联合这位有才华的作家为进步事业多做工作的用心。而在有人对郁达夫求全责备的时候,鲁迅就会认真地向他们进行解释。据王独清回忆,在筹备成立左联时,有一些人并不赞成让郁达夫参加,这时鲁迅就耐心地做说服工作,说郁达夫的颓废是可以原谅的,"听说鲁迅说了这句话以后,那般参加创造社第二时期运动,并且曾经坚决地反对过鲁迅和郁达夫的人竟都一致地鼓掌赞同,第二天便邀请郁达夫参加所谓左翼作家的联盟了"[1]。我们认为,由于两人的相识相知,在郁达夫处于腹背受敌的日子里,鲁迅的深厚情谊是支持他度过困难的力量之一,正是鲁迅的真诚的友谊温暖了他的心,鲁迅的崇高品格激发起他的积极向上的热情,鲁迅面对白色恐怖和层层围剿所表现的大无畏精神,鼓舞他继续为进步事业奋斗的信心。

　　和王映霞恋爱的成功,对于郁达夫这样一个具体的人来说,也是具有重大的意义的,它在相当大的程度上对这位多愁善感的诗人产生了鼓舞和激励的作用,增强了他对生活的希望和信念。郁达夫是1927年1月14日在上海尚贤里友人孙百刚的寓所里第一次见到王映霞的。王映霞是杭州人,1926年暑假从杭州横河桥女中毕业,到温州高中附属小学任教员,当年年底,由于温州受到战祸的威胁,人心浮动,她就和在温州高中任教的同乡孙百刚夫妇一起到上海尚贤里来暂住。郁达夫是在日本留学时认识孙百刚的,这次在上海偶然重逢,就到尚贤里去看他。在孙百刚寓所,郁达夫初次邂逅王映霞,便被她的美丽所震撼,一见倾心。在当天的日记里就写道:"……上法界尚贤里一位同乡孙君那里去。在那里遇见了杭州的王映霞女士,我的心又被她搅乱了。"郁达夫同他的结

---

[1]　王独清《创造社》,见《郁达夫评传》(上海现代书局1931年出版)。

发夫人孙荃虽是封建婚姻,但两人的感情还是不错的,因此,当他对王映霞产生了爱恋之情时,他的内心不是没有斗争的,他的思想感情充满着矛盾。例如他在日记里写道:"我时时刻刻忘不了映霞,也时时刻刻忘不了北京的儿女,一想起荃君的那种孤独怀远的悲哀,我就要流眼泪。"(1927年2月27日日记)郁达夫虽然内心进行着激烈的斗争,但是,由于他具有较多的旧文人习气,他身上多愁善感的气质,以及当时的社会风气等等原因,见到王映霞后,他的感情完全不能自制,简直像是脱了缰绳的野马。他曾对孙百刚说:"我自己也不知道是什么缘故,自从第一次看见她……总控制不住自己的感情。"[①]于是他就开始了不顾一切的疯狂的爱情追求。他给王映霞写了许多情深意切的信,有时一天两封;不断地上门拜访;一再约她散步、看电影、吃饭;为了能见她而奔波沪杭之间;他听不进亲友的任何忠告,不惜作任何牺牲。他在写给王映霞的信中向她表示:"因为我很热烈的爱你,所以我可以丢生命,丢家庭,丢名誉,以及一切社会上的地位和金钱。"[②]郁达夫的这一行为自然不无可以非议的地方,但从他当时的日记所展示的来看,他确实是从内心深处愧疚地感到对不住孙荃,而他对王映霞的爱情又确实是真诚的,从中看不出欺骗和玩弄。这或者是婚姻制度处于过渡期的这一代知识分子在爱情、婚姻问题上的特殊的复杂性罢。王映霞比郁达夫小十一岁,当时还是一个不到二十岁的单纯热情的少女,她仰慕郁达夫的声名和才气,又被他的热情、真诚、执着所感动,终于接受了郁达夫所奉献的爱情,并给他安慰、鼓励,多次劝他要振作有为。郁达夫在日记里写道:"她已誓说爱我,之死靡他,我也把我爱她的全意,向她表白了。"(1927年3月5日日记)"她激励我,要我做一番事业,她劝我把逃往外国去的心思丢了,她更劝我去革命。"

---

① 孙百刚《郁达夫与王映霞》,香港宏业书局1962年出版。

② 见《达夫书简——致王映霞》第21页,天津人民出版社1982年出版。

郁达夫与王映霞

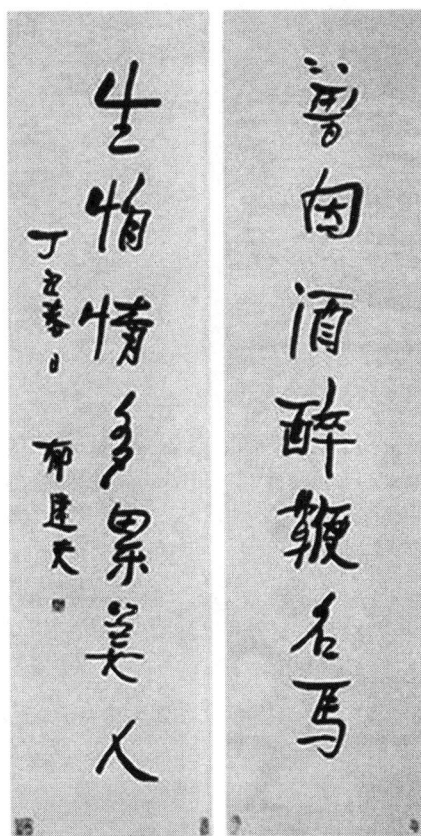
郁达夫手迹

郁达夫致王映霞信手迹

(1927年3月7日日记)王映霞的爱情使这位才华横溢的诗人十分激动。面对这位美丽热情的少女的信任与期望,郁达夫也唤起人生的责任感,并增强了自己奋斗的信心和力量。他在信中向她表白得到爱后的心情:"我自今天起,要把生活转换,庶几可以报答你的好意。"[1]他当时曾写了两首情意绵邈的诗赠她,其中一首写道:

朝来风色暗高楼,偕隐名山誓白头。

好事只愁天妒我,为君先买五湖舟。

同时,王映霞的爱情与鼓励,也滋润了郁达夫的心田,增添了他生活的力量。他觉得"人生还是值得的","感到了一种不可思议的力量",他表示"一定照她所嘱咐我的样子做去"(《日记九种》)。实际上,他这段时间对创造社出版部的工作确实是积极的,写作也努力。有一次他工作到深夜二时,就写信告诉王映霞:"因为有了你的圣洁的爱,才把我的活动力唤醒了"[2]。因此,郁达夫将自编的全集第一卷定名为《寒灰集》,并在这本已经在印刷厂排印中的书稿的卷首特地加上一个《题辞》写道:"寒灰的复燃,要借吹嘘的大力。这大力的出处,大约是在我的朋友王映霞的身上。"他还把这段时间的日记取名为"新生日记",表明他的生命再一次获得新生。郁达夫与王映霞于1927年6月5日在杭州聚丰园设宴宣布他们的结合。他们婚后住在上海,这一段生活是比较美满的。王映霞回忆道,结婚以后,"在精力充沛的我俩的心灵里,只有和爱,只有欢乐,只有对未来的憧憬","既无亲友的来扰,我们又很少出外看亲友,在屋子里坐得气闷时,也就踱到附近的几条人行道上闲步,谈着过去,谈到未来,再

---

① 见《达夫书简——致王映霞》第34页。

② 见《达夫书简——致王映霞》第45页。

谈及这尚未出生的小生命。饱尝了欢乐的两颗心，觉得已经再也说不出什么别的愿望了。散步散得有一点疲倦的时候，我们便又很自然地回到了小楼上，太阳成了我们的时钟，气候算作我们的寒暑表，在这十里洋场的一角，是很少有人能够体会得出我们当时的满足的"①。王映霞在生活上照料郁达夫，在精神上安慰他，在事业上鼓励他。这一切对于身世飘零的他，都是使他积极向上的推动力。他在1927年8月写的一篇文章里说："闲居了半年，看了些愈来愈险的军阀的阴谋，尝了些叛我而去的朋友亲信的苦味，本来是应该一沉到底，不去做和尚，也该沉大江的了，可是这前后却得到了一种外来的助力，把我的灵魂，把我的肉体，全部都救度了。"(《鸡肋集·题辞》)他在这里所说的"外来的助力"，也即是指王映霞的爱情。在王映霞的推动下，郁达夫从1927年开始就将他几年来的作品收集编辑成《达夫全集》分卷出版，计有《寒灰集》、《鸡肋集》、《过去集》、《奇零集》、《敝帚集》、《薇蕨集》、《断残集》以及《忏余集》等。因此，我们探究郁达夫在大革命失败、脱离创造社以后并没有"一沉到底"，而是仍然积极向上的原因，夸大他恋爱成功产生的力量当然不对，但对这样一位具体的人来说，这方面的因素恐怕也不应该完全忽视吧。

三

1931年"九一八"事变和1932年"一·二八"战争的相继发生，充分显现出日本帝国主义侵略中国的狂妄野心，同时也暴露了蒋介石政府对日采取不抵抗的消极态度。严重的民族危机，激起全国人民波澜壮阔的抗日救亡的爱国怒潮。

作为一个富有爱国感情的正直的作家，面对着自己灾难深重的祖国

---

① 王映霞《半生自述》，载《东方》1982年第3期。

遭受到侵略者铁蹄野蛮蹂躏的严酷现实,郁达夫的内心是十分痛苦和不平静的。他时刻关心祖国的命运,注视局势的发展。"九一八"事变才发生十天他就对记者说,日本侵占东三省,"这是国内军阀间的阴谋,乃利用外国的武力,以遂消灭异己的政策"[①],表现出高度的政治敏感。两个月以后,他在自己的日记里又悲愤地写道:

　　近因日帝国主义者强占满洲,一步不让,弄得中国上下,举国若狂。然预料此事必无好结果,因中央政府早已与日帝国主义者签有密约也。大约民众运动除广州、上海闸北两处已被压迫屠杀之外,将来恐更有厉害的流血惨剧发生。总之无产者的专政时期不到,帝国主义是无从打倒的。

　　按自九月十八日,日军无理侵入东三省后,迄今已将两个半月,然而国际联盟终于一筹莫展。中国的民众,可真因此而受了大创伤。卖国政府当局诸人,实在应该被百姓来咬死。

（1931 年 11 月 22 日）

在这里,郁达夫所表现的对侵略者的仇恨,对卖国政府的憎恶,对抗日民众运动的同情,都是十分感人的。又如"一·二八"淞沪战争爆发,郁达夫得知中国军民奋起抗击日本侵略者的消息后,异常兴奋。战争发生的第二天,他从《时报》上看到"我军大胜"四个红字,非常激动。他和一位朋友一边走一边兴奋地高谈着,议论着十九路军的英勇和侵略者的残酷无道,议论着战事的进展和南京政府的腐败,他们忘记了脚力的疲乏,从居住的沪西一直走到了外滩,又从外滩走到了法租界,他们听到了枪炮的声响,远望到闸北的火光烟焰,竟整整走了一个下午。在淞沪战争期

---

① 　见《文艺新闻》1931 年 9 月 28 日。

间,他还积极参加抗日的活动。他说:"这中间有几位朋友便发起了许多反帝抗日的协会联盟等团体,我虽则没有积极去帮忙活动,但是出席的出席,介绍的介绍,总算也尽一点毫无裨益的义务。"(《沪战中的生活》)1933年1月3日,日本侵略军占领了山海关,并向关内长驱直入。这时郁达夫写了一首诗:

秦筑长城比铁牢,当时城此岂知劳!
可怜一月初三夜,白送他人作战壕。

在这首诗里,郁达夫通过改昔人咏长城诗的方式,对南京政府的不抵抗政策,表现出强烈的不满,感情是愤懑而沉痛的。

在民族灾难面前,作为一个文学家,郁达夫还运用他手中的笔,抒写他心中要求抗日救国的呼吼。"九一八"事变后,他就陆续在《文艺新闻》、《青年界》等报刊上发表了一些政论和随笔,特别是从1932年年底开始,他在黎烈文主编的《申报》副刊《自由谈》上发表了不少杂文。在这些文章里,郁达夫以比较多的篇幅来揭露日本帝国主义侵略中国的严重罪行,而对国民党政府的不抵抗政策也进行了无情的抨击与讽刺。在《声东击西》一文里,郁达夫说,中国战略上有一种声东击西的打法,当前日本帝国主义军队的侵占明明是在东北,而中国大军的去向却不是东北,而是神出鬼没地搞什么西南的防御计划。作者对国民党政府的逃跑主义和欺骗愚弄老百姓的无耻勾当予以无情的讽刺。在"九一八"一周年纪念时,郁达夫写了一篇《天凉好个秋》,其中揭露,纪念"九一八"国耻,国民党政府不许民众集会结社,进行抗日活动,而只是允许他们沉默五分钟。作者沉痛地指出,中国的国耻纪念日又来得太多,将来再过一百年二百年,说不定一天会有十七八个国耻纪念,五分钟五分钟加起来也十分可观,"长此下去,中国的国民,怕只能成为哑国民了"。在日军占领山海关后,郁达夫发表了《山海关》一文,他以嘲讽的口吻说,山海关是中国的领土,日本人宽宏大量,对中国没有领土野心,可是中国人却比日本人更宽宏大量,对自己的领土更没有野心,日本人不得已只好进关来代替中国人管理。作者悲愤地指出,当前中国的情况近似明清之际,有的是卖国分子和投降分子,也有空发议论的读书人,色色俱全,但只缺少几个殉国的皇帝和抗敌的壮士。在这种情况下大家只有预备一副眼泪,好在大难来时演一出哭庙的悲剧。这些在嬉笑怒骂中寄寓着无限沉痛与愤慨的杂文,在当时是起了匕首投枪般的战斗作用的。另一方面,郁达夫又在文章里向读者宣传,各种社会力量都要认清日本帝国主义及其走狗是当前的主要敌人,并且积极地起来与之作斗争。在《文学漫谈》这篇演讲词里,郁达夫在论述文学具有宣传的力量,文学家应有最敏感的神经,文学必须反映时代的要求这些特点之后,指出:"正唯其是如此,所以我们到了这样内忧外患一时俱集的时候,也还要来谈文学。我们要用文学来作宣传,唤醒我们本国的群众,叫他们大家起来反抗帝国主义。"《学生运动在中国》这篇著名文章,对中国学生在近代社会运动中的作用予以充分肯定,并且对他们在社会生活中所占据的重要地位作了认真分析:由于中国学生受到深重的压迫,因而他们特别团结,而且具有强烈的反抗性;同时由于统治者采取愚民政策,广大的下层民众被愚弄得缺乏应有的觉悟,需要学生去唤醒他们,所以中国的学生担负着上抗强权、下领民众的职责。在这个分析的基础上,郁达夫针对当时的形势,向学生指出他们的任务:必须浸入到群众的里面,去作一个酵素,使他们也同样的蒸发起来,组织起来,武装起来,向帝国主义及其走狗作斗争。郁达夫呼吁文学家和青年学生发挥他们应有的作用,唤醒民众,动员民众积极投入抗日救亡的洪流中去。他这时所表现的对国家民族的高度责任感是十分感人的。

中篇小说《她是一个弱女子》也是郁达夫在"一·二八"淞沪战争期

间赶写出来的。早在1927年1月10日的日记里,郁达夫就提出了创作《她是一个弱女子》的计划。当时他对这部未来的小说也有了初步的构思。后来由于种种原因这部作品一直未能写出。五年以后,在"一·二八"战争发生的时候,郁达夫在逃难之余,得了十天的闲空时间,他以极快的进度,一口气草成了这部六七万字的中篇小说。他说:"这小说的题材,我是在好几年前就想好了的,不过有许多细节和近事,是在这一次的沪战中,因为阅旧时的日记,才编好穿插进去,用作点缀的东西。"(《沪战中的生活》)这部构思于大革命高潮中的小说,意在提出知识分子的生活道路问题,这个基本意图仍然完整地保存在作品中。但是作者又没有囿限在原来的这个构思上,而是结合大革命失败以后五年来国内政治形势的变化,特别是民族敌人入侵后出现的新的矛盾,修改并发展了原来的艺术构思,让主人公在"一·二八"战争中受到侵略者的野蛮蹂躏而死去。这样,从这部产生于民族灾难时刻的作品里,就喊出了控诉与声讨日本帝国主义侵略者的愤怒的声音。郁达夫在《文学漫谈》一文中提出,作家要用作品来唤醒群众,让他们起来反抗帝国主义,而他本人正是奉献出这部小说来实践自己的主张。

《她是一个弱女子》的创作意图,郁达夫曾作了明确的阐述。他说:"我的意思,是在造出三个意识志趣不同的女性来,如实地描写出她们所走的路径和所有的结果,好叫读者自己去选择应该走那一条路。三个女性中间,不消说一个是代表土豪资产阶级的堕落的女性,一个是代表小资产阶级的犹疑不决的女性,一个是代表向上的小资产阶级的奋斗的女性。"(《沪战中的生活》)

郁达夫的这个创作意图是在比较广阔的背景中展开的。作品所描写的大致是从1924年至1932年这七八年间的社会生活。作者对这段时间内所发生的重要历史事件,诸如革命军北伐、上海工人武装起义、"四一二"反革命大屠杀、"九一八"事变、"一·二八"战争等,都作了简略的勾勒;除此以外,当时社会生活的若干侧面,例如学生的学习与恋爱,职员的失业与贫困,工人的罢工与牺牲,军阀的奸淫与掳掠,在小说里也都得到一定程度的反映。这样,作品就展现出一幅富有浓厚时代色彩的社会画卷,并为几个主要人物营造了活动的环境。另一方面,郁达夫在描绘历史事件和各种社会现象时,又都是鲜明地表示自己的爱憎态度的。他写北伐:"革命军到处,百姓箪食壶浆,欢迎唯恐不及",笔端流溢着欣喜和热情;他写工人起义:"工人们下了坚定的决心,想以自己的血来洗清中国数十年来的积污",字里行间充满着赞扬和钦敬;他写军阀孙传芳残部:"在放弃地盘之先,就不得不露他们的最后毒牙";他写蒋介石叛变革命:"新军阀的羊皮下的狼身,终于全部显露出来了";他写"九一八"事变:"日本帝国主义的军队和中国军阀相勾结,打进了东三省",使中国直面着"一个政治危机"。在这些地方,作者对新旧军阀和外国侵略者的愤怒与憎恶之情也是跃然纸上的。郁达夫对待重大历史事件和某些社会现象所表现的爱憎态度,同广大人民群众是完全一致的,这就有力地说明,他在写作时是坚定地站在进步的立场上的。

在这个具有鲜明时代色彩的背景下,郁达夫着力描写了三个青年女性各异的思想性格以及她们不同的命运,从而表现了在风云变幻的时代里青年应选择怎样的生活道路这样一个十分有意义的主题。

冯世芬是作者所肯定和歌颂的人物形象,出场时还是杭州一个十六岁的女学生。她出身于世家,父亲早逝,从小受到母亲严格的教育,因而虽过着比较清苦的生活却心地坚洁,骨气凛然,在学校里勤奋好学,成绩优异却谦虚谨慎,不露锋芒。她放弃参加演讲比赛获得荣誉的机会,拒绝接受同学馈赠的金表,坚持不拆教员和同学求爱的信件,经受住金钱、虚荣的诱惑。在旧社会,她像是一枝挺立于污泥中的洁白的荷花。后来,她在具有革命思想的青年陈应环的启发和帮助下,确立了为实现苏维埃而奋斗的理想,同时两人也产生了纯洁的爱情。于是她就离开了学校和家庭,同陈应环一起到上海参加革命工作。几年后,冯世芬勇敢地参加上海工人武装起义,并在冲击警察局的战斗中负伤。蒋介石发动"四一二"反革命政变,她的丈夫陈应环作为工人斗争的领导人而惨遭杀害。但是冯世芬坚强地经受住严酷的考验,她掩埋丈夫的尸体,擦干眼泪,把仇恨藏在心里,到沪东的一个工厂里去做工,身穿青布衫,居住贫民窟,继续从事工人斗争。在"一·二八"淞沪战争中,这个清秀瘦弱的女工,和她的同志们积极投入抗日救亡工作,这时,她已是一个比较成熟的革命者了。当然,由于郁达夫对工人斗争生活不够熟悉,因而对冯世芬形象的塑造存在着前细后粗的缺点,对她在学生时代的生活描写得比较细腻,而成为工人和革命者以后就写得比较概念化,形象不够丰满。但是郁达夫对冯世芬从一个小资产阶级知识分子,经过严酷的考验终于成长为一个革命新女性的生活道路的充分肯定,却是难能可贵的。在当时,肯定和赞扬冯世芬,就是鼓励读者去向镇压工人运动的国民党反动当局作斗争,去向日本侵略者作斗争。而这无疑是具有积极的现实意义的。

郑秀岳是作者花费较多笔墨着重刻画的主要人物。她也是世家出身,父亲曾先后在福建任知县和在扬州任知府,辛亥革命后才罢仕回杭州隐居。郑秀岳从小受到父母的娇生惯养,因而形成了优柔寡断的软弱性格,在风云变幻的时代,她好像一株随风飘荡的弱柳。她出场时才十四岁,直到她死去,这个美丽的少女的生活道路是非常坎坷的。作品比较清楚地展现郑秀岳性格发展的三个阶段。第一阶段,她和同学好友冯世芬在一起,这时她的生活和内心充满着矛盾,她既经不住有钱的同学李文卿的各种诱惑,又接受着冯世芬诚恳的告诫与良好的影响。她羡慕李文卿的物质享受,又敬佩冯世芬和陈应环的"纯粹高洁的人格",因而经常动摇于冯世芬和李文卿所走的两条生活道路之间。第二阶段,在冯世芬和陈应环出走上海以后,郑秀岳就好像一叶没有舵桨的扁舟,失去了方向和依靠,在生活的海洋里飘流。这时她经不住李文卿的不断诱惑与恶劣影响,在一段时间里陷入变态的色情生活的泥沼,她不仅同李文卿搞同性恋爱,而且还和男教员李得中、张康等过着放荡的生活,简直成为一个色情狂。第三阶段,郑秀岳为逃避军阀的奸淫掳掠而离开杭州,来到上海。在新的环境里,她遇到一个心地善良、才华出众的青年编辑吴一粟,并在相互接触中逐渐产生了爱情,过了一段平静而甜蜜的日子。这时郑秀岳悔恨以往的荒唐生活,决心振作精神,"再来重做新人",在她的面前闪烁着新生活的亮光。可是她和吴一粟结婚以后,严酷的现实生活的风暴就向他们袭来,疾病、失业、贫穷,无情地把他们推到了山穷水尽的困境。而当他们正在努力同汹涌的生活大波搏斗的时候,"一·二八"战争发生了。日本侵略者的海军陆战队士兵和日本浪人,闯进了郑秀岳的寓所,将她抢走。吴一粟被逼成疯子,郑秀岳也遭受惨无人道的轮奸而致死。郑秀岳和吴一粟共同建造的这只小小的家庭之舟终于完全沉没了。郁达夫通过郑秀岳的不幸遭遇向读者昭示:正是日本侵略者的暴行,毁灭了郑秀岳的希望、幸福和生命,毁灭了她的一切。因此,这一悲剧形象的出现是对日本帝国主义侵略罪行的血泪控诉与强烈抗议。在作品里,郁达夫对郑秀岳的软弱性格是持批评的态度的,但对她的悲惨遭遇却寄予深厚的同情。作品里反复出现的"饶了她罢,她是一个弱女子"的呼唤,似乎也正反映了作者对这个不幸少女的悲悯的态度。在刻画这一艺术形象时,郁达夫采用了精雕细琢的手法,特别是对她的复杂的内心活动,是作了较为细致深微的揭示的。但作者的有些描写却不尽合情理,如郑秀岳突然同李文卿去西湖开房间,她在生活困难时写信向李得中、张康求爱,她结婚后还当着丈夫面遭受情夫张康的毒打,等等,这些情节都过于突然,缺乏可信的根据,这就不能不影响了人物性格发展脉络的清晰程度。

在三个同学中,郁达夫所要否定的是李文卿。这个出身于暴发户家庭的女性,粗野而又庸俗。作者着重从两个方面来刻画这一形象。一方面,她具有金钱万能的人生观,她认为有钱就有了一切,富就是美、善、天才、学问;只要能有钱,什么名誉、人格、道德、廉耻全可以不顾。另一方面,她又是一个带有兽性的色情狂,她主张性交就是恋爱,在两性关系上可以不必讲究血族、长幼。因此,她以金钱和物质为诱饵,拉拢一些意志薄弱的女同学同她搞变态的同性恋,而且喜新厌旧,不断调换她的暧昧对象。与此同时,她又同各种男性通奸,甚至发生乱伦关系。在作品里,李文卿的粗鲁、兽性与庸俗被描写得淋漓尽致,读来确实能令人厌恶。但由于作者过多地从两性关系上来刻画这个人物,而没有从政治上来揭露她的反动性,所以作者在构思时要让她"代表土豪资产阶级的堕落的女性",从而否定她的生活道路的创作意图,就未能完全达到。因为从作品里所描写的来看,李文卿在阶级斗争和民族斗争中并没有反动的政治表现,最后也还是一个供养失业的丈夫的教员,所以她似乎还没有资格成为土豪资产阶级的代表,充其量也就是一个女色情狂。同时,由于作者侧重从性变态上来揭露她的丑恶,在作品里展露了不少污秽的色情场面,这些部分是不能给读者带来美的感受的。

在描写冯世芬、郑秀岳、李文卿这三个艺术形象时,郁达夫并不是把她们只当作三种生活道路的概念的图解,而是努力刻画她们的性格。在他的笔下,冯世芬端重纯洁,郑秀岳优柔软弱,李文卿粗野庸俗,人物的性格特征都是比较鲜明的。为了达到这种艺术效果,郁达夫在艺术处理上时时采用对比的手法,他有时围绕同一事件叙写不同人物的反应与态度,有时将不同人物的美丑行为与幸厄命运作对照性的描写,这样都有助于突出不同性格的鲜明性。在这部作品里,郁达夫致力于人物性格的刻画和对客观事物作现实主义描写,而作者本人的主观态度则处于比较隐蔽的位置。这种艺术特色,和过去相比,是郁达夫小说创作方法的重大发展。另一方面,应该指出,这部小说的现实主义描写又是不充分的。

由于这篇六七万字的小说反映的社会生活时间跨度较大,作者对某些生活又不够熟悉,有时又急于联系当前的现实,而且是在极短时间内匆促草成,因而某些事件和过程往往叙述多于描写,简略的交代多于精细的琢磨刻画,这个缺点在后半部尤为明显。这方面郁达夫自己也是意识到的。他说:"因为急急于在报告事实,而忽略了把这些事实来美化艺术化的工夫,所以使读者读后却只感觉着仿佛是在读报纸上的社会记事。"《沪战中的生活》

《她是一个弱女子》尽管在艺术上比较粗糙,也存留着某些自然主义的痕迹,但是它在"一·二八"战争一个多月后写成,1932 年 4 月就由湖风书局出版,并且通过郑秀岳和冯世芬的形象,控诉了日本法西斯军人的罪行,肯定了抗日救亡的革命道路,这无疑是非常及时地对现实生活产生积极的影响的。事实上,正由于这部小说所显示的进步倾向性,以及作品本身所蕴含的思想力量,所以它出版以后就引起国民党反动当局的惊慌,于是该书出版不到两个月就被视为"普罗文艺"而禁止发行。同年 12 月现代书局设法躲过检查,重印了一版,又立刻遭到禁止。一年以后,即 1933 年 12 月,经过删改的这部作品又改名为《饶了她》出版一次,但几个月后,国民党反动当局又以"诋毁政府"的罪名将它全部没收了。

在郁达夫怀着巨大的热情参加抗日救亡运动的时候,国民党反动当局所张开的白色恐怖的罗网,更加严密地笼罩在他的周围。三十年代初期,左翼文艺运动的蓬勃发展和抗日反蒋斗争的日益兴起,使国民党政权受到进步潮流的冲击与威胁。反动当局为了维护和巩固其统治地位,就在思想文化领域里实行法西斯主义的专制政策,对人民大众进行最野蛮的钳制与禁锢。1931 年以后陆续公布的《出版法》、《出版法施行细则》、《宣传品审查标准》以及《图书杂志审查办法》等反动法令,从根本上剥夺了人民言论、出版的自由。1931 年 2 月,优秀的青年作家柔石、殷夫、胡也频、冯铿、李伟森被秘密杀害于上海。1932 年 7 月 17 日,上海反帝同盟大会被特务破坏,到会的人遭到残酷杀戮。烈士们用自己的鲜血写下了革命历史的一页。正如鲁迅在《黑暗中国的文艺界的现状》一文所指出:"现在来抵制左翼文艺的,只有诬蔑,压迫,囚禁和杀戮;来和左翼作家对立的,也只有流氓,侦探,走狗,刽子手了。"在日本侵略者的隆隆炮声中,国民党统治区依然弥漫着浓重的白色恐怖。

郁达夫由于在大革命失败后始终坚持进步的立场,因而他不可避免地经常感受到白色恐怖的威胁,而这时候,他则直接遭受到反动当局的严酷迫害。1931 年 1 月 23 日郁达夫写了一首七律诗,诗前的小引写道:"旧友二三,相逢海上,席间偶谈时事,嗒然若失,为之衔杯不饮者久之。"这种嗒然若失、衔杯不饮的神态,正是在反动当局高压政策下的战栗与恐怖。这首诗的后四句说:"劫数东南天作孽,鸡鸣风雨海扬尘。悲歌痛哭终何补?义士纷纷说帝秦!"在诗人看来,灾难的降临,局势的恶化,都是由于专制统治的结果。不久,也即 1931 年 3 月,郁达夫就被迫离开上海到富阳家中作短暂躲避。他后来回忆说:"一九三一,岁在辛未,暮春三月,春服未成,而中央党帝,似乎又想玩一个秦始皇所玩过的把戏了,我接到了警告,就仓皇离去了寓居。"《钓台的春昼》可见,在当时,反动当局的白色恐怖有如严冬的寒气,渗透到各个角落,即使像郁达夫这样的作家,也无法逃避它凛冽的威胁。

郁达夫对自己身受的迫害是喊出深沉的抗议的。他一再把实行独裁统治的蒋介石比作焚书坑儒的秦始皇,这里已表现了他的强烈的愤懑情绪。同时,他在这时期写作的许多文章,除了控诉日本侵略者的罪行外,也有揭露与抨击国民党反动当局的文化专制主义的。1931 年底,他写了一篇题为《中国近来文艺创作不振的原因》的短论,发表在《北斗》第二卷第一期上。他写道:"军阀擅自杀人,压迫得太厉害,长此下去,非但文艺创作要在中国灭亡,第二步就是新闻纸的灭亡,⋯⋯第三步便是中国文字和人种的灭亡。"后来他在《炉边独语》里又痛心地指出,在起码的人身自由都无法获得的中国,主张言论自由者只是一种奢侈。而《政权和民权》一文则列举事实具体揭露国民党反动当局对人民大众的政治迫害:"一本马氏文通,居然可以做危害民国的证据,一篇诉穷的小说,竟也构得成一个新闻记者的死罪。此外还有数不清的许多不吃羊肉,略带羊膻气的政治嫌疑犯,一次纪念先哲的集会,也得早去叩禀,必待核准,方好施行。诸如此类的事实,真很多很多。"此外,《非法与非非法》、《说木铎少年》等篇也都燃烧着声讨文化专制主义的火焰。郁达夫这些文章的战斗锋芒,直指国民党政府的法西斯统治,它成为抗议反动当局文化"围剿"的檄文。

另一方面,由于这时期黑暗势力相当强大,反动当局对进步力量的镇压极其残酷,郁达夫又离开人民群众的革命主流,他凭借个人的力量是无法长期抵抗沉重的黑暗的。因此,他在撰文声讨侵略者的罪行和挞伐反动当局的专制统治的同时,也流露出比较明显的逃避现实的消极退隐的情绪。1932年10月,郁达夫因肺病复发从上海到杭州住院疗养,在一个多月的时间里,他或闭门读书,或游山玩水,实际上已过着恬淡闲适的隐居生活。他在游杭州风木庵等名胜后写了这样一首诗寄赠王映霞:"一带溪山曲又弯,秦亭回望更清闲。沿途都是灵官殿,合共君来隐此间。"诗中已经十分明显地表现出消极退隐的情绪。

郁达夫这种逃避现实的消极退隐思想在到杭州养病前后这段时间写作的一组短篇小说里更加真实、清晰地反映出来。从1932年6月到12月,他撰写了《马缨花开的时候》、《东梓关》、《迟桂花》、《碧浪湖的秋夜》、《瓢儿和尚》等短篇小说。如果说,他写于上半年的《她是一个弱女子》表现出在民族危机中一个爱国者对国家命运的热烈关切,那么,在下半年创作的这几个短篇小说,则主要展现了在腥风血雨的白色恐怖中诗人内心的寂寞的一面,表现了他对充满激烈争斗的现实的厌倦和对宁静安谧的避世隐居生活的向往。

《马缨花开的时候》宛如一首优美而略带忧郁的抒情诗。作品写"我"因患黄疸病而住进了上海一所法国天主教会所办的慈善医院。在这所医院里，"我"结识了一位年轻的女看护。她容貌美丽，性格温柔，并且富有同情心。她因为"我"是单身病倒在异地而表现出特别的关怀：经常主动来聊天以慰"我"的寂寞；亲自过问"我"的膳食；在每天晚祷之前陪"我"在花园里舒徐闲适地散步半小时。在孤寂的病院生活中，她给"我"带来了温馨的慰藉，使"我"对这个地方感到依依难舍。但是不到一个月，这种恬静的生活就被搅乱了。这位女看护终于被调到香港去服务，为了怕当面告别难免引起伤感，她只给"我"留下一封信，再三叮嘱"我"要好好保养。于是，"我"只好在马缨花开的时节，走上那条两人日日在晚祷时走熟了的葡萄甬道，并独自坐在那张两人坐熟了的长椅上，去追寻那已经逝去了的恬静温柔的生活记忆。这个作品把与尘世隔离的病院生活渲染得异常温馨和恬适，并为这种宁静生活的瞬息即逝而无限叹惜，这在一定程度上表现出作者对这种生活的憧憬与眷念。

《东梓关》写的是长年在外漂泊的文朴回故乡养病，专程乘船到东梓关去寻名医诊治的故事。作品里着力刻画的是名医徐竹园的形象。徐竹园是世代望族的后裔，在年轻的时候，也曾做过救世拯民的美梦。后来因为染了吐血的宿疾，梦想破灭，意志灰颓，就绝意仕途，在家乡求医采药，看看医书，疗养身体。二十年后他终于成为一个隐士式的人物。这个面貌清癯、谈吐雅洁的五十岁左右的中医，在风景秀丽的富春江畔，住着宽敞的房子，室内摆满册籍图画，平时读读古书，抽抽鸦片，收藏各种珍奇古器，还替人诊治疾病，并开设一爿半施半卖的药铺，过着十分悠闲自得的日子。作者还以徐家其他各房的败落来反衬徐竹园的舒徐安稳。他写道："二十年来大局尽变，徐家其他的各房，都因宦途艰险，起落无常之故，现在已大半中落了，可是徐竹园先生的一房，男婚女嫁，还在保持着旧日的兴隆。"文朴在东梓关徐竹园家过了一夜即将离去时,感到"象这一种夜谈的情景,却也是不可多得的",它有一种"悠闲隽永"的趣味。作品尽情渲染徐竹园的隐逸生活的悠闲舒徐的情调,并对它加以美化和肯定,从这里也隐约透露出作者对这种远离尘世、隐居独处的生活方式的羡慕。

《迟桂花》是 1932 年 10 月郁达夫在杭州养病时写的短篇小说,它从开始酝酿到完成共花了近半个月的时间。为了准确地在作品里再现杭州翁家山一带的景物,作者几次亲临现场考察。由于准备比较充分,并经过认真的构思和写作,所以郁达夫对它比较满意,认为它是这一年自己"作品中的杰作"(1932 年 10 月 17 日日记)。这篇小说描写作家郁先生应阔别十多年的朋友翁则生的邀请赴翁家山参加他的婚礼的一段见闻。翁则生出身于世代读书的诗礼人家,年轻时留学日本。那时,在他身上也曾焕发出少年的豪气和绝大的雄心。后来由于父亲的病逝家境逐渐败落,他本人也因患了肺病而辍学回国,原来和他订亲的一家有名的旧家也为此而赖了婚约。受到如此重大打击的翁则生就蛰居在离城二十多里的翁家山中的老家养病,平时他不进城,不看报,当风雪盈途的冬季,甚至会好几个月不出家门,几乎过着完全与世隔绝的生活。十几年过去了,他也已进入中年,这时他"觉得在这世上任你什么也没甚大不了的事情,落得随随便便的过去",变成一个百事看穿、疏散无为的人。可是这时他的生活却反而出现了新的变化:身体恢复了健康,经营的焙茶事业也有了发展,在小学里得到了教师的职务,并由人做媒而娶了亲。他个人的生活湖面上出现了从未有过的平静与安宁。然而这个曾有过不幸命运的翁则生是怎么获得这种生活的平静与心灵的安宁的呢? 小说的作者对翁家山这个地方作了富有特色的细致的描绘与渲染。首先,这里的风景极其幽深。青葱的山,如云的树,茫茫的湖雾,唧唧的虫唱,缓慢的晚钟声,撩人的桂花香,在作者笔下,翁家山远离尘世的喧嚣,景色迷人,气氛静谧。其次,这里的人事极其和睦。翁则生的一家,只有三个人,即母亲、妹妹和他本人。翁则生恬淡,母亲善良,妹妹纯洁,他们生活在一起,安分自足,没有龃龉,没有风波,处处互敬互让,整日笑语欢声。再次,翁家山这个风景幽深、人事和睦的地方,可以使尘世的劳碌者的灵魂得到洗涤和净化。作家郁先生来到翁家山以后,他觉得"这一种日出而作,日入而息的山中住民的生活秩序,又使我对他们感到了无穷的敬意"。而在一次游山时,他曾对翁则生的寡妹莲产生瞬间的邪念,但是由于她的纯洁无邪,终于使他忏悔和自责,感到莲的"那颗纯洁的心,那颗同高山上的深雪似的心,却救我出了这个险",因而这个郁先生的灵魂得到了净化。在作者笔下,翁家山就是这样一个宁静、纯洁,能使受伤的灵魂得到抚慰安息,能使邪俗的念头得到涤荡净化的处所。翁则生就是在这样的环境中割断世俗带给他的痛苦,获得内心的平静,从而过着怡然自得的生活。同时,根据当时郁达夫的思想情况,读者也可以认为,宁静安谧的翁家山,不正是郁达夫在险恶杂乱的现实生活中所憧憬和向往的一个理想的世界吗!

《瓢儿和尚》是叙写一对故友的重逢的。作品中的"我"因患病在疗养期间,借访古探幽,消磨无聊的岁月。在探访一古寺时,忽然发现在寺中静修的瓢儿和尚原来是十多年前留学时代的朋友和情敌,于是互叙别后的景况。瓢儿和尚原名秦国柱,在国外留学时攻读军事,回国后曾当了旅长,在多次战争中都建立战功,无论是打安福系,打奉天,或是北伐时的汀泗桥战役,他都以其赫赫战功而成为报纸上的新闻人物,他脸上的一道很深的刀伤疤就是他出生入死的戎马生涯所留下的印记。但从汀泗桥战役以后,他就到了杭州胜果寺来当和尚。好几年过去了,现在他住在胜果寺的破茅篷里,一天到晚看经念佛,背着大木瓢下山打水,喝着清酽的茶,吃着用葛粉、青藤自制的糕,悠然欣赏着钱塘江的月色,完全变成一个与世无争的山僧。作者并没有直接交代旅长秦国柱出家当和尚的动机,但瓢儿和尚说的"当旅长真没有做和尚这样的自在"这句话,也透露了他对戎马生活的厌倦。作品中的"我"也是一个逃避现实的知识分子。他所参加的文学团体的杂志"时常要议论国事,毁谤朝廷",他本人也曾经关心国家的命运,敢于向邪恶势力作斗争。但现在他却也"逃到了这山明水秀的杭州城里",翻弄古书,游山玩水,过着舒徐自在的日子。为什么会有这样的变化呢?作者写道:"一九二七年的革命成功以后,国共分家,于是本来就系大家一样的黄种中国人中间,却硬的被涂上了许多颜色,而在这些种种不同的颜色里的最不利的一种,却叫作红,或叫作赤。因而近朱者,便都是乱党,不白的,自然也尽成了叛逆,不管你怎么样的一个勤苦的老百姓,只须加上你以莫须有的三字罪名,就可以夷你到十七八族之远。我当时所享受的那种被迫上身来的悠闲清福,来源也就在这里了。""我"的翻弄古书,游山玩水,正是"当作避去嫌疑的护身神咒的"。"我"的这些自白,清楚地揭示了"我"的消极颓唐和秦国柱遁入空门的原因。正是国民党反动当局严酷的政治迫害,使他们走上了逃避现实的消极退隐的道路。

除了上面提到的四篇作品,郁达夫这时期还写了一篇题为《碧浪湖的秋夜》的历史小说。它所叙写的是清代浙江诗人厉鹗的一段经历。雍正十三年,厉鹗因为家境异常贫困,蛮横悍泼的妻子弃他而离去,在年关将至时债主上门讨还欠账,于是他只好离杭州去到湖州,想设法弄些款子来应付过年。他到了湖州以后,秀丽优美的自然景色使他陶醉,风雅豪爽的朋友们不但在经济上资助他,还好意地为他和静默端庄的满娘撮合婚事。在这里,厉鹗把平时心中积压的"懊恼郁闷的忧怀涤净了"。《碧浪湖的秋夜》的作者通过对历史事件和历史人物的艺术描写,表达了希望有一个能够抚慰受伤的灵魂,洗涤忧闷的情怀的境界出现的愿望。可见,它虽然是历史题材的作品,但是所寄托的作者的意绪,同其他几篇现实题材的作品也是一样的。

　　郁达夫在1932年下半年所写的这五篇小说,艺术构思都比较精巧,性格刻画都比较鲜明,结构布局都比较严谨,语言文字都比较优美,显示了作者对写作技巧的娴熟掌握,同时也标志着他在艺术上已经达到了较高的水平。其中的《迟桂花》,尤以其描写的自然,叙事的简洁,刻画的传神,以及如诗如画的艺术氛围,而成为郁达夫创作中的又一艺术高峰。但是这几篇小说在思想方面却也呈现出一个共同的特点,那就是它们毫无例外地都流动着一种消极避世的情绪。作品中把一些远离纷扰杂乱的现实社会的地方,诸如医院,寺庙,僻壤,都写得静谧安宁,诗意盎然。同时,通过鲜明的前后对比,充分肯定那些从积极走向消极,从愤世嫉俗变为与世无争的人物,这里有独处江村的名医,蛰居深山的隐士,遁入空门的和尚,寄情山水的作家。郁达夫对于他们的避世隐逸的生存方式,都流露出欣赏、羡慕的情绪。这一切,在一定程度上表现了作者对风涛险恶的现实社会的烦厌,和对宁静的田园生活的向往。应该说,它真实地反映了这个时期郁达夫在残酷的白色恐怖中内心的寂寞和疲倦,并使我们对他不久以后移家杭州的行动能够得到合理的解释。

| 第五章　西子湖畔的彷徨 |

一

　　郁达夫曾经认为,最理想的住家的地方,应该是既有现代化的生活设备,又富有乡村的景象的"田园都市"。而杭州,是他的乡土,又有湖有山,风景秀丽,交通方便,文化发达,正是最宜长期居住的地方。因此,当他决定离开生活了六年之久的上海而另觅住地时,就毫不犹豫地选择了杭州。

　　1933年4月25日,郁达夫全家从上海移居杭州。这一天清晨,在春雨霏微中,他携王映霞和儿子及一女佣,一道登上火车。午后一点抵达杭州,寓居场官衖,这是经朋友介绍在城东临时租的一处闲房,虽是"东倒西斜的三间旧屋",却也花费了两三百块钱,室内只有几张板桌,一架旧书,陈设很简单。当天晚上在和杭州的亲戚闲谈中,郁达夫得悉杭州和全国一样,苛捐杂税极重,因而意识到"杭州一隅,也决不是世外的桃源,这样要捐,那样要税,居民的负担,简直比世界哪一国的首都,都加重了",于是发出了"烽火满天殍满地,儒生何处可逃秦"的深沉感慨。当晚,夜深人静时,他听着门外巷里传来卖点心的小贩笃笃笃笃的敲小竹梆的哀音,在床上辗转反侧不能入睡,只好拿出一本新出版的鲁迅的《两地书》,挑灯细读,从半夜到天明,把这本书读完。他觉得从"这一部两人的私记里,看出了许多许多平时不容易看到的社会黑暗面来"。虽然通宵未睡,但他仍无倦意,一早就踏着雨后的泥泞走上市街,看看两旁的店家和来往的行人,可是他所看到的一切都使他失望和忧虑。他写道:"四周一看,萧条复萧条,衰落又衰落,中国的农村,果然是破产了,但没有实业生产机关,没有和平保障的象杭州一样的小都市,又何尝不在破产的威胁下战栗着待毙呢?"(《移家琐记》)郁达夫移家杭州的第一天就强烈地意识到,湖光山色秀丽动人的杭州,也并不是脱离纷扰的尘世可以怡然自乐的桃花源。

那么,郁达夫为什么要离开上海,举家移居杭州呢?原因可能是多方面的,他本人和王映霞也曾多次作了解释。综合起来,大致有这样几点:一、为了孩子的上学。据郁达夫的友人孙百刚回忆,"当时据映霞口头所说:似乎是孩子大了,杭州的小学比上海好,一切生活都是杭州方便,所以到杭州住家"[①]。王映霞所解释的,恐怕不是主要原因,郁达夫关于这问题的许多自白都不曾说到这点。二、为了经济上节省开支。孙百刚接着写道:"但据我猜想,原因恐不如此单纯。说不定经济的因素,也占着主要的成分。因为在嘉禾里这几年中,历年达夫稿费收入,除家用开支外,经映霞的运用,相当积储了一笔数目。但在一九三〇年以后,达夫小说的销路不及从前,生活逐年加高,收入反而减少,当一家主妇的映霞,当然觉得有变更计划的必要。"孙百刚的这个估计,在郁达夫的文章里可以得到证实。郁达夫在《移家琐记》一文中说:"洋场米贵,狭

---

① 孙百刚《郁达夫与王映霞》,香港宏业书局 1962 年出版。

巷人多,以我这一个穷汉,夹杂在三百六十万上海市民的中间,非但汽车,洋房,跳舞,美酒等文明的洪福享受不到,就连吸一口新鲜空气,也得走十几里路。移家的心愿,早就有了。"对于像郁达夫这样一位没有固定职业,只依靠稿费和版税的收入来维持生活的作家,要在物价昂贵的上海应付庞大的生活开支,的确是困难的,而"那时杭州的生活费用只需上海的一半"(王映霞语)。可以认为这是郁达夫决定移家杭州的一个重要原因。三、为了躲避白色恐怖的威胁。当时,国民党反动当局在上海等地加紧对进步力量的残酷镇压,郁达夫也时时感受到弥漫在周围的白色恐怖的威胁,因而早就向往一种可以躲避反动势力侵扰的宁静安谧的地方,这种思想情绪在1932年下半年写作的几篇小说中就已非常明显地表现出来。而在郁达夫的心目中,水波不兴的西子湖畔,或者可以成为他逃避现实斗争风暴的所在。他在移家杭州时写了一首《迁杭有感》:"冷雨埋春四月初,归来饱食故乡鱼。范雎书术成奇辱,王霸妻儿爱索居。伤乱久嫌文字狱,偷安新学武陵渔。商量柴米分排定,缓向湖塍试鹿车。"后来他在一篇文章里又说他是"逃出上海,迁住杭州"(《记耀春之殇》),在一首《无题》诗里也有"避嫌逃故里,装病过新秋"的诗句。可见他是由于国民党反动当局大兴文字狱的政治迫害而逃离上海的。我们认为这才是郁达夫在这个时候举家移居杭州的主要的原因。

鲁迅先生对郁达夫移家杭州是抱着保留的态度的。在郁达夫迁居杭州八个月以后,也即1933年底,有一次郁达夫和王映霞去访鲁迅,并请他写字。鲁迅为他们写了一首诗,这就是著名的七律《阻郁达夫移家杭州》:

> 钱王登退仍如在,伍相随波不可寻。
>
> 平楚日和憎健翮,小山香满蔽高岑。
>
> 坟坛冷落将军岳,梅鹤凄凉处士林。

何似举家游旷远,风波浩荡足行吟。

在这首诗里,鲁迅十分恳切地对郁达夫进行规劝和开导。他借古喻今,委婉地指出:杭州并不是世外桃源,在那里仍然有着野蛮的专制统治;即使暂时能找到一个风和日丽、幽香飘溢、可以安憩的环境,但它却会磨损人的远大抱负,沉重地拖住矫健的翅膀的飞翔;何况这种地方也并不真正安宁,你没有看见无论是英勇杀敌的将军,或是以梅鹤为伴的隐士,他们在那里的遭遇都是冷落与凄凉的?鲁迅最后鼓励郁达夫到更广阔的天地中去,在浩荡的风波中吟咏歌唱。鲁迅这时是多么希望自己的朋友能克服怯懦、动摇的弱点,无畏地回到斗争的激流中来啊。

实际上,郁达夫移居杭州的初期,他的心境是很不平静的,有时甚至充满着矛盾与痛苦。1933 年 8 月 18 日他游高庄写了一首诗,诗后又写道:"近来生活为左右所夹,颇觉烦闷,精神躯体,都不能自由,创作生活,怕将从此告终矣。"第二天的日记里又说:"想做东西,终不能动笔,当决计离开杭州。"然而他并没有真的离开杭州,甚至在鲁迅劝导他以后也没有什么变化,这就使他的人生道路的上空遮住了一阵乌云。后来郁达夫回忆说:

> 我搬到杭州去住的时候,(鲁迅)也曾写过一首诗送我,头一句就是"钱王登遐仍如在";这诗的意思,他曾同我说过,指的是杭州党政诸人的无理的高压。他从五代时的纪录里,曾看到过钱武肃王的时候,浙江老百姓被压榨得连裤子都没得穿,不得不以砖瓦来遮盖下体。这事不知是出在那一部书里,我到现在也还没有查到,但他那句诗的原意,却就系指此而言。我因不听他的忠告,终于搬到杭州去住了,结果竟不出他之所料,被一位党部的先生,弄得家破人亡;这一位吃党饭出身,积私财至

数百万,曾经呈请南京中央党部通缉我们的先生,对我竟做出了比邻人(指日本侵略者——引者注)对待我们老百姓还更凶恶的事情……

郁达夫这里说的那个吃党饭出身的党部先生,指的是许绍棣,此人三十年代初任国民党浙江省党部执行委员、宣传部长,后又任国民党浙江省教育厅长。1930年3月,他所在的浙江省党部曾因鲁迅参加发起中国自由运动大同盟而呈请国民党中央通缉"堕落文人鲁迅"。郁达夫移居杭州后,和许绍棣曾有一些往来,但他在以后的日子里,却直接破坏了郁达夫美满的家庭,毁灭了郁达夫的幸福,给这位多情的诗人的心灵留下了永远无法愈合的伤痕。而郁达夫没有听从鲁迅劝告而继续留居杭州,正为以后发生的家庭悲剧的苦果埋下了种子。

鲁迅在诗中说:"平楚日和憎健翮,小山香满蔽高岑。"这是非常深刻而又具有预见性的。安逸闲散的生活会锈损战斗者的意志,使他倾听不到时代的召唤,使他忘却自己翅羽的扇动。郁达夫从1933年4月迁居杭州到1936年2月赴福州,在杭州居住了近三年。他虽曾于1934年在之江大学教过"文学批评"课程,但只一个学期就离开了。在这段时间里他过的大多是一种闲散安逸的生活。下面让我们看他的几段日记:

天渐热,除早晨三四个钟头外,什么事情都不能做,午后只僵睡而已。

三点后,有客来,即昨晚同饮的一批。请他们吃饭,打牌,闹到了十二点钟。

客散后,又因兴奋,睡不着觉,收拾画幅等,到了午前的一点。夜微凉,天上有星宿见了,是夏夜的景象也。(1935年6月27日)

晨起,有友人来,嘱为写介绍信一封,书上题辞一首。中午有人约去吃饭,饭后在家小睡;三时又有约须去放鹤亭喝茶,坐到旁晚;在群英小吃店吃晚饭,更去戴宅闲谈到中夜才回。(1935年7月3日)

近日来,天气连日热,头昏脑涨,什样事情也不能做。唯剖食井底西瓜,与午睡二三小时的两件事情,还强人意。旁晚接语堂自天目禅源寺来书,谓山上凉爽如秋,且能食肉,与夫人小孩拟住至八月底回上海,问我亦愿意去否。戏成一绝,欲寄而未果。……(1935年7月27日)

午前尚热至九十余度,中午忽起东北风,大雨入夜,须换穿棉袄。约开渠、叶公等来吃晚饭,吃完鸡一只,肉数碗,亦可谓豪矣。今日接上海寄来之《宇宙风》第一期。

晚上无月,在江干访诗僧,与共饮于邻近人家,酒后成诗一首。(1935年9月12日)

昧爽月明,三时起床,独步至吴山顶看晓月,清气袭人,似在梦中。

中午有友人来谈,与共饮至三时;写对五副,屏条两张,坑屏一堂。(1935年9月14日)

此外,郁达夫在一篇文章里也曾谈到这个时期他的生活方式是:"在家吃点精致的菜,喝点芳醇的酒,睡睡午觉,看看闲书,不愿意将行动和平时有所移易;总之是懒得动。"(《住所的话》)由此可见,吃饭打牌,饮酒喝茶,写字看画,吟诗作对,浏览闲书,观赏风景,访友闲谈,应酬交际……这一切成为郁达夫生活的重要内容,占去了他的大量的时间。这时候的郁达夫,似乎像是一个飘逸的隐者,或懒散的名士。由于生活领域的转换,和生活方式生活趣味的变化,加上王映霞的喜欢交际,郁达夫这时交往的友人也和以前不同了。如果说,在上海时同他来往的是鲁迅、蒋光慈、田汉、郑伯奇、楼适夷等进步作家,那么现在出现在他家的客人名单上的则是杭州市市长周象贤,市公安局长赵龙文,浙江省教育厅厅长许绍棣以及当时在杭州养病的戴笠等人了。这种安逸闲散的生活,的确使郁达夫的生活意志消沉了,战斗热情减退了,精神境界空虚了,生活情趣也庸俗了。战士矫健的翅羽终于被庸俗的生活香风所麻痹了。

郁达夫在杭州三年,主要做了哪些事情呢? 我们认为有以下几个方面。

一、到处游山玩水。郁达夫在 1934 年 12 月写的《两浙漫游后记》一文中说:"两三年来,因为病废的结果,既不能出去做一点事情,又不敢隐遁发一点议论,所以只好闲居为不善,读些最无聊的小说诗文,以娱旦夕。然而蛰居久了,当然也想动一动;不过失业到如今将近十年,连几个酒钱也难办了,不得已只好利用双脚,去爬山涉水,聊以寄啸傲于虚空。而机会凑巧,去年今年,却连接来了几次公家的招待,舟车是不要钱的,膳宿也不要钱的,只教有一个身体,几日健康,就可以安然的去游山而玩水。两年之中,浙东浙西的山水,虽然还不能遍历,但在浙江,也差不多是走到了十分之六七了。"

在这两三年间,郁达夫的确花了许多时间到处游山玩水。1933 年11 月,杭州至江西省玉山的铁路建成,即将通车,杭江铁路局邀郁达夫等人沿铁路线游览浙东,以便将所见景物写成游记,登载于旅行指南之类的书上,向中外的旅游者宣传。于是郁达夫就有机会遍游了诸暨、金华、龙游、衢县、江山、玉山等地附近的风景名胜;1934 年 3 月底至 4 月初,郁达夫又应东南五省交通公览会的邀请,和林语堂、潘光旦等人,打算由浙西去安徽游览黄山。虽然黄山最后并未去成,但却也游览了临安、天目山、屯溪等地。郁达夫称这种为交通部门作宣传的旅游为"奉宪游山",是"一个行旅的灵魂叫卖者"。除了这种由路局提供车辆、食宿的"替路局办公"的旅行外,郁达夫在1934年7月至9月还偕同王映霞到青岛、济南、北京、北戴河等地避暑,同年10月又陪同友人游览天台、雁荡;1935年春又遍游杭州附近的山水名胜,7月游览江苏省宜兴的善卷洞、张公洞,10月陪同友人游富春江。从这份游览的日程表可以看到郁达夫在这期间对游山玩水的浓厚的兴趣。

郁达夫这样喜欢游山玩水,在一定程度上也是为了排遣现实带给他的苦闷和离群索居的寂寞。从表面上看来,他在跋山涉水时总是兴趣浓厚,似乎是无忧无虑的,然而实际上他是将自己的苦闷和寂寞深深地埋藏在心里的。郁达夫认为,山水自然,"是可以使人性发现,使名利心减淡,使人格净化的陶冶工具"《山水及自然景物的欣赏》,因而他是将寄情于山水作为疗治自己的烦恼和郁闷的良方的。他说:"我想旅行的快乐,第一当然是在精神的解放;一个人生在世上,少不得总有种种纠纷和关系缠绕在身边的,富人有富人的忧虑,穷人有穷人的苦恼;一上征途,……什么事情都可以暂时搁起,不管她妈了。""我的这一次的旅行浙东,主要原因固然是因受了杭江路局之嘱托,但暗地里却也有一点去散散郁闷的下意识在的。"《二十二年的旅行》郁达夫为现实社会所不容,受到白色恐怖的威胁,终于脱离现实斗争的激流,离开了自己的战斗岗位;他虽然怯懦,却是一个良心和正义感都未曾泯灭的作家,因而他虽过着安逸闲散的生活,但内心深处却蕴积着巨大的苦闷,并企图从山水自然中去寻找排遣和解脱。这就是郁达夫喜爱游山玩水的一个比较隐蔽但却不应忽视的原因。是的,"那些为生活所折磨、厌倦于跟人们交往的人",是会"以双倍的力量眷恋着自然"的(车尔尼雪夫斯基语)。

在游山玩水的过程中,郁达夫写了许多游记,先后出版了《屐痕处处》和《达夫游记》两本游记集。这是他在本时期创作上的主要收获。郁达夫为我国现代游记的发展作出了不可磨灭的贡献。

二、提倡静的文学。郁达夫在杭州这两三年间,也写了不少短文,然而和他本时期的安逸闲散的生活相联系,他所写的都是一些所谓"静的文艺作品"。他说:"自己大约因为从小的教养和成人以后的习惯的关系,所嗜读的,多是些静如止水似的遁世文学。"这种作品向读者展示的是一个"清静无为的心灵王国",而"对于争生存争面包忙得不了的现代人,于人生战场上休息下来,想换一换空气,松一松肩膀的时候,拿一册来读读,也可以抵得过六月天的一盆冰淇淋,十二月的一杯热老酒的功用"(《静的文艺作品》)。郁达夫喜欢读的是这类作品,自己在这时期写的也多是这类文章。

除了他的游记有不少是这类清静恬淡的文字外,郁达夫这时期还写了一些趣味性强的轻松的随笔。例如《谈结婚》一文,他举出许多例子说明结婚好,又举出许多例子说明结婚不好,最后说,左思右想,总觉得结婚也不好,不结婚也不好,解决的办法似乎只有将中庸之道运用于男女的婚姻上,先将同胞们都化成了不男不女的中性来。《说姓氏》一文考证了我国姓氏的起源以及它的发展和变化,同时研究了它的存废问题,介绍了作者的朋友关于废弃姓氏而以号码代替的主张。又例如《说肥瘦长短之类》一文,他先从外表的审美上来说,肥瘦长短是难以分别孰优孰劣的,燕瘦环肥,各臻其美,尧长舜短,同是圣人,就是有力的证明。接着他又从道义人品上来立论,举管子、子贡、杜甫,以及桓元、叔鱼等为例,说明瘦者好肥者坏,又举伊尹、晏子、孟尝君、淳于髡等说明我国历史上有名的政治家中矮子占了不少。但文章最后又说自己并非在赞成瘦子矮子。又如在《雨》这篇随笔里,作者引用一些前人写雨的诗句来说明春雨、夏雨、秋雨、冬雨都是可爱的。可见,郁达夫的这类随笔,一般都不议论时事,对现实似乎都采取一种清静无为的态度,却又写得趣味盎然。郁达夫曾将他的随笔收成集子,取书名为《闲书》,并在自序中说这些文章"都是闲空不过,才拿起笔来写出的",同时又说,"被天强派作了闲人之后,他的寂寞与凄凉,也并不是可以借了一句两句的话来说出的"。从这里我们可以看到,由于国民党反动当局的文字狱的残酷,郁达夫被迫只好做闲人,写一些不痛不痒的闲文,他的心里也是很不好受的。

如果说郁达夫写的这类随笔还具有一些趣味性和知识性,还能给人以知识与休息,那么他这时期写的若干应酬文字就很难说有什么价值了。例如他用六七千字的篇幅为王映霞的外祖父写了一篇传记《王二南先生传》,并将它收入《达夫散文集》。文章详尽记述了王二南的一生经历;回忆同他相处时"对酒谈诗书,一顿饭,总要吃尽三四个钟头;有时夜半起来,挑灯,喝酒,翻书,谈古今,往往会痴坐到天亮"的情景;同时也表达了对这位老人的"道德文章"以及"伟大的人格风度"的仰慕与追思。《祝赵母王太夫人的寿》一文则是为王二南的三妹妹八十岁生日写的寿序,发表在《东南日报》的副刊上。文章称赞的是这位八十老媪能不戴眼镜读唐诗,牙齿能咬昌化小核桃,能连打两个通宵的麻将,以及她的会弹琴能管家等等。最后说明写作这篇寿序的目的是为了"想使这位看不惯白话文的老寿星,好笑得更厉害一点"。我们认为,这类应酬文字很少有积极的社会意义,它浪费了郁达夫的文学才华,同时也暴露了他思想感情中的庸俗的一面。后来,青年作家孙用在给鲁迅的一封信里还曾对郁达夫住杭期间在发表的文章和日记里津津有味地记述诸如借坐市长的汽车、出席某长的宴会、参与丝绸同人的聚餐以及与某些人唱和、打牌、喝酒等内容,表示自己的不满,认为是"肉麻当有趣的言行",是在"无耻地播着卑劣的种子","太使人失望"(孙用 1936 年 8 月 2 日信)①。可见此时

---

① 《鲁迅研究资料》第 10 辑,天津人民出版社 1982 年出版。

郁达夫给读者留下的印象是不好的。

三、建造风雨茅庐。郁达夫在杭州近三年时间做的一件大事情就是建造了一所"风雨茅庐"。早在1934年冬天，郁达夫和王映霞就通过友人孙百刚、沈太素的关系，在场官衖买了一块产权属于省立救济院的废庵的地皮，面积有两亩左右。从此，郁达夫脑中盘旋着的，就是如何筹划建造一座住所的问题了。他说："自以为青山到处可埋骨的飘泊惯的流人，一到了中年，也颇以没有一个归宿为可虑"，"每次喝酒，每次独坐的时候，只在想着计划着的，却是一间洁净的小小的住宅，和这住宅周围的点缀与铺陈"(《住所的话》)。他还写了一篇题为《住所的话》的短文，发表在《文学》月刊第五卷第一号上，说自己想造一所小小的住宅，地皮已经有了，但还需筹出四千元钱的现款，却还没有着落。文章发表以后就有了回响。搞建筑的朋友表示愿意为他建造住宅效劳，有钱的朋友愿意借钱给他。这样，在1935年入秋以后就动工造起了房子。大约用了半年的时间，这座住所就建成了，然而为此郁达夫却欠下了一笔大债。在房屋即将落成时，他在自己的日记里写道："场官衖，大约要变成我的永住之地了，因为一所避风雨的茅庐，刚在盖屋栋；不出两月，油漆干后，是要搬进去定住的。""现在好了，造也造得差不多了，应该付的钱，也付到了百分之七八十，大约明年三月，总可以如愿地迁入自己的屋里去居住。所最关心的，就是因造这屋而负在身上的那一笔大债。虽则利息可以不出，而偿还的期限，也可以随我，但要想还出这四千块钱的大债，却非得同巴尔札克或司考得一样，日夜的来作苦工不可。人是不喜欢平稳度日的动物，我的要造此屋，弄得自己精疲力竭，原因大约也就在此。自寻烦恼，再从烦恼里取一点点慰安，人的一生便如此地过去了。"(1935年11月19日日记)

这所房屋建成后由郁达夫自己拟名为"风雨茅庐"，并由马君武将这四字写了一块横额，悬挂在房屋正中的客厅里。

住宅虽取名"风雨茅庐",但实际上是一座相当富丽的房屋。郁达夫的友人孙百刚在房屋落成后不久曾去拜访,他对这座"风雨茅庐"有较详细的描述:门口两扇铁门敞开着,气象相当豪华;一条水泥路的铺道可以一直通进去;走到里面,南向三间正屋:当中一间是客厅,旁边东西两间是卧室,开间相当宽阔,每间各有后轩,陈设的家具大部是新的,壁上挂着字画镜屏,窗上装着新的纱窗;东北角有一条支路通到三间小屋。而东面一个月洞门内有一小院子,点缀着一些假山石,摆着几盆荷花缸,里面一间朝南的大花厅,这里是郁达夫的书房,三面沿壁都排列着落地高大书架,密密层层地摆放着六七千册的中外图书。①

由于郁达夫把主要精力都用到建造住宅上面去,这半年间他的文学创作的收获就甚为微薄了。他说:"今年下半年的工作全无,一半也因为要造这屋的缘故。"(1935 年 11 月 19 日日记)"今年下半年的写作成绩,完全为这风雨茅庐的建筑弄坏了。"(1935 年 11 月 27 日日记)郁达夫把精力心血都花在建筑他的风雨茅庐上,而未能为读者奉献出更多优秀的作品,人们难得听到他的忧郁的歌唱,这对于一个正处于创作黄金期的中年作家,对于文坛,都是不可弥补的损失。

在优美的自然山水间流连忘返,于恬淡的消闲文学里寻觅乐趣,从忙碌的住宅建筑中得到满足,这就是郁达夫在杭州三年的主要生活内容。从这些方面看,他似乎已经完全变成一个与世无争的逍遥者了。可是人们不禁要问:这位曾经因为人民的苦难而流淌着悲哀的泪水的诗人,难道他的目光真的完全黯淡了!这位曾经因为民族的危亡而心潮澎湃的爱国者,难道他的心灵的湖面真的彻底平静了!这位曾经呼喊出千万读者心中愿望的作家,难道他的声音真的永远嘶哑了!我们认为,对于郁达夫这样的作家,这种情况是不可能出现的。事实上,他在这时期

---

① 见孙百刚《郁达夫与王映霞》。

虽然过着消极避世的生活,他的战斗意志也确实消沉得多,但是,他思想里的人道主义的精神并没有冻结,燃烧在他的心中的爱国热情的火焰并未曾熄灭。面对着大好的河山,或者是深宵酒醒的时候,他依然会牵挂着自己苦难的国家,苦难的人民。

郁达夫在读屠格涅夫的传记的时候,看到沙皇统治下的野蛮落后的俄国的情景,就情不自禁地联系到眼前的现实:"写到了这里,我就不得不联想起目下流散在我们自己周围的一重褐色的暗云,唉,一八五二年的专制政府治下的俄国,一九三三年的×××治下的××!"(《屠格涅夫的〈罗亭〉问世以前》)他在读南宋文学家陈亮的《龙川文集》时也发出这样的感慨:"一册一册的翻阅下去,觉得中国的现状,同南宋当时,实在还是一样。外患的迭来,朝廷的蒙昧,百姓的无智,志士的悲哽,在这中华民国的二十四年,和孝宗的乾道淳熙,的确也没有什么绝大的差别。"(《寂寞的春朝》)当沪杭路局为了人们的春游而增开特别专车的时候,郁达夫想到的是:"中国到了目下的这一个现状,饿骨满郊而烽烟遍地,有闲有产的阶级,该不该这么的浪费,倒还是一个问题。"(《说春游》)他在火车中看到农民在劳作,就吟出这样的诗:"男种秧田女摘茶,乡村五月苦生涯。先从水旱愁天意,更怕秋来赋再加。"而他在日记里,也时常抒发出他对受苦农民的关切之情:"农村覆灭,国脉也断了,敌国外患,还不算在内;世界上的百姓,恐怕没有一个比中国人更吃苦的"(1935年6月24日日记),"雨声不绝,颇为乡下农民忧"(1935年6月26日日记)。从这些文字里我们可以感受到诗人的心还是热的。正因为如此,他才有可能在这时向读者呈献出再现大革命时代斗争生活的优秀小说——《出奔》。

"临风思猛士,借酒作清娱。"郁达夫写于1935年的这两句诗,正是他在杭州三年的生活态度的真实写照。

二

　　郁达夫在他的第一本游记集《屐痕处处》的自序里说："近年来,四海升平,交通大便,象我这样的一垛粪土之墙,也居然成了一个做做游记的专家。"其实,郁达夫是很早就开始写作游记的。1921年当他还是日本东京帝国大学的学生的时候,他就用日文写了一篇题为《盐原十日记》的游记,并发表在日本刊物《雅声》上。回国以后,他又曾先后发表过《苏州烟雨记》、《感伤的行旅》、《钓台的春昼》等几篇著名的游记作品。然而,郁达夫真正成为一个"做做游记的专家",却是在移家杭州以后。如果说他以前的文学创作是以小说为主,那么这时期他就把重点转移到散文方面了。由于他在杭州三年中花了不少时间去游山玩水,几乎游遍浙江、皖东的山川名胜,还曾远赴青岛、济南、北京等地避暑和旅行,所以写作游记也就成为他本时期文学活动的主要内容。而奉献给读者的二十多篇游记,则是开放在郁达夫创作园地里的色彩艳丽的奇葩。

　　在创作大量游记的同时,郁达夫还致力于散文理论的探索。本时期他先后撰写了《传记文学》、《什么是传记文学》、《清新的小品文字》、《小品文杂感》、《再谈日记》以及《〈中国新文学大系·散文二集〉导言》等文章,对散文创作发表了许多精辟的见解。其中,他对包括游记在内的小品文这种文学样式的写作提出了明确的要求。他说:"原来小品文字的所以可爱的地方,就在它的细,清,真的三点。细密的描写,若不慎加选择,巨细兼收,则清字就谈不上了。修辞学上所说的 Trivialism 的缺点,就系指此。既细且清,则又须看这描写的真切不真切了。中国旧诗词里所说的以景述情,缘情叙景等诀巧,也就在这些地方。"(《清新的小品文字》)郁达夫在这里所说的"细",是指作家深细的观察,精细的描写;"清",是要有清晰的层次,清新的文字;"真",则是作品应该显示真实的个性,真切的感情。我们认为,郁达夫提出的"细、清、真"三点,不仅是他在小品文方面的理论主张,同时也是他自己在写作游记时所努力贯彻的艺术要求,它十分具体而清楚地体现在他的游记作品里,并且构成了郁达夫游记作品的若干基本特色。

首先,郁达夫的游记作品画面比较开阔,内容比较丰富,同时又始终荡漾着特定时代的气息。

朱自清曾说过:"游记也不一定限于耳闻目睹,掺入些历史的追想,也许别有风味。这个先得多读书,搜集材料,自然费工夫些,但是值得做的。"①郁达夫写作游记正是这样做的。他并不满足于简单记述游程中的见闻,而是能够放开他的视野,从比较广阔的历史范围里来写作他的游记。他在到某一个地方旅游之前,总要认真搜集、阅读有关该地的资料,诸如地方志、导游书,或前人写的游记等,广泛地研究他即将游览的山川名胜的历史沿革和地理环境,事先做好资料文献方面的准备。例如他到浙东旅行,就阅读诸暨、龙游等地的县志和徐霞客的游记;他到浙西、皖东旅行,则阅读《临安县志》、《东山志》、《休宁县志》、《安徽通志》等;他在游天台山时,携带着清代张联元所辑的《天台山全志》,以便随时查阅。1934 年春,他曾经和几位友人准备游黄山,出发之前他阅读了清代黄秋宜写的《黄山纪游》,读后在日记里写道:"文笔虽不甚美,但黄山的伟大,与夫攀涉之不易,及日出,云升,松虬,石壁,山洞,绝涧,飞瀑,温泉诸奇景,大抵记载详尽。若去黄山,亦可作导游录看,故而收在行箧中。"(1934 年 3 月 28 日日记)此外,他还搜集了宋代吴龙翰、元代汪泽民、明代吴廷简和徐霞客、清代汪洪度和黄秋宜以及近代的黄炎培等写作的关于黄山的游记,准备"夹带"上黄山供写作时参考。后来虽然他黄山之行没有实现,但也将其中的近二万五千字的资料以《黄山札要》为题附录在

① 朱自清《什么是散文》,见郑振铎、傅东华编《文学百题》(生活书店 1935 年出版)。

他的游记集《屐痕处处》里，从这里我们可以看到郁达夫为写作游记而做的艰苦准备。有了这种坚实的创作准备，郁达夫在游记里就能够展现比较广阔的历史背景，让读者了解他所描绘的山川名胜的来龙去脉。例如他写杭州，就介绍它是由于禹巡会稽至此舍航登陆而得名的传说，并且极其简要地勾勒它的历史沿革："这一个四千余年前的泽国，后来为越为吴，也为吴越的战场，为东汉的浙江，为三国吴的富春，为晋的吴郡，为隋唐的杭州，两为偏安国都，迭为省治，现在并且成了东南五省交通的孔道。"（《杭州》）郁达夫不仅对一个地方注意了解它的历史发展，就是对一座山也是如此。例如对杭州的玉皇山，他就曾花了不少时间从各种志书和访问中为它和山上的寺观搜集历史材料。终于了解到：这座山唐时为玉柱峰，建有玉龙道院；宋时为玉龙山，或单称龙山；入明无为宗师创建福星观，供奉玉皇上帝，始有玉皇山的名字；清两浙总督李敏达修整了一次；太平天国时受破坏，后又由总督杨昌濬重修了一次。（《玉皇山》）这就勾画出玉皇山寺观的兴废的大略。有时候，即使对一条铁路的建成，他也要追根究底。例如在《杭江小历纪程》这篇游记里，他就详细地介绍了从杭州至玉山这段铁路原来设计的路线和后来的改变，建筑经费的筹划，全路的里程，筑路的时间，路权的归属等等，人们从中可以了解这段铁路建设的历史概貌。

郁达夫在努力勾勒山川名胜的历史沿革的同时，还注意搜集同它们有关系的传说和诗词。由于历代游客的参与和创造，各处风景名胜都流传着许多历史掌故、神话传说，而文人墨客则常常为其所喜爱的山水作诗填词、吟咏歌唱。这些传说、故事、诗词，往往为它们所描绘、咏唱的对象，涂抹上一层神秘的色彩，增添了诗意。作为一个诗人，郁达夫充分认识到，采摘这些五彩缤纷的文化花朵，必将会把他的游记点缀得更加绚丽多姿。所以，在描绘诸暨五泄的悬泉飞漱中，穿插了刘龙子在五泄化龙飞去，而每年清明又归来为母扫墓的传说。在叙写金华的白望峰的溪光山色时,介绍了它的得名:相传古代一位养鹿的玉女,因驯良的花鹿衔命入城被村民诱杀,日日登峰瞭望,不见鹿回,最后含悲而死,所以称白望峰。作者写杭州俗称半山的皋亭山,插入了半山娘娘的故事:金人追小康王,他逃入了半山的山洞,半山娘娘把一篓细丝倒向洞口变成蛛网,金人认为蛛网满洞不可能会有人进出,就远追开去,此山就因半山娘娘庙而出名。作者写天目山,想起了昭明太子的传说:昭明太子因被潜不能自明,来天目山禅修,并因遴选《文选》辛苦而双目俱瞽,后取天目山池水洗之而双目复明。此外,如写安徽的齐云山,则插入海瑞的传说:海瑞在到齐云山进香时得罪了圣帝菩萨,圣帝即命王灵官密随海公,伺有过失即击杀之,但暗伺三年,这位慎独不欺的海刚峰终是无隙可乘,等等。这些和某一景物相联系的传说、掌故、神话,在一定程度上反映了历代人民群众的善良的愿望、公正的褒贬、高尚的情操,同时也是一种能够给人以美的感受的艺术创造。郁达夫将它们写进自己的游记,无疑可以加强人们对他所描绘的山川景物、名胜古迹的印象,并开拓作品的深度,赋予它以更为动人的艺术魅力。另一方面,由于郁达夫在古典文学方面有很高的修养,熟记许多诗人的作品,再加上旅行时的有意搜求,因此,他往往到一旅游地就能脱口而出吟诵前人有关的诗词。例如他来到小南海凤凰山上的竹林禅寺,就记起了汤显祖的"系舟犹在凤凰山"的诗篇;他在钱塘江过渡,就想到汪水云的"三日钱塘潮不至"的吟咏;他游览临安玲珑山的琴操墓,就从《临安县志》中抄出冯梦祯的"弦索无声湿露华"的《琴操墓》一诗;他登上天目山,就吟诵徐文长的"天目高高八百寻"的七律;而他在关于扬州的游记里,则更是大量引用古人抒唱扬州的诗作。这种对有关诗词的适当征引,使郁达夫的游记里流动着一股沁人心脾的诗情。

　　在游记的创作中,郁达夫并不是纯粹描绘自然风光,也没有满足于对历史资料的旁征博引,他没有把自己的游记写成古代文人墨客笔下的山水小品。相反,在他的游记作品里,人们总能够呼吸到比较强烈的特定时代的现实气息。在他生活的时代,由于帝国主义和国内反动势力的残酷压迫,社会动乱,山河破碎,这一切在他的游记作品里都留下了投影。他到了衢州的烂柯山,看到的是一片荒凉破败的景象:寺庙的建筑已经倒毁,古塔已经倾圮,剩下的是一堆瓦砾废墟,许多旧迹名碑都已断残缺裂,不少翁仲石马都乱倒在荒榛漫草之中。他到了仙霞关外的二十八都,看到了很多整齐的人家,但都人去屋空,兵荒马乱的时势使人们都逃亡了。面对这种阴惨恐怖的情景,作者的身上"起了一层鸡皮的细粒"。他们来到江西玉山城外,有兵士"手捧着明晃晃的大刀,肩负着黄苍苍的马枪,在那里检查入城证、良民证",空气异常紧张,他们只好放弃进城的计划。应该说,自然景色的荒凉残破是和社会的动乱不安相联系的。1935 年 5 月郁达夫写了一篇《扬州旧梦寄语堂》,回忆他几年前游览扬州的情形。他说,他在扬州天宁寺和重宁寺,见不到一个和尚,极好的黄松材料都断的断,拆的拆了,这种阴森的气氛使他毛发倒竖,出了一身冷汗;而在平山堂、观音寺一带,看到的是颓井废垣,衰草涸泉,"扬州北郭,实在太荒凉了,荒凉得连感慨都教人抒发不出"。那么,是什么原因造成这种景物的荒废破败的呢? 郁达夫在功得山观音寺里"吃了一碗清茶,和寺僧谈起这些景象,才晓得这几年来,兵去则匪至,匪去则兵来,住的都是城外的寺院。寺的坍败,原是应该,和尚的逃散,也是不得已的"。郁达夫如实地写下了他在旅游中的这类见闻,就在他的游记的画面上涂上了一层淡淡的灰暗的颜色,而从这里却也透露出一定时代的气息。

着意于山川名胜的历史沿革的介绍,注重对有关传说、掌故、诗词的旁征博引,又把忧郁的目光凝视着苦难的现实,这样,郁达夫的游记作品就展示了广阔的背景,丰富的内容,同时也跳动着时代的脉搏。

其次,郁达夫的游记既注意对游览过程的描述和旅游地全景的勾勒,同时又能突出重点,把握并反映景物的主要特征。

当然,作为一篇游记,无论是历史沿革的介绍,或者是掌故诗词的征引,都只能是一种烘托,一种渲染,它的主要描写重心应该是山川景色、名胜古迹本身。在这方面,写作时必须处理好面和点的关系。既要叙写整个游览过程和介绍有关情况,又应该突出主要的风景点。如果只有前者,文章必流于松散;如果只有后者,文势会显得突兀。即使是写主要风景点本身,也不能面面俱到,巨细无遗,而必须抓住它的最主要的特点来加以叙写,只有这样才能做到郁达夫所说的"既细且清"。而他本人的游记作品在这方面是处理得很好的。例如《杭江小历纪程》里游金华北山这天的日记,作者用一定的篇幅来介绍金华的地理形势和北山的位置,叙写出发前的各种准备和一路上的所见所闻,穿插白望峰玉女望鹿的传说,交代了归途中在智者寺看到已经风化剥落的陆放翁写的碑记。然而这些内容都只是用极简洁明快的文字来表现,作者腾出了主要篇幅,运用浓墨重彩来描写的,则是他和同伴游览双龙洞和冰壶洞的经过。他写双龙洞,也没有平均使用笔墨,他先只极简单介绍外洞,交代它的高度、广度、深度,以及里面的碑文、石刻之类,然后以十分细腻的笔触来描写从外洞到里洞的过渡。他写道,外洞中有一道清泉,它似乎是从地底涌出来的,水量极大,泉上有一块绝大的平底岩石复在那里,离水面只数寸而已,游人只能躺在一只浴盆似的小木船的船底,请工人用绳索从水中推挽过去,岩石几乎要擦伤鼻子,推进一二丈路,岩石尽处是一个黑黝黝的大洞,这就是里洞。作者对里洞的描写又比外洞细致多了。他在概括写了汽油灯照耀下所看到的洞的规模和石质之后,就很有层次地分别详细描写洞顶、洞壁和洞底。洞顶有一条青色一条黄色的岩纹突起,绝像平常画上的龙,这就是双龙洞名的由来。洞的石壁上有青白黄色的各种奇形怪状的形象,人们为它们取了各种名字,洞壁上还有很多唐宋人的题名石刻。此外他对洞的底里也作了一些描写。接着,郁达夫又详细记述游览冰壶洞的情景。先是写入洞之险：在洞口只看得出黑暗中有一条下斜的绝壁和乱石泥沙；弓身从洞口爬入，以长绳系住腰际，滑跌着前行，愈下愈难走，洞也愈来得高大。再是写洞中之奇：入洞以后就在黑暗中听到水声；下去百步就可感到飞沫点点，飞瀑之声也震动耳膜；到了洞底，借着洞口的外光，可以看到一条高约十丈左右的瀑布悬空从洞顶直下，瀑身下广，瀑布下也无深潭，也无积水，所以人可以在瀑布的四周围行走。作者笔下的金华二洞简直是两幅极其精细的工笔画。由此可见，郁达夫的游记既能放得开，广泛介绍有关的情况，又能收得拢，对重点景物写得笔酣墨饱。

对主要风景点的描写，郁达夫不是面面俱到，而是善于抓住最主要的特征。例如《超山的梅花》这篇游记，作者同样花费一定的篇幅介绍杭州附近的超山的地理位置，历史沿革，山名由来，道路交通，寺庙兴衰，然而他在作品里集中笔力描写的却是超山的梅花。他先写超山多梅花的原因：此地居民住近水乡，阡陌不广，只好依靠栽培果木养活妻孥，所以植梅也是谋生手段之一；接着他就描绘超山的欣欣向荣的梅林："超山的梅花，向来是开在立春前后的；梅干极粗极大，枝叉离披四散，五步一丛，十步一坂，每个梅林，总有千株内外，一株的花朵，又有万颗左右；故而开的时候，香气远传到十里之外的临平山麓，登高而远望下来，自然自成一个雪海。"在这里，作者既写到一株梅树的枝干繁花，也写到整片梅林的香飘十里，展现出一幅极其壮丽的梅花图。最后，他又把镜头移到大明寺前的一株相传为宋代的梅树，它曲屈苍老，根脚边只剩了两条树皮围拱，中间空心，但上面仍然枝干四叉；作者还认真讨论这株老树究竟是不是宋梅。郁达夫就是这样从各个侧面来反复渲染、突出、强调超山的梅花，把这个风景点的主要特征描绘得异常鲜明、强烈。此外，在他的许多其他游记作品里，我们也都能看到这一特点。如他写方岩，主要强调它的怪岩绝壁；写仙霞关，主要强调它的雄奇险峻；写雁荡山，主要突出它月夜的幽静岑寂；写青岛，则抓住它的红瓦绿树和市区的高低不平。这种抓住旅游地的主要特征加以渲染、强调的写法，在游记中可以起到画龙点睛的作用。既节省作者的笔墨，又能传达出旅游地的神采，清晰地显示它和其他旅游地的区别，这样，作者所描写的山川景物，就能给读者留下难以忘却的印象。

再次，郁达夫在游记里表现出鲜明的个性，动人的情韵，并创造了充满诗情的意境。

郁达夫说："现代的散文之最大特征，是每一个作家的每一篇散文里所表现的个性，比从前的任何散文都来得强。古人说，小说都带些自叙传的色彩的，因为从小说的作风里人物里可以见到作者自己的写照；但现代的散文，却更是带有自叙传的色彩了，我们只消把现代作家的散文集一翻，则这作家的世系，性格，嗜好，思想，信仰，以及生活习惯等等，无不活泼泼地显现在我们的眼前。这一种自叙传的色彩是什么呢，就是文学里所最可宝贵的个性的表现。"他还认为，情韵这一要素，"尤其是写抒情或写景的散文时，包含得特别的多"。(《〈中国新文学大系·散文二集〉导言》)

早在郁达夫开始小说创作的时候，他就笃信"文学作品，都是作家的自叙传"的理论。而现在，当他在撰写直接以自己的见闻、经历为内容的游记作品时，自然会更加无保留地将自己的一切展露在读者的面前。

在郁达夫的游记作品里，可以说，最活跃的人物就是作家自己。他有血有肉，栩栩如生，活泼泼地在作品里行动，人们的确能够感触到他的音容笑貌、思想性格和习惯嗜好。我们认为，在游记里的郁达夫形象，基本上能够反映出生活中的郁达夫复杂的面貌。作为一个具有浓厚名士气的文学家，郁达夫在生活中时常表现出博学多才、潇洒倜傥、玩世不恭的特点，而这一特点也异常明显地体现在游记作者郁达夫的身上。他每到一旅游地，都喜欢题字赋诗，抒发他的怀古之情思，表达他的深沉的感慨,才思异常敏捷。他对各地寺院、名胜的碑刻和藏书都发生强烈的兴趣,往往为此而流连忘返,有时还要拓上几张刻辞。而当他徜徉于山水之间时,甚至会达到心旷神怡、宠辱皆忘的地步,于是放浪形骸,狂呼乱唱,不拘小节。他在杭州西溪的弹指楼上喝得酒醉醺醺;他在杭州城隍山上独自对着山水大笑,而被游人当成疯子;他在宜兴张公洞里高声乱唱京调,自己倾听嗡嗡的回音;他在皋亭山下挤进赌摊,押牌九输了四毛小洋;他在安徽屯溪夜宿船上,和同伴约定说话须用文言,闹了不少笑话;他在扬州瘦西湖为一容颜姣好的船娘所迷,离别时依依难舍,等等。这一切都能使读者感受到存在于郁达夫身上的名士气。另一方面,作为一个受到进步思想影响的爱国者,郁达夫虽然在游山玩水,但他却不能完全忘却国家的大事和民族的命运。面对着锦绣山河,眼看着无人修葺的残破古迹,他常常情不自禁地发出悲愤的慨叹。前两年他在游富春江畔的钓台时,在严氏祠堂的壁上看到夏灵峰的题诗,就曾经议论,这个亡清遗老,"就是以骨头来称称,我想也要比什么罗三郎郑太郎辈,重到好几百倍"(《钓台的春昼》),表现了郁达夫坚贞的民族气节。1935 年,他和友人再次来到这里,在西台边想起南宋亡后谢皋羽曾在此哭祭文天祥,就又吟出这样一首绝句:"三分天下二分亡,四海何人吊国殇! 偶向西台台畔过,苔痕犹似泪淋浪。"倾诉了诗人怀古伤今的情怀(《过富春江》)。1934 年,他游览了青岛、北京、北戴河等地以后,就在游记里写下了这样的感慨:"在关以内和关以外,何尝没有明媚的山川? 但大好的山河,现在都拱手让人拿去筑路开矿,来打我们中国了,教我们小百姓又有什么法子去拼命呢? 古人有'马后桃花马前雪,出关争得不回头'的诗句,希望衮衮诸公,不要误信诗人,把这些好地方都看作了雪地冰天,丢在脑后才好!"(《青岛、济南、北平、北戴河的巡游》)读者从这些地方,难道不能感受到诗人在民族危机面前忧国忧民的急切情绪吗! 正如阿英所指出的:"郁达夫的小品文,是充分的表现了一个富有才情的知识分子,在动乱的社会里的苦闷心怀。即使是记游文罢，如果不是从文字的浮面来了解作者的话，我感到他的愤闷也是透露在字里行间的。他说出游并非'写忧'，而'忧'实际上是存在的。"①阿英这个见解是很深刻的。总之，郁达夫的游记里，是充分地、完整地显现出作者复杂的个性的。由这样一位具有鲜明个性的活泼泼的人，来向读者叙述他在游途中的所见所闻，抒发他的喜怒哀乐，就像是促膝谈心，读者是会感到格外亲切的。

在游记作品里，作者的个性特别体现在他对于自然山水的独特的鉴赏能力上。他笔下的景物，是他根据自己的审美观从原有、客观的自然风景中选择、取舍，然后加以描绘的。它已不是现实景物的原样翻版，而是渗透着作者的文化修养、艺术趣味和感情色彩的。郁达夫具有非常丰富的文化素养，他对于自然山水具有很高的鉴赏能力。他善于发现与捕捉自然景色的千变万化，他认为"自然的变化，实在多而且奇，没有准备的欣赏者，对于他的美点也许会捉摸不十分完全的"，他看到自然景色即使"在一日之中，就有万千新奇的变化"（《山水及自然景物的欣赏》）。同时，他又常常以我国古代诗歌和绘画中所创造的自然山水的诗情画意为借鉴，来观察、欣赏眼前的景色。他曾经认为，面对杭州的风景，"不懂得南画，不懂得王维、韦应物的诗意的人，即使去看了，也是毫无所得的"（《杭州》）。这样，郁达夫对于自然山水就具有一种独特的感受力，他往往能够从大家都看惯了的自然风景中揭示出它特有的美和诗意。例如，他到仙霞关游览，就感觉到围住山腰的晚霞，使自己的手上脸上都有点潮润起来，因此发出了"啊！原来这些就是仙霞"的惊叹（《仙霞纪险》）。又如他抒写在天目山上对云海的感受："坐在轿上，看不出前面那轿夫的背脊，但闻人语声，鸟鸣声，轿夫换肩的喝唱声，瀑布的冲击声，从白茫茫一片的云雾里传来；云层很厚实，有时攒入轿来，扑在面上，有点儿凉阴阴的怪

①　阿英《现代十六家小品·郁达夫小品序》，光明书局1935年出版。

味,伸手出去拿了几次,却没有拿着。细雨化为云,蒸为雾,将东天目的上半山包住。"(《出昱岭关记》)作者从视觉、听觉、触觉、味觉各个方面将对云海的感觉表现得十分具体而生动,让读者似乎也能唤起与作者同样的亲临其境的感受。再如,郁达夫在无数游客观赏、咏唱过的雁荡山,感受到的是别人所未能发现的月夜的美。他住在雁荡山的灵岩寺里,半夜起身,看到的是周围上下只是同海水似的月光,月光下又只是同神话中的巨人似的石壁,天色苍苍,四围岑寂,他只感到奇异,神秘,幽寂,诡怪。他说:"起初我以为还在连续着做梦,这些月光,这些山影,仍旧是梦里的畸形;但摸摸石栏,看看那枝谁也要被它威胁压倒的天柱石峰与峰头的一片残月,觉得又太明晰,太正确,绝不象似梦里的神情。"于是他一个人对着月光峰影坐到了天明。(《雁荡山的秋月》)又如在《半日的游程》里,郁达夫写他有一次同一位友人游杭州的九溪十八涧,他们坐在溪旁的石条上,一面等老翁煮茶,一面看着青翠的四山,两人都不说话,周围有的是"同太古似的山中的寂静"。这时,"忽而嘘朔朔朔的一声,在半天里,晴空中一只飞鹰,象霹雳似的叫过了,两山的回音,更缭绕地震动了许多时"。他们两人头也不仰起来,只竖起耳朵静听这鹰声的响过,接着便不约而同地呼叫:"真静啊!"作者十分巧妙地以闹写静,以鹰的飞声来反衬山中的寂谧,从而抒写自己在这个旅游地的独特感受。从以上这些例子我们可以看到,郁达夫的游记,描写的不仅是山水本身,他还善于将那些同秀丽的山水有着联系的晚霞、云海、月光、飞鹰等,都编织进他的山水画的画面里,并用以抒发对于自然景色的特殊的诗意的感受。这种情景交融的艺术处理,不但能够画出自然山水的形态,同时也能传出它的情韵,因而在他的游记里就常常能够创造一种十分优美的意境。

最后,郁达夫的游记作品在行云流水般的叙写里蕴含着独运的匠心,在明白晓畅的语言中跃动着鲜明的节奏。

郁达夫的游记大部分是运用日记的形式写的。他一贯提倡日记文

学,他认为日记是"最便当的一种体裁",在日记里"无论什么话,什么幻
想,什么不近人情的事情,全可以自由自在地记叙下来"(《日记文学》)。他
又说:"游历的行旅者,遇到了新的山川景物,风土人情,要想把眼前的印
象留下,可以转告他人,并且日后也可以唤醒自己的追怀,记日记自然是
一个最好的方法。"(《再谈日记》)由于他的游记大都是采用日记的形式,因
而他就常常是按照旅行的顺序,来叙写自己一路上的所见所闻所感,从
表面看来,似乎是想到哪里就写到哪里,自由自在,不受拘束,恰如行云
流水一般,但是,决不能因此就认为郁达夫的游记是散漫无章的作品。
其实,他只不过是将自己巧妙的艺术构思蕴藏在作品的深处,让人们看
不到斧凿的痕迹罢了。例如《方岩纪静》这篇游记,共由三个部分形成强
烈的对比。前部分主要写作者去方岩路上的熙攘。先是受到山雨的袭
扰,后又遇兜揽旅馆生意的接客者纠缠;接着又写此地四五百家小旅店
的激烈竞争,上山路上数不清的石级的盘旋环绕;然后引用数则胡公庙
神像显灵的传说,并介绍方岩一年四季香火不绝,春秋二季,朝山进香者
络绎于四方数百里途上的盛况。这一切都给人一种热闹、拥挤的感觉,
色调是浓艳的。中间部分写方岩的主要景点。在以简淡的笔墨勾勒出
方岩全景之后,就集中力量描写那"清幽岑寂到令人毛发悚然"的五峰书
院所在的地方。五峰书院同其他两个斋祠都是建筑在一个大洞里,"不
施椽瓦,而风雨莫及,冬暖夏凉,而红尘不到"。它附近有五个奇峰,"立
在五峰书院的楼上,只听得见四围飞瀑的清音,仰视天小,鸟飞不渡,对
视五峰,青紫无言,向东展望,略见白云远树,浮漾在楔形阔处的空中。
一种幽静,清新,伟大的感觉,自然而然地袭向人来"。给人的感觉是极
其寂静幽谧,色彩是轻淡的。最后部分,写方岩周边的街道,庙前在演出
敬神的社戏,簇拥着许多老幼男女,回到宿处客堂上已点燃大红烛,晚餐
上有大肉大鸡的酒菜,回金华路上也有密集的风景,气氛又是浓烈的。
所以,从闹到静,又从静回到闹,这就是《方岩纪静》的完整的构思。又如

《仙霞纪险》，则大致由四部分构成。第一部分写去仙霞的路上和介绍它的地理位置。第二部分描写仙霞关的险，使大家身上起了一层鸡皮的细粒。作者说："要看山水的曲折，要试车路的崎岖，要将性命和运命去拼拼，想尝一尝生死关头，千钧一发的冒险异味的人，仙霞岭不可不到。"第三部分叙写作者在关外二十八都看到的人逃屋空的恐怖景象，受到兵士盘问的情形，以及一顿饭都不敢吃转身就走的惊慌场面。第四部分写他们在关帝庙喝茶时晚霞使脸上手上都感觉到潮润，终于认为这就是所谓"仙霞"。这篇记险的游记，在一般介绍后，先写自然景色的险，再写社会现实的险，最后以对"仙霞"的感觉的恬静抒情的结尾来反衬和烘托。可见这篇作品也是有着十分完整巧妙的构思的。

郁达夫游记的语言一般都是明白晓畅、简洁清丽的。它不用生僻的词汇，不用拗口的句式，但由于作者的精心锤炼，认真琢磨，因而能取得读时琅琅上口的效果。我们可以看看下面几段文字：

> 竹西歌吹，应是玉树后庭花的遗音；萤苑迷楼，当更是临春结绮等沉檀香阁的进一步的建筑。此外的锦帆十里，殿脚三千，后土祠琼花万朵，玉钩斜青冢双行，计算起来，扬州的古迹，名区，以及山水佳丽的地方，总要有三年零六个月才逛得遍。（《扬州旧梦寄语堂》）

> 花坞的好处，是在它的三面环山，一谷直下的地理位置，石人坞不及它的深，龙归坞没有它的秀。而竹木萧疏，清溪蜿绕，庵堂错落，尼媪翩翩，更是花坞独有的迷人风韵。将人来比花坞，就象浔阳商妇，老抱琵琶；将花来比花坞，更象碧桃开谢，未死春心；将菜来比花坞，只好说冬菇烧豆腐，汤清而味隽了。
>
> （《花坞》）

　　五步一转弯,三步一上岭,一面是流泉涡旋的深坑万丈,一面又是鸟飞不到的绝壁千寻。转一个弯,变一番景色,上一条岭,辟一个天地,上上下下,去去回回,我们在仙霞山中,龙溪岸上,自北去南,因为要绕过仙霞关去,汽车足足走了有一个多钟头的山路。山的高,水的深,与夫弯的多,路的险,不折不扣的说将出来,比杭州的九溪十八涧,起码总要超过三百多倍。(《仙霞纪险》)

　　在郁达夫的游记作品里,这类文字比比皆是。它大量采取对偶、排比、反复等修辞手法,适当讲究平仄声调的配合,较多采用四字句,又注意长短句式的交替使用。我们从中可以看到它是合理地借鉴古代赋体文字遣词造句的手法的。这样的文字,整齐匀称,音调铿锵,节奏明快,具有非常鲜明的音乐美。

　　郁达夫的游记作品,生动地描绘出祖国锦绣河山的伟大与壮丽,抒发了诗人对祖国山水的眷恋与热爱,倾诉了对现实社会的忧愤,因而能够激发起读者的爱国热情,而它的优美的画面,充满诗情的意境,以及清丽隽永的文字,则能给人以高度的艺术享受。所以,郁达夫的游记作品,是我国现代文学宝库中的珍品,他为现代散文的发展与繁荣作出了不可磨灭的贡献。

三

　　在移居杭州近三年的时间内,郁达夫写作的小说很少,只有《迟暮》(未完稿)、《唯命论者》和《出奔》三篇。现在能看到的《迟暮》只是一个中篇或长篇小说的开头部分,主人公林旭是以作者自己为原型的,写的是从上海移家杭州的事件。读者从这小说片断中似乎也可以窥见郁达夫迁居杭州的某些原因。作品的情节尚未展开,但作者的原构思可能仍有较浓的自叙传的色彩。短篇小说《唯命论者》写的是现实生活中的一个悲喜剧。小学教员李德君一家生活贫困,就把希望寄托在妻子买的一张航空奖券上,开奖那天他看到头奖号码正和自己的奖券相符,欢喜若狂,即从某市乘车去上海领奖,可是没想到他原来是看错了号码,结果是一场空欢喜,梦幻破灭,他也就投河自杀。这篇小说写于1935年2月,这时也正是郁达夫由于想盖"风雨茅庐"而"竟发了疯,将烟钱酒钱省下了一半,去买了许多奖券"(《住所的话》)的时候,因此他对购买奖券者以及他们的心理活动有较深微的观察与体验,这对他表现这种题材可能会有些帮助。在作品中,李德君中奖时的兴奋与疯狂,他和妻子为使用即将到手的五万元奖金的各种设想,都刻画得十分细腻而生动。这篇小说对主人公梦想侥幸发财的行为虽稍有讽刺,然而更多的是流露出对于在生活底层挣扎、不能掌握自己命运的穷苦知识分子的同情。作品虽然较多采用幽默、谐谑的笔调,但人们依然可以感触到蕴藏于其中的作者的泪痕和悲色。这是一出带有喜剧色彩的悲剧。在玩世的外衣下包含着严肃的内容,这多少反映了郁达夫这时期的生活态度。

《出奔》写于1935年9月,在同年11月出版的《文学》月刊第五卷第五号上以"特约中篇"的显著地位发表。郁达夫虽自己也称它为中篇小说,但实际上只是一篇两万多字的作品。它是我们所看到的郁达夫的最后的小说,此后他就再没有小说问世了。

作品以1927年前后的大革命时期为背景,描写在那暴风雨的时代,一个北伐军干部在浙江兰溪县被当地豪富腐蚀、利用以及终于觉醒的过程。像这样直接地、正面地展示大革命时期的斗争生活图景,在郁达夫的小说作品中还是不多见的;而他在作品中所刻画的几个艺术形象,则以它们鲜明的新颖性丰富了郁达夫文学创作的人物画廊。

在《出奔》这篇小说里,作者比较注意描绘当时的历史背景以及特定的时代气氛。作品所叙写的事件大致发生在 1926 年底至 1927 年夏这半年多的时间里。一开始,作者就写道:"国民革命军东出东江,传檄而定福建,东路北伐先锋队将迫近一夫当关、万夫莫敌的仙霞岭下的时候,一九二六年的余日剩已无多。在军阀蹂躏下的东浙农民,也有点蠢蠢思动起来了。"不久,兰溪县也出现了混乱的局面,"前线的军队都退回来了,南城西城外的两条水埠,全驻满了杂七杂八,装载军队人夫的兵船",拉夫,封船,奸抢,闹得鸡犬不宁,人心惶惶;接着是一阵阵爆竹声宣告了孙传芳的土匪军的被赶走。北伐军进入兰溪县后,"革命高潮时的紧张生活开始了,兰溪县里同样地成立了党部,改变了上下的组织,举发了许多土劣的恶行,没收了不少的逆产"。然而几个月后,"终于党政中枢的裂痕暴露了,在武汉,在省会,以及江西两广等处,都显示了动摇,兴起了大狱"。在这里,国民革命军的北伐进军,广大农民群众的革命要求,军阀军队的抢掠奸淫与溃败,北伐军到来后热气腾腾的革命新气象,国民党右派的叛变以及对革命力量的镇压,等等,这一切勾勒出一个紧张、纷繁、动乱的历史图卷,它基本上能够真实地反映大革命风云变幻的过程和特色。这个涂抹着鲜明时代色彩的广阔的画面,就成为横贯整个作品的背景,而作家则在这鲜明的背景下,挥动他的画笔,细心地描绘几个主要人物和他们的活动。

作品情节是从地主董玉林在大革命的暴风雨到来时由董村迁家到兰溪县城"避难"开始的。董玉林是一个老奸巨猾的地主。他的父亲董长子是在太平军洪杨战争中发了一笔横财的暴发户。董玉林从父亲那里继承了丑陋的外貌,继承了房屋、田地和埋在地下的一酒瓮雪白的银子,同时也继承了鄙吝刻薄的习性。他贪婪而悭吝。这个富绅地主的全部生活意义就是积蓄和占有财产。他不择手段地剥削雇工,他开始治家工作的第一项措施就是减低长工的年俸,并增加其劳动量,除了耕种农田外,还要种植蔬菜,捕捉鱼虾,以及上市集售卖鱼虾蔬菜;此外他还别出心裁地扣减长工每天吃饭的顿数。他恨不得把长工们身上的血汗完全榨出来,变成他的财富。而对待其他的中小农户,他则利用灾荒和青黄不接的时机,放出骇人听闻的高利贷。当农民们无力偿还时,他就霸占农具土地,甚至以小儿女的人身作抵,这种迫使中小农户口干喝盐卤的重利盘剥,成为董玉林的一条迅速积财之道。为了更多地积聚财富,他在自己的生活中则表现出惊人的吝啬,他嫌烟叶太贵,就将杂草之类晒干和入烟叶之内;他认真挑拣杆子粗的火柴,把它劈作两分或三分。可见,为了满足对于财富的占有欲,他表现出了完全失去人性的贪婪和悭吝。另一方面,他又极端狡猾与残忍。他并不愚蠢,可是他把自己的全部心智都用到如何从别人那里夺取更多的财富上,只要能够达到这个目的,他可以使出最毒辣的手段。董村的阿德老头曾向他借过一块大洋,因年老不能做工无法偿还,董玉林就亲自去坐索欠款的本利,硬要阿德两亩沙地写卖给他。阿德哀告无效,气急起来奔向江边威胁着要投江寻死。这时董玉林反而拿起一枝竹竿追上来,拼命将阿德一步步往江的深处推,扬言要"送了你这条狗命"!挣扎在深水中的阿德终于害怕起来,只好大声求饶,答应将两亩沙地以贱价写卖给董玉林。从这个事件可以看到,董玉林的狡猾与残忍是胶着在一起的。作者通过这样一些具体事件和细节的描写,比较细致地剖视了董玉林那贪婪、悭吝、狡猾、残忍的性格特征,这里展示的是一种扭曲了的人性。

在摧枯拉朽的革命暴风雨袭击祖国大地的时候,富绅地主董玉林本能地感到恐惧与仇恨。他很早就敏感到这场狂飙对自己的威胁,因而举家携带箱笼细软迁往县城,"去避一时的风雨"。革命军进城之后,董玉林看了许多红绿的标语,听了几次党人的演说,又目击了许多当地的豪富的被囚被罚,他的"心里早就有点在恨也有点在怕,怕这一只革命党的铁手,要抓到他自己的头上来"。这个对于财富具有野兽般贪婪的地主,怎么能甘心看着自己的财产被没收？这个视榨取别人血汗为天经地义的剥削者，又怎能容忍自己的奴隶的反抗？但是就发生在自己周围的无数事实看来，这次的革命又的确像是一只具有无穷力量的巨大铁手，随时都可能把自己砸成齑粉，这一切当然使他又恨又怕。因此，当他最初听到自己女儿也要加入革命党时，"心里头自然就涌起了一股无名的火"，高声叫骂道："哼，人家的钱财，又不是偷来抢来的，那些没出息的小子，真是胡闹。什么叫作逆产！什么叫作没收！他们才是敲竹杠的人！"从他的牙缝里挤出来的都是刻骨的仇恨。

然而董玉林毕竟是异常狡猾的。他深知采取硬的手段是敌不过雷霆万钧的革命势力的。他的妻子为女儿辩解说，时势不同了，能在革命阵营里认识几个人也是一件好事。这番话使老奸巨猾的董玉林豁然开朗，并由此而想出摆脱当前困境的出路。于是，他不但不反对女儿参加革命，而且在听到董村农民协会作出没收他的全部财产的决议案的消息之后，"马上就催促他自己的女儿，去向县党部里活动"。他一面用女儿去腐蚀革命干部，一面自己伪装积极。他割出了几十亩田产充作董村公立小学的学产，并因此而获得"急公好义，兴学捐财的董善士"的美名；不到几个月他就摇身一变，成为一个满口新名词的"革命急就家"。他公开表白自己对孙总理遗教每饭不忘，坚决抱定三民主义的宗旨，愿意为佃农工人作出牺牲。经过一段时间的努力，董玉林的革命速成法终于见效，他成为县党部宣传股长的岳父，县长、妇女委员也都成为与他共起同坐的"同志"。这时，董玉林就在心中盘算着"迟早他总是要回董村去的"，并且询问他的新女婿，"那里的党部，可不可以由他去包办"，这个豪富地主已经觊觎着家乡的党权了。地主分子摇身一变成为革命党，并利用革命政权来维护他本阶级的利益，这是何等惊心动魄的情景啊！

在中国近代历史上，每当革命怒潮汹涌的时候，总有一些老奸巨猾的反动分子，采取阴谋手段，"将小辫子盘在头顶上"(鲁迅语)钻进革命阵营,把自己装扮成革命党,破坏革命,竭力保卫反动阶级的利益。革命为此常常付出巨大的血的代价,遭到难以弥补的损失。这种历史教训是屡见不鲜的。郁达夫通过他的认真观察,敏锐地抓住这一值得注意的历史现象,塑造了董玉林这样一个投机革命的地主分子的艺术形象,引起人们的警惕,无疑是有深刻的现实意义的。这类形象在郁达夫作品中是第一次出现,它显示出作家对现实生活有着更加深入的思考与发掘,自然是可贵的。但作家只是用较多的篇幅静止地介绍人物,而没有让人物更多地更直接地参加到作品的矛盾冲突中去,由于人物缺少推动情节发展的行动,缺少在矛盾冲突中的内心活动的揭示,因而未能具有更强的立体感,也影响到作品所揭示的矛盾斗争的尖锐性,这是作者塑造董玉林形象的不足之处。

董玉林的女儿董婉珍是一个比较复杂的形象。在作品中,她的性格发展大致经历三个阶段。第一阶段,她是一个热情但又爱虚荣的女学生。出场时才十八岁,是杭州一所师范学校的学生,她的相貌虽不出众,可也不讨人厌,而她的一身健美却颇惹人注意。蓬勃发展的革命形势使她有机会接触一些新的道理,如寒假回乡时在船上遇到一位在上海读书的衢州大学生,旅途中的闲谈,"终于使她在一日一夜之中认识了目前中国在帝国主义下奄奄待毙的现状,和社会状态必须经过一番大变革的理由"。她觉得大学生的话"句句是真的",甚至回到家里以后,想到这位大学生时依然认为:"社会的改革,现状的打破,这些话真是如何有力量的话!"正是这点青年的热情,这点新思想的影响,使她对国民革命采取欢迎的态度。她随家避难兰溪县城时,对那些无恶不作的军阀军队极为憎恶;而在北伐军进城后,她也热情地参加慰劳革命军士的活动,并在一位已经参加革命的女同学的启发下,产生了到妇女协会或党部去服务的愿望。我们认为,在激荡中国各个角落的革命风暴的影响下,像董婉珍这样一个十八岁的女学生,表现出一定的革命要求,这是可信的。然而董婉珍毕竟是董玉林的女儿,父亲对她"一向是不露一脸怒容,不说一句重话的",家庭的熏陶与宠爱,养成她渴慕虚荣的品性,同时也使她对这个罪恶的家庭有着割不断的感情。她和那位衢州大学生只有一昼夜的邂逅,他的谈吐与风度引起了她的好感。但是,她所遐想的她和那位具有革命思想的青年是怎样的关系呢? 不是英雄美人,就是才子佳人。他们在兰溪埠头分手时,她感到自己仿佛是在晓风残月的杨柳岸边为一位永别的长征壮士送行;她有时又想到他们的未来应该是"一个青春少女,披了长纱,手里捏着一束鲜花,站在一位风度翩翩,穿上西装的少年的身旁"。她回到家里,在军阀军队肆意横行的时候,她又把这位青年幻想成为保卫她的家庭的骑士:"要是他在我们左右的话,那些纪律毫无的北方军队,谁敢来动我们一动?"由此可见这个爱慕虚荣的少女同自己的家庭有着多么坚牢的感情联系。第二阶段,是董婉珍带着解决家庭急难的动机参加革命。董婉珍虽有一定的革命倾向,但是她并不懂得什么是革命。实际上,这时期的革命,并不是挂在某些人嘴上的时髦名词,而是发生在现实生活中刀枪相见的暴力搏斗;它不是舞台上演出的遥远彼岸的浪漫故事,而是直接威胁着董婉珍的家庭利益的火辣辣的具体行动了。董村农民协会作出了一个决议,要没收董玉林家全部财产,禁止他们一家重行回到村里进行盘剥。这个决议案成为"促成她的这急速的入党的理由"。父亲催促她赶紧去向县党部里活动。而在董婉珍看来,参加革命工作还可以兼顾家庭的利益,真可谓两全其美,于是她终于进了党,并上县党部的宣传股里去服务了。初进去时,她处处谨小慎微,连坐立都有点不安,然而在她的心里,始终没有忘却自己所肩负的保护家庭利益的重任,"父母的事情,财产的发落,原是重大的"。这个初进革命机关的少女就留心等待着时机。有一次宣传股长来约她出去谈话,她误认为是要向她求爱,激动万分,难道这不正是她日夜等待着的最好的时机吗!既可以登上股长夫人的宝座,满足她的虚荣心,又找到能够干预董村决议案的人,可以挽救家庭的急难。当她发觉这一切完全是出于她自己的误解时,她所受到的打击是巨大的,然而这个董玉林的女儿却善于随机应变,她决定将错就错,于是用她的水润的目光,娇羞的媚态,温软的肉体,使宣传股长钱时英的内心失去了平衡,不知不觉竟渐渐把自己的头低了下去,贴上了她的火热的脸。这时董婉珍觉得,"父母的急难,自己的将来,现在的地位,都因钱时英的这一次俯首而解决了"。不久,董玉林的这一起案子,果然"出乎众人的意料之外,很顺当的解决了"。这个时期,董婉珍实际上成为地主家庭在革命阵营中的代理人。第三阶段,董婉珍完全变成一个骄纵、愚妄、残暴的新官僚太太。她和钱时英结婚以后,当上了股长夫人,虚荣心得到满足,小人得志,就放手来玩弄她的权势。一方面,她操权越级,处处卖弄自己比她的丈夫能干,对于上级和有势力的人,她会去纳交、奉承、笼络,对于下级或无智的乡愚,则骄气十足,动不动就破口大骂。另一方面,她则以最残忍的手段来虐待家里的女佣人,成为一个新的剥削者与压迫者。"所以结婚不上两月,董婉珍的贤夫人的令名,竟传遍了远近,倾倒了全县。"然而就在这时,国共分裂,钱时英向党部里辞去了一切职务,他已经不再是"被同志们敬畏得象神道似的股长",而是一个无职无权无势的百姓了。他既不能维护董家的利益,又不能满足夫人的虚荣。于是这个骄纵狂妄的董婉珍就对他表现出极度的轻蔑和憎恶,用最恶毒的语言来辱骂他,甚至诅咒他"去死"!董婉珍就是这样从一个有热情、爱虚荣的青年学生逐步变成一个维护富绅地主家庭利益,腐蚀、凌侮革命者的新官僚太太。作者所揭示的这一人物的性格发展,脉络是基本清楚的。董婉珍的艺术形象启示人们,一个青年,即使具有革命的热情,但如果对自己出身的罪恶家庭缺乏真正的认识,那么他不但不可能成为革命者,甚至会给革命带来危害。在塑造这一形象时,郁达夫对她在恋爱中的心理活动描写得极为细腻,而对她在政治上的表现与变化,则往往以简单的交代与叙述代替具体描写,对于她政治态度变化的原因又过于强调先天遗传的作用,这些都不能不削弱对人物丑恶灵魂的揭露,从而影响艺术形象刻画的深度。

宣传股长钱时英是一个被腐蚀的革命干部形象。这位二十五岁的党员是一个干练的"老同志",他两年前就去广东投奔革命,是党政训练所的第一批学员。他有一定的工作能力,他的目光仿佛能透视得出人的心肝;言语不多,可是紧要关头总是一语可以破的;甚至他的笑,也能够使四周围的黑暗变成光明。因而他好像一块安固的磐石,给人以"一种坚实,稳固,沉静的印象"。

然而,实际上钱时英政治上还很不成熟,在他身上还隐伏着缺乏革命的原则性和坚定性的弱点。在广州的时候,由于在战斗的集体中,生活气氛太紧张,而且都抱着"大家振作起精神,等我们会师武汉罢!"的目标,因而他身上的弱点暂时没有暴露出来。待到他随着北伐军出发,作为一个胜利者来到兰溪县,而且以一个干练的党员的身份留在县里指导党务,见到的是敬畏的态度,听到的是奉承的话语,这时他身上隐伏着的弱点就得到适合生长的气候了。他从全县代表大会上接受了审查董玉林案件的任务,案件还牵涉到坐在他对面办公的董婉珍,为了对她进行审查,他想叫她辞去党部的职务。对于这样一件极为严肃的事情,钱时英没有认真果断地处理,而是带着"犹豫的神情"约董婉珍在第二天同上横山去看雪景,准备到那时才进行谈话,这才引起了董婉珍以为是求爱的误解。第二天在同赴横山的船上,董婉珍听到他对于董村决议案的介绍后,一面呜呜大哭,一面将自己的身体像冰山倒了似的倒到了他的怀里。在这个时候,"钱时英究竟也是一个血管里有热血在流的青年男子,身触着了这一堆温软的肉体,又目击着她这一种绝望的悲伤,怜悯与欲情,混合成了一处,终于使他的冷静的头脑,也把平衡失去了"。这个干练的"老同志",面对着一个其罪恶家庭正在受到贫苦农民控告,本人的政治面貌也尚未完全清楚的女人,就被她的几滴眼泪和娇柔的媚态弄得失去平衡,神魂颠倒,真是不堪一击。而钱时英内心所产生的"怜悯与欲情",更表明他革命意志的薄弱和完全丧失了立场。在承受这种突然到来的"爱情"时,钱时英并不是没有思想斗争的,在和董婉珍拥抱接吻后,他"同受了雷震似的醒了转来,一种冷冰冰的后悔,和自责之念,使他跳立了起来"。但是他并没有因此醒悟过来,摆脱董婉珍的纠缠,相反,他作出了错误的抉择,越陷越深,决定"一不做,二不休,索性还是和她结合了之后,慢慢的再图补救罢"!那么,他打算怎样来"补救"呢?一、他煞有介事地认为,像董婉珍这样的女性,"只须有一个人能够好好的指导她,扶助她,那这一种女青年,正是革命前途所需要的人才",因而他要把她"造成一个能为社会服务致用的斗士"。二、他暂时不公布他和董婉珍的秘密,要董婉珍仍然自动辞职,让他先把董村决议案办结束,她再复职,同时再来提婚事。三、他打算将县里的党务办理告一段落之后就偕同董婉珍一起离开此地。钱时英的确能在紧要关头一语破的。以上几点"补救"的办法虽是他的"急就章",却是一个完整的计划。对于一个正在被农民控告而受到审查的人,不去考虑是友是敌,却想到要将她造就成革命斗士,这不是自欺欺人之谈吗?实际上它只不过是钱时英的借口罢了。而先办案后议婚则是一个瞒天过海的诡计,最后的目的是要同董婉珍一同远走高飞。在"横山看雪"之后,钱时英对董婉珍说:"你今天回去,请你先把这一层意思对你两老说一说明白,等案件办了之后我们再来提议婚事。"他要把自己的这个计划禀告罪恶累累、正在受到农民群众控告的"两老",这更进一步说明他已经完全丧失了革命的立场,滚到地主董玉林的一边去了。正因为这样,董玉林的案子很顺当地解决,虽"出乎众人的意料之外",但在读者看来却是意料之中的了。案子结束后,钱时英就"公然在董家作了席上的珍客",并进而成为董玉林的贤婿了。钱时英所经历的这一速成的恋爱和婚姻事件,充分显示了一个革命者蜕化变质的过程。

国共统一战线破裂以后,这个"因结婚而消磨了革命壮志"的钱时英,突然地向党部里辞去了一切职务。这可能是由于看不到革命的真正前途,在险恶的政治斗争的惊涛骇浪中,缺乏继续游泳的勇气了。这个曾经是生气勃勃、精力充沛的年轻革命者,在新的历史考验面前,已经意志消沉,委靡不振,终于成为逃兵。钱时英辞去了职务以后,富绅地主在他身上再也找不到有什么可以利用的地方了,于是就对他表现出"轻蔑、憎恶、歹意与侮辱",董婉珍终于露出了狰狞的面目,以最恶毒的语言来辱骂他,"竟把她的裂帛似的喉咙,骂到了嘶哑,方才住口"。到了这时,钱时英的心头才又燃烧起怒火,并且在董玉林全家都已醅睡的深夜里,在他家中偷偷地放了火,然后连夜跑出了城,出奔异地。而在一个星期以后,当他在上海的小旅馆里从报上看到一则兰溪火灾、全家惨毙的通信时,"他的脸上却露出一脸真象是心花怒放似的微笑"。钱时英终于用一把火烧毁了这座充满卑污与耻辱的爱情宫殿,表现了他的觉醒与复仇。

革命者钱时英的蜕变过程是怵目惊心的,它给予人们深刻的教训。郁达夫在批判这一人物的同时也寄予热烈的期待,希望这类在革命道路上迷失的人能及时醒悟。这一形象无疑是具有现实教育意义的。但是作者在钱时英形象的塑造上同样也存在一些缺点:这个人物比较概念化,缺乏丰满的血肉;他俯首成为董婉珍的爱情俘虏,他在国共分裂后突然向党部辞职,其原因都没有揭示清楚;最后的放火行动也来得过于突然,而且对这一行为的思想动机也缺乏明确的交代。由于在一些情节的关键部分跳跃过大,往往影响读者对他的思想行动作出合理的解释。

郁达夫移居杭州三年的创作,和他的生活、思想一样,是充满深刻的矛盾的。如果说,他的游记作品较多地显示了他的隐逸恬淡的一面,那么,中篇小说《出奔》则表现了他对现实生活的执着与关切。他在这篇作品中再现了八年前像暴风骤雨一般袭击中国社会的那一场斗争的某些侧面,通过董玉林、董婉珍、钱时英等形象的塑造,反映了当时几种有代表性的人物的思想动向,同时也表现了作者对那场斗争的严肃的思考,因而作品能向人们提出一些值得认真思索的问题,并在发表以后受到读者的重视和欢迎。应该指出,郁达夫这篇反映大革命时期斗争生活的小说并不是凭空出现的,作者在撰写之前是有较长期的生活准备和思想准备的。我们知道,郁达夫在1926年就曾怀着满腔热情奔赴大革命的策源地广州,在那里看到北伐初期的朝气蓬勃的新气象,也亲自感受到国民革命军北上以后,作为革命后方的广州的乌烟瘴气;1927年上半年,他又在上海迎接到波澜壮阔的大革命的高潮,也目睹"四一二"反革命政变后的血腥大屠杀。在这段时间,他看到各式各样的人物在历史的狂风巨浪中浮沉,作者本人有时也被卷入斗争的旋涡。这一切都为他写作《出奔》提供了生活基础。另一方面,郁达夫在大革命前后对于周围发生的事情也曾作过一些思索,而且不乏有深刻的见解。他在当时发表的《广州事情》、《在方向转换的途中》、《公开状答日本山口君》等都曾是脍炙人口的著名论文,另有一些精辟的想法则保留在他的日记中。他在《乡村里的阶级》一文里分析了中国农村各个阶级的情况时指出,地主阶级"因为与革命的方向完全相反,所以在革命的进行中,不得不出来百方阻挠"。而在《广州事情》中则谈到他在革命后方所看到的各种现象。如革命阵营中的右派,"这些人的口号也是为民众谋幸福,然而对于真正要为民众谋幸福的人,却丝毫也瞧不起,有时候竟有附和着权势来压迫民众的事情"。在谈到左派蜕变时说,"有人说,广东是一个牛奶海,许多左派,到了广东,颜色都变了。这一句讽刺,希望真正为民众工作的人,不要忘了才对"。我们认为,郁达夫在大革命时期的这些认识,就是他以后塑造董玉林、董婉珍、钱时英等艺术形象的思想基础。而现在,在他写作《出奔》的1935年,又正处在所谓"红色的三十年代",左翼文艺蓬勃发展,政治气氛空前浓烈,不少作家都以尝试创作"革命"色彩的作品为时髦,在这一背景下,郁达夫从自身经历的、已经过去的大革命年代撷取题材,思考它的经验教训,从而写出不同于自己以往风格的作品,也就完全可以理解了。

《出奔》在艺术上也显示了郁达夫创作作风的转变。在这位优秀文学家奉献给读者的这篇最后的小说里,已经彻底摒除自叙传的成分,作家主观抒情的色彩大大减淡,以往作品中经常荡漾着的那种忧伤的旋律也不再出现了。这篇作品在读者面前呈现出一些新的特色。首先,作者在小说里反映了现实生活中较为重大的题材。在郁达夫过去的小说作品中,比较多的是描写青年知识分子在爱情、家庭、职业等方面的际遇,即所谓性的苦闷和生的烦恼。《她是一个弱女子》虽然展现了较为广阔的时代背景,但作品的着重点依然是描叙三个青年知识女性的生活道路。而《出奔》则直接从大革命时期的斗争生活中选取题材,描绘了他过去作品中未曾出现过的革命干部和地主分子的艺术形象,并正面展开他们之间的矛盾冲突,从而反映了大革命时期的某些斗争侧面。这在郁达夫创作道路上是一个重大的变化。其次,这篇小说通过对革命斗争生活的艺术描写,揭示了较为重大的主题。郁达夫在以往的小说中所揭示的,比较多的是关于个人命运的主题:或是个性解放的要求,或是受苦人之间的友爱,或是作者在现实中感受的失望与苦闷,或是对恬静宁谧的田园生活的向往。但是在《出奔》里,作者所抒唱的已经不是个人的悲欢,他通过对几个主要艺术形象的刻画,企图告诉读者的是:在革命胜利发展时,敌人会采用各种伪装钻进革命阵营;出身于旧营垒的青年如果不彻底砍断同罪恶家庭的感情联系,就可能成为它在革命阵营中的代理人;革命者则存在着蜕化变质的问题。作品里所表达的这些思想都带有浓厚的政治色彩,关系到革命的成败,因而是比较重大的。再次,在这篇小说中,作者更注意对人物进行具体的刻画。在以往的作品中,郁达夫常常是将他的主要力量用于表现人物的情绪,以主要人物的富有感染力的热烈抒情来撼动读者的心扉,引起读者的共鸣,至于人物生活的背景、肖像、行为细节,则往往并不十分注意。而《出奔》就不是这样。作者注意交代人物活动的时代背景,对几个主要人物的肖像都作了生动的描写,对董婉珍、钱时英的心理活动的刻画也较细腻,而细节描写则是塑造董玉林形象的重要艺术手段。郁达夫在人物塑造手法上的这种转变,使他的作品具有较为浓厚的现实主义色彩。与此相联系,作品的艺术风格也从过去的直率飘逸转变为深沉冷峻。当然,我们并不打算以郁达夫创作中的这些新的特色去否定他原有的特色,我们也不认为这篇小说在艺术上超过他自己过去的作品,但是,《出奔》所显示的作者在创作道路上勇于不断探索的精神和变换一副笔墨的愿望却无论如何是值得肯定的。

这篇小说在艺术结构上存在着不匀称的缺点,在内容的安排上畸轻畸重。例如整篇作品总共只有两万字左右,但是介绍董玉林的种种劣迹就用了近五千字,钱时英和董婉珍的"横山看雪"也写了五千字,这两个内容就占去了二分之一的篇幅。其他大量的内容则只作简略叙述和交代。另外,作者在这篇作品里表现得过于冷静了,读者从中感受不到郁达夫过去作品中那种撼动灵魂的激情的奔流,那种温暖人心的热情的火焰,这不能不大大减弱它的艺术魅力。

《出奔》这篇小说是郁达夫移家杭州后在平庸无聊的生活中对已经逝去的遥远的火红年代的回忆与怀念。它无论在思想上或艺术上都具有一些新颖的特色,它预示着作者在创作上可能出现较大的变化,遗憾的是它却成为郁达夫最后的一篇小说。即使它还留有作者艺术作风转变中的某些粗糙和不成熟的痕迹,但它仍然是矗立在郁达夫创作道路上的一座巍峨的里程碑。

第六章 迎着时代的暴风雨

一

　　正当郁达夫怀着巨大的内心苦闷徜徉于杭州的山水之间的时候,他曾通过友人引荐向福建省政府主席陈仪(字公洽)表达赴闽工作的意愿。1936年1月初,他接到陈仪来函相招,谓若有闽游之意,无任欢迎。郁达夫终于接受了邀请。

　　这时,经郁达夫精心筹划建造的风雨茅庐即将竣工,可是他还没有来得及享用就匆匆向它告别,踏上了新的旅途。为什么郁达夫在这个时候突然作出赴闽的决定呢?他在许多地方都曾作明确的表白。在日记里他写道,南下福建是为着:"可以多看一点山水,多做一点文章。"(1936年2月2日日记)在《继编论语的话》一文里说:"这一回起了绝大的游兴,跑到了福建,想南下泉漳,去看一看倭寇的故垒及前明末世的遗踪,北上武夷,好品评品评三三六六的山水与水貌。"在《高楼小说》的题解里又说:"这一次因欲改变一下环境,寻求一点材料来写些游记之类的东西之故,飘然地到了福建。"后来在《毁家诗纪》里他也回忆道:"只身南下,意欲漫游武夷太姥,饱采南天景物,重做些记游述志的长文。"从郁达夫一再的表白看,他突然决定赴闽似乎只是为了游览福建的山水和名胜古迹,以及继续写一些游记作品。这自然是赴闽的主要动机。但是,我们认为,在这同时郁达夫希望增加一些经济收入,恐怕也是不应忽视的原因之一。他的友人孙百刚说:"达夫好容易自己有了风雨茅庐,自己有了这样明窗净几的书斋,不在杭州享几年清福,偏偏要跑到福州去当什么参议,未免可惜。我想或者是经过此番大兴土木,将映霞历年积蓄耗去不少,所以不得不为五斗米折腰了。"①这个分析不是没有道理的。事实上郁达夫为了建造风雨茅庐,已欠了四千元的债,这段时间他又没有固定的职业,没有固定的薪金收入,只是依靠稿费版税生活。在 1935 年 12 月 3 日的日记里他又写道:"午后接北新书局信,知该书局营业不佳,版税将绝矣,当谋所以抵制之方。半日不快,就为此事;今后的生计,自然成大问题。"可见,欠下巨额债款,日常开支庞大,经济来源枯涸,在这种情况下,寻求个固定的职业,增加点经济收入,对于郁达夫来说无疑是完全必要的。

1936 年 2 月 2 日,农历正月初十,郁达夫一早就离开杭州,中午在上海乘上三北公司的靖安轮,一路风平浪静,于 2 月 4 日抵达福州,暂住南台基督教青年会宿舍,是在一幢面对闽江的四层楼上。

郁达夫到福建,是任福建省政府参议,月薪三百元。但由于当时闽省财政拮据,薪水总是不能全部发出,所以他的实际收入并没有这么多。

福州是一个十分美丽的南方城市,三面环山,中流一水,形状就像是一把后有靠背左右有扶手的太师椅子。鼓山是这个省城的瑰奇的屏障,闽江在它的身边奔流不息,一年四季如春,城内有许多参天蔽日、盘根错

---

① 孙百刚《郁达夫与王映霞》。

节的大榕树,玉兰花、茉莉花、相思树散发着醉人的清香,到处青葱欲滴。这个城市给郁达夫留下美好的印象,"觉得福建省会,山水也着实不恶,比杭州似更伟大一点"(1936年2月6日日记)。尤其是在他的窗下日夜歌唱的闽江,点点的白帆更给他带来无限的情思与遐想。对于闽江,郁达夫这样写道:"水色的清,水流的急,以及湾处江面的宽,总之江上的景色,一切都可以做一种江水的秀逸的代表,扬子江没有她的绿,富春江不及她的曲,珠江比不上她的静。人家在把她譬作中国的莱茵,我想这譬喻总只有过之,决不会得不及。"(《闽游滴沥之二》)

在福州的报纸报导了郁达夫到达榕城的消息以后,仰慕这位著名文学家的广大读者立即掀起了一阵访问的热潮。郁达夫在2月6日的日记里写道:"今天因为本埠福建民报上,有了我到闽的记载;半日之中,不识之客,共来了三十九人之多。自午后三点钟起,接见来客,到夜半十二时止,连洗脸洗澡的工夫都没有。"在来访者中除了慕名的读者外,还有郁达夫在日本留学期间的同学和在北京大学教书时的学生,当时在福州工作的东京帝大的老同学就有二十多人,有的当了省政府的厅长,有的当了闽侯县长,有的当了福州电气公司经理,都是在社会上有一定地位的人物。于是郁达夫一下子就被卷进应酬的旋风中:"昨晚睡后,尚有人来,谈至十二点方去;几日来睡眠不足,会客多至百人以上"(2月11日日记);"到寓后,来访者络绎不绝,大约有三十余人之多;饭后欲小睡,亦不可能"(2月15日日记);"晚上招饮者有四处"(2月21日日记);"上自十几年不见的旧友起,下至不曾见过面的此间的大学生中学生止,来和我谈谈,问我以印象感想的朋友,一天到晚,总有一二十起。应接尚且不暇,自然更没有坐下来执笔的工夫"(《记闽中的风雅》)。对于这种繁忙的应酬,郁达夫自己也深以为苦。他在日记里就感叹道:"应酬太多太烦,实在是一件苦事。"(2月25日日记)"人生草草五十年,一寸一寸的光阴,在会客闲谈里费去大半,真有点觉得心痛。"(4月1日日记)

在繁忙的应酬中,占据郁达夫日常生活的有哪些项目呢？从他到闽最初几个月的记录来看,主要有这样几项:一是参加宴会。他抵榕的最初一个月,几乎天天都要赴宴,甚至有时一天得参加几次。请他吃饭的除老同学外,还有福建农学院院长,中央银行经理,科学馆馆长,国民党军上将,英华中学校长,日本驻榕总领事,大多是社会上层人物。二是游山玩水。他到福州不久,就登鼓山,游闽江,吊戚继光祠,至于城内的西湖和其他名胜古迹,更是他经常流连的处所。三是到处演讲。郁达夫来到福州以后,许多机关团体都竞相邀请他去演讲,如青年会,华南文理学院,英华中学,福建农学院,协和大学,青年学术研究社,财政人员训练班,等等,他都曾应邀演讲;他还曾到广播电台播音,到军人监狱训话,到儿童节庆祝会场致词。除了以上三个方面外,洗温泉浴,选购旧书,写字签名,观赏闽剧等,也是郁达夫生活中的重要内容。

可见,郁达夫从杭州来到福州的初期,由于省政府参议是虚衔,只是"以备咨询",没有固定的工作任务,所以比较清闲,他就将大部分时间都用于社交上的应酬和游山玩水,或者说,这期间他的确是在"做官",在"做名人"。这种生活态度同在杭州的避世生活并没有什么本质的不同。如果说,他在杭州时较多的是在逃避现实的情况下悠闲地清静地游山玩水,那么现在他是伴随着繁忙的社交活动热热闹闹地游山玩水,从表面看来似乎是不相同的,但是我们看到,作者到闽初期对现实生活采取的还是一种比较淡漠的态度,特别是在民族危机日益严重的形势下还没有能满腔热情地走上战斗的岗位,积极地做一些切实的工作,这一点则无论是在杭州或是初到福州,却都是一样的。逃避现实固然不能为国家和人民做多少有益的事,然而整日在饭桌酒席上应酬,在颂扬捧场中陶醉,同样也不能为国家和人民作出什么贡献的。"平楚日和憎健翮",杭州的安逸闲散的生活固然减退了战士的热情,然而福州官僚政客中繁忙热闹的社交活动同样会锈损人的灵魂。这二者同样都显示了郁达夫精神世界中庸俗、消极的一面。

由于大量的社交应酬占去了郁达夫的时间,所以他的许多写作计划都未能实现。为了偿还文债,有时只能在半夜或凌晨偷空写点文章。他为上海《宇宙风》杂志写了几篇连续性的《闽游滴沥》,都是有关福州的记游文字,基本上保持他的游记作品清丽秀逸的特色。他同时还为《论语》杂志撰写总题为《高楼小说》的连载性的杂文,似乎都写得比较匆促,因而显得有些粗糙。

这一年的 6 月,郁达夫以省府参议身份又被委任兼省政府公报室主任。这一职务已不是虚衔,而是有具体的日常工作了。郁达夫这时就比较忙起来了,他对这工作是认真负责的。他聘请作家董秋芳、杨骚及几名大学毕业生担任编辑;公报室按月编印《闽政月刊》,还发行省府《公报》《行政报告》等不定期刊物。工作虽然枯燥,但郁达夫与同仁和谐相处,公报室少有政府机关普遍存在的官僚气氛。当时在郁达夫领导下任公报室编译员的蔡圣昆回忆说:“达夫先生温雅谦虚,平易近人。当时官僚习气极端严重,长官对属员常常板着脸孔,‘威’不可近,虽小至股长、主任科员也是这般。而达夫先生独无此种习气,谈笑风生,所以当时公报室同仁间和谐亲密,从无间言,平时只见诸人埋头编稿,但在上班前后亦常嬉笑聊天。这种气象非别处所有,真是‘四时皆春’。即使当过‘县太爷’,官僚作风非常严重,至此亦当更改,此都是受达夫先生的熏陶之力。……他在写稿或办要事时,非常专心,香烟一根接一根抽着,一边专心致意地疾书。此时无人敢打扰他,即使与他说话也不答应。”“达夫先生往往于写完文稿或办完比较费脑力的事后,命工友出去买啤酒一二瓶与下酒卤味两三碟,就在办公桌上独酌。上班时在办公室饮酒,当时可称绝无仅有的事,而他毫不在意。”①

---

① 蔡圣昆《忆郁达夫先生在福州》,见陈子善、王自立编《回忆郁达夫》。

另一方面,郁达夫来到福州,来到祖国比较偏僻的东南一隅,似乎是远离战火纷飞的战场,还看不到流离失所的难民。但无论是在疲于热闹的社交应酬,还是在忙于寂寞的文牍工作,他都仍然时时关心着国家的命运、民族的前途,对于一些重大的问题,他都能够鲜明地表示自己的立场和看法。首先,他积极主张抗战,努力提倡民族气节。在《战争与和平》一文中,他说:"简单一算,除清朝割去的台湾高丽琉球旅顺口等不计外,民国以后的二十余年中,日本对中国的关系,总没有一年不再施行其侵略虐杀的政策",在这种情况下,"你说还能够浑浑然讲亲善说和平不能?"接着他又指出,"最可痛的,是一般高等华人,社会名士,以及挂名学者,也在赞成秦桧,诋斥岳飞,力主不可战,说今日中国的局势,亦犹之南宋南渡的当时,若不言战,还可以偏安一隅,苟延些时。这些人是社会的中坚,是一般知识薄弱的民众的向往者,他们这样的一唱宏论,意气激昂的民众,无异乎受到了当头的一盆冷水;学者临政,中国就只有拱手待亡了"。有一次福州的《华报》同人设宴招待郁达夫,并请他题诗。他写道:"闽中风雅赖扶持,气节应为弱者师。万一国亡家破后,对花洒泪岂成诗!"后来他又在《记闽中的风雅》一文里谈到自己写这诗的想法:"在我的心里,却诚诚恳恳地在希望他们能以风雅来维持气节,使郑所南、黄漳浦的一脉正气,得重放一次最后的光芒。"郑所南是宋代福建诗人,黄漳浦即明末福建画家黄道周(漳浦人),他们在民族敌人面前都曾表现出高贵的正气与节操。郁达夫以福建地方先贤的精神来鼓励福建人民,其用意是很深的。其次,他主张在大敌当前的时候,广大文艺工作者必须屏弃派别偏见,一致朝着保卫祖国的大目标。当时文艺界正在开展两个口号的讨论,郁达夫在福州格致中学的一次演讲中也发表了他对这个问题的意见,他说:"从前是最不受约束,被一向误视为浪漫、堕落的上海文学者的一群,最近也改变态度了;他们集合了起来,发表了宣言,提出了口号,一个叫作'国防文学',一个叫作'民族革命战争的大众文学'。对这两个口号,虽则也有人在提出异议,主张派别,但有识者间,大家都承认这两个口号并不相背,却是相成的:中国到了目下这一个国家民族的生死关头,唯一的工作,自然是在完成国防,拯救民族。口号的名目,或有出入,但最后的理想,最大的目标,当然是只有一个。"(《国防统一阵线下的文学》)他在一篇题为《对福建文艺界的希望》的文章里也指出:"研究社会,扩大视界,把握住政治动向,而抱定一坚强的意识,仍复是现代文艺青年所必须修养的要图。"无论是主张抵抗侵略,提倡民族气节,或是号召文艺工作者团结在保卫祖国的旗帜下,虽然郁达夫较多的还是停留在理论主张上,尚缺乏具体的实际行动,然而他在这些大是大非的问题面前所持的立场和看法,无疑都是比较正确的。

1936 年 10 月 19 日,我国新文学的伟大旗手鲁迅在上海逝世。当天晚上,郁达夫在南台一家饭馆里吃饭,同席的一位日本记者告诉他这一噩耗,他不敢置信,但心里总是不能平静,因而不待终席就走了。当他在报馆里从新闻通讯社的电讯稿证实了这一消息时,感到万分惊愕与悲痛,立即在一张破稿纸上拟了一个电报,拍发给鲁迅夫人许广平。电文如下:"转景宋女士鉴乍闻鲁迅噩耗未敢置信万祈节哀郁达夫叩"[1]。第二天早晨,郁达夫就踏上三北公司的靖安轮,奔赴上海参加鲁迅的葬礼。10 月 24 日,他为《文学》月刊写了一篇《怀鲁迅》,文中指出:"这不是寻常的丧葬,这也不是沉郁的悲哀,这正象是大地震要来,或黎明将到时充塞在天地之间的一瞬间的寂静。""没有伟大的人物出现的民族,是世界上最可怜的生物之群;有了伟大的人物,而不知拥护,爱戴,崇仰的国家,是没有希望的奴隶之邦。因鲁迅的一死,使人们自觉出了民族的尚可以有为,也因鲁迅之一死,使人家看出了中国还是奴隶性很浓厚的半绝望的国家。"这一切都说明郁达夫对鲁迅怀有怎样深挚的热爱与崇敬之情,

---

① 郁达夫电报原件现存北京鲁迅博物馆。

对鲁迅的伟大之处有着真正深刻的理解。

"这一年冬天,因受日本各社团及学校之聘,去东京讲演。"(《毁家诗纪》)郁达夫是在 1936 年 11 月中旬赴日本的。他在日本停留了约一个月,在东京、京都、奈良等地参观、游览;会见了日本文艺界的朋友志贺直哉、佐藤春夫等人;他还在东京参加改造社为筹备出版日译《大鲁迅全集》而举行的编辑工作会议,并积极协助进行这项工作;他还作了一些学术讲演,但 12 月 5 日的一次关于中国诗歌的讲演却被警察当局禁止了。在日本期间,郁达夫通过各种学术活动,努力向日本朋友介绍中国文艺界的真实情况。他用日文在《读卖新闻》上连载的《今日的中华文学》一文就是这方面的代表作。他写道,上海有近百名作家发表了《中国文艺家协会宣言》,"按照这个《宣言》,中国民族的方针,其内容是打倒帝国主义,反对侵略,提出今后的文学必须是'国防文学'的口号。这些人大多数是比较新进的。同他们对立的,有以鲁迅和茅盾为中心的团体,发表了《文艺工作者宣言》,提出'民族革命战争的大众文学'的口号。这个对立虽在口号上有若干差别,但实际内容是相同的,我以为没有争论的余地。归根结底,争论是从青年人一种不愿落在旧人之后,想在文坛上争取影响的政治感情出发的。今年文坛谈得最多的就是这个问题,由于鲁迅去世,想来一切是可以解决的"。对于鲁迅的逝世他写道:"最近逝世的鲁迅,以其文笔之锐利,思想之前进,为一般人所敬服。而其始终不屈的精神,和文坛最大的人格者,尤为其受人尊敬的原因。"

在日本期间,郁达夫还三次到在千叶县乡下过流亡生活的郭沫若的寓所去看望。他请郭沫若和孩子到东京吃中国菜,他为郭沫若买了一条骆驼绒的围巾,他和郭沫若促膝谈心,亲如兄弟,九年前脱离创造社前后的一些隔膜与误解,完全消除。这次会面使郭沫若也十分激动,他接受郁达夫馈赠的围巾,说:"他这厚意,真是使我感激,想到了古人的解衣推食之举。"手足的情谊使郭沫若感到"是十年以来所未有的快活"。他写了一首诗赠郁达夫："十年前事今犹昨,携手相期赴首阳。此夕重逢如梦寐,那堪国破又家亡。"郭沫若还诚恳地劝告郁达夫,不要忙于"做官",应该把力量用到创作上,发挥他的文学才能,"与其为俗吏式的事务所纠缠,倒应该随时随地去丰富自己的作家的生命"。① 另外,郁达夫这次探访郭沫若时,还劝他回国,以后也还为郭沫若的结束流亡生活回到祖国做了许多工作。他后来曾在一篇文章里回忆此事:"在抗战前一年,我到日本去劝他回国,以及我回国后,替他在中央作解除通缉令之运动,……密电去请他回国的种种事实,只有我和他及当时在东京的许俊人大使三个人知道。"(《为郭沫若氏祝五十诞辰》)

郁达夫于 12 月 19 日乘船离开日本,途中曾在台湾停留,并在 23 日参加台北新民报社举行的文学座谈会。后又由台湾乘日本轮船"福建丸"于 30 日抵达厦门,寓中山路天仙旅社。他在厦门逗留了三天,参观了厦门大学,游览了南普陀、中山公园和鼓浪屿的日光岩,探访了弘一法师(李叔同),接待了《江声报》、《星光日报》记者和其他文学青年的访问,并应邀到青年会去作题为《世界动态与中国》的演讲。在《江声报》记者问到他对两个口号的看法时,他回答:"对此实无须注意口号之争论,最好以著作表现为佳。"记者问他:"中国文坛,将来将由何方转移?"他回答说:"中国文坛,为民族艺术之表现。假如民族受着压迫,当极力挣扎反抗。"②1937 年 1 月 2 日,郁达夫告别了厦门,经泉州,于 5 日回到福州。

1937 年 7 月 7 日发生了卢沟桥事变,全国规模的抗日战争爆发,广大人民爱国热情空前高涨,英勇地投入抗击日本帝国主义的伟大斗争。在这年的 7 月下旬,郭沫若由日本潜返祖国,郁达夫由福州去上海相迎,当他乘船返闽时,路上又传来上海"八一三"战争爆发的消息,由于战争

---

① 郭沫若《达夫的来访》,《沫若文集》第八卷。

② 见 1936 年 12 月 31 日厦门《江声报》。

和大风,轮船决定回航去宁波暂避。郁达夫只好改由陆路返回福州。抗战爆发后一个多月的形势的发展,和郁达夫在这段时间的所见所闻,使他得到许多新的感受。一方面,郁达夫受到伟大的民族解放战争的鼓舞,他说:"只将此一二月之战绩论,中华民族复兴之兆,已早显示在我们的目前,民族战争史上的光荣,我们早已占有一席地了。"另一方面,侵略者所带来的深重灾难,又使他感到无比痛苦。他说:"记者于沪战开始后,曾由海上飘泊至宁波,由浙江内地经闽北而返福州,沿途所见,都是些赤手空拳丧家失业的妇孺老幼;迄今事隔多日,而中宵梦魇,犹见许多避难同胞,凄惨流离在道路之中。"(《全面抗战的线后》)对神圣的抗日战争的衷心拥护,对野蛮的日本军阀的满腔仇恨,对受难的妇孺同胞的深切同情,这一切使爱国者郁达夫的生活态度发生了根本的变化,他不再像在杭州生活期间那样逃避现实,也不再是到榕初期那种整日忙于社交应酬的生活方式,他终于面对现实,在力所能及的范围内,为抗日战争做了一些切实的工作。

郁达夫满腔热情地参加许多支援抗战、为抗战服务的活动。他后来回忆说:"自从去年七月,我国抗战以来,福州亦和别处一样,成日成夜,只在做抗敌救国的准备工作。要募公债时,我们就募公债,要征棉衣时,我们也征棉衣。其他如征兵,封锁江面,送出壮丁,去前线杀敌,组织战地服务团,去战线后方从事救护的工作;做反侵略运动,到各乡村去宣传抗敌救国的意义;节食救国,一日一分运动,收集旧铜烂铁,救国连索等等。凡可以尽力于国家,有助于抗战的事情,我们统统在做。"(《敌机的来袭》)为了更有效地组织抗日救亡活动,1937年10月福州市成立了"福州文化界救亡协会",郁达夫被推选为理事长。

郁达夫奋笔疾书,撰写了大量宣传抗日救国的文章。他自觉地变换笔墨,减少那种闲适的记游文字的写作,而是以其匕首投枪式的战斗杂文,来为抗日战争呐喊。这时他写作的热情很高,例如在1937年11月

15 日至 12 月 4 日的二十天中,他就为《小民报》的副刊《救亡文艺》写了十二篇杂文,其中有一个星期他每天都有文章。《预言与历史》、《救亡是义务》、《不厌重复的一件事情》、《自大狂与幼稚病》等都是这类匕首式的文章。他在这个时期撰写的杂文,常常是从各个方面来动员民众积极投入抗战的行列。例如在《鲁迅先生逝世一周年》一文里,郁达夫指出:"纪念先生最好的方法,莫过于赓续先生的遗志,拼命地去和帝国主义侵略者及黑暗势力奋斗。现在,先生遗志的一部分,已经实现了,就是对侵略者,我们已予以打击;可是黑暗势力所产生的汉奸们,还在我们的后方,跳梁显丑。纪念先哲,务须达到彻底完成遗志的目的,方能罢手;我们希望在最近的将来,能把暴日各军阀以及汉奸们的头颅,全部割来,摆在先生的坟前,作一次轰轰烈烈的民族的血祭。"在《文化界的散兵线》一文里,郁达夫要求文化界人士做好宣传工作,以"唤起正义,揭发兽行,联合世界的文化人来扑杀那疯犬,就是专以侵略为事的日本帝国主义者"。而在《不厌重复的一件事情》里他则希望广大民众以自己的实际行动来支援抗战。他说:"在这一个时候,除自己拿出钱去买救国公债,及自己跑上征兵处去应募两事之外,还有一件事情,是不厌重复的,就是用了个人自己的力量,——金钱,时间,与精力——去慰劳前方的将校士卒,与已经退入病院的受伤的勇士这一个义举。"这些文章迸射着耀眼的战斗的光芒。

　　1938 年初,郁达夫在福州得悉家乡富阳沦陷,老母殉国的噩耗。日本侵略者攻陷富阳后,"庐舍为墟,家财被劫,更因老母的不愿意远离乡土,致这一位七十余岁的白发老妪,也随庐舍而化成了灰烬"(《国与家》)。但由于故乡已陷于敌人铁蹄的蹂躏之下,郁达夫已不能亲自去收拾遗骸,他只好在福州光禄坊刘宅景屏轩寓所设灵堂致祭。灵堂正中悬挂母亲的遗像,白布幔,白布幛,烛台上插一对白蜡烛,桌上设灵位,宣德炉插了几炷香,他亲自书写一副对联挂于像旁,对联写道:"无母何依"、

"此仇必报",表达了郁达夫内心深沉的哀痛和强烈的仇恨。

就在郁达夫接到老母殉国的噩耗以后不久,也即是在1938年3月9日,他就应时任军委政治部第三厅厅长郭沫若之邀,离开福州,前往武汉,任第三厅设计委员。他擦掉了悲哀的眼泪,怀着报仇雪恨的渴望,踏上了抗击日本侵略者的征途。到武汉不久,他于3月底写了一首诗抒发此时的心情:

　　年年风雨黄花节,热血齐倾烈士坟。

　　今日不弹闲涕泪,挥戈先草册倭文。

郁达夫到了第三厅工作以后,"四月中,去徐州劳军,并视察河防,在山东、江苏、河南一带,冒烽火炮弹,巡视一月之久",6月,"又奉命去第三战区视察"。(《毁家诗纪》)两次赴前线慰劳将士并视察战区,亲自感受到前线广大军民为保卫祖国而战斗的热情,这对郁达夫是有着深刻的教育和巨大的鼓舞的。他刚从台儿庄等地慰问返回武汉,就在一篇文章里说:"我们的机械化部队虽则不多,但是我们的血肉弹丸与精神堡垒,却比敌人的要坚强到三百倍,四百倍。没有到过前线的人,对我中华民族将次复兴的信念,或有点儿疑虑。已经到过前线的人,可就绝对地不信会发生动摇了。最后胜利,必然地是我们的。"(《平汉陇海津浦的一带》)后来,他在这年年底写的一篇题为《必胜的信念》的文章里又说:"老实地说吧,我来到鲁南战地去之先,对于最后胜利必属我的这句口号,是有七八分怀疑的。在徐州住上半月,这怀疑便减少了四分,上湘西各地去一看,这怀疑又减少了二分,等在武汉外围的左右翼走了一圈之后,这怀疑却完全去尽了。现在的我,当然是百分之百的必胜论者。"我们从这些生动的叙述里可以看到,郁达夫是怎样承受着正义战争的洗礼和教育的,伟大的中国人民在爱国思想鼓舞下所焕发出来的献身精神,又是怎样强烈地撼动着郁达夫这位爱国诗人的心扉。正是千百万人民为保卫祖国而进行的殊死的战斗,以及生身老母被敌寇杀虐的血海深仇,使郁达夫在以后的日子里以无比坚定的姿态站在反对日本法西斯的战斗前列。

在武汉期间,郁达夫读到日本作家佐藤春夫发表在当年3月号《日本评论》上的一篇电影故事:《亚细亚之子》,以前年郁达夫去日本看望郭沫若的事迹为材料,加以改头换面,加油添醋,用来攻击中国的抗日人士,煽动中国人背叛自己的祖国。它写这样一个故事:有一位姓汪的中国的革命文学家,北伐战争后流亡日本,与他的日本妻子一起过了十多年流亡生活。他本来学的是医学,妻子是助产士。在晚秋的一天,他的一个姓郑的中国朋友忽到他在日本的寓所访问,其使命是受密谕来煽动他回国作抗日宣传。卢沟桥事变后汪把妻儿留在日本,自己潜回祖国,在各地作抗日宣传。但最后他发现自己被人利用,更使他失望的是他在北伐时代的情人,却被他的老友姓郑的骗去做妾,藏在杭州。于是他翻然变更,要求日本人容许他去做救济华北人民的工作,在北通州建成了一个日本式的医院,在倭寇保护下重迎他的日本妻子到了通州,背叛了祖国。佐藤春夫是郁达夫年轻时很敬佩的一个日本作家,两人也建立了一定的友谊,但现在居然用郁达夫的事迹作材料来写作为日本军阀主义服务的反华作品,这就不能不引起郁达夫的鄙视和愤怒,他立即在《抗战文艺》上发表了一篇《日本的娼妇与文士》予以反击。郁达夫指出,佐藤春夫在日本,平时总是说中国人如何好,中国艺术如何进步,大唱对中国的颂词,"而对于我们私人的交谊哩,也总算是并不十分大坏。但是毛色一变,现在的这一种阿附军阀的态度,和他平时的所说所行,又是怎么样的一种对比!"郁达夫说:"日本的文士,却真的比中国的娼妇还不如!"他以凛然的正气捍卫了民族的尊严。

在郁达夫离开杭州到福州的一两年间,他的家庭发生了一些变故,主要原因是当时浙江省教育厅长许绍棣的插入。另据诗人汪静之晚年撰文披露,当时也在武汉的戴笠与王映霞似也有不寻常的往来,这自然会引起郁达夫疑惧和不安,这一切都搅乱了他们夫妻感情的平静,因而家庭的矛盾与纠纷在武汉就发展到了十分严重的地步。郁达夫对王映霞,爱之深求之切,有时就做了一些单凭感情用事的缺乏理智的事。例如王映霞一次因有几封信被郁达夫发现而引起争吵后突然出走,郁达夫就在汉口的《大公报》上登了一则寻找王映霞的启事,谓"乱世男女离合,本属寻常。汝与某君之关系,及携去之细软衣饰现款契据等,都不成问题,唯汝母及小孩等想念甚殷,乞告以住址",公开暴露私生活中的问题,并稍作夸张的描述。这一启事当时颇为轰动,朋友们则为他们奔走调解。后来郁达夫又在 1938 年 7 月 10 日汉口《大公报》上登了一则道歉启事,说刊寻人启事是自己"神经失常""出于误会"之所为,故登报"深致歉意"。经过二人的忏悔与深谈,他们终于又订下了"再重来一次灵魂与灵魂的新婚"的誓约。后来,经友人易君左建议,郁达夫和王映霞偕同三个孩子及王母到了易君左的家乡湖南汉寿去暂住,一来响应当局从武汉疏散人口的命令,二来也可以使心情宁静下来,或者能破镜重圆。在汉寿时,他们住在城北门蔡天培醋铺的一栋古色古香的正房里。王映霞说:"在两个人的心中,在到达汉寿以后的一个时期里,也的确有过盼望着重归于好的愿望。"①因而这段生活是比较平静的。易君左后来回忆说:蔡天培醋铺的"老板蔡氏兄弟与我和郁达夫都是同时期的留日学生。……由于蔡家竭诚欢迎,郁达夫和王映霞都欣然迁入,宾主感情融洽。郁达夫移家汉寿期间,没有和王映霞大吵过,相处得还好。两个孩子(应为三个孩子——引者注)依依膝下,家庭之间充满着悠闲和了解的外表"②。在汉寿住了一两个月,"九月中,公洽主席复来电促去闽从戎,我也决心

① 王映霞《半生自述》。
② 易君左《我与郁达夫》,见《易君左选集》(香港文学研究社 1978 年出版)。

为国牺牲一切了，就只身就道，奔赴闽中"（《毁家诗纪》）。

　　郁达夫单身离汉寿赴福建。这段时间，他的内心是痛苦而悲凉的。由于日本法西斯的野蛮侵略，山河破碎，家园沦陷，百姓流离失所，老母悲惨殉难，家庭也遭到破坏而出现裂痕，真可谓国破家亡。这一切在他的心上都留下了一道道伤痕，使他感到绝望。在汉寿期间，他在给雕塑家刘开渠的信里写道："对世事完全绝望，唯等老死而已。"(7月26日信)在赴闽途中，一次汽车遇到敌机空袭，乘客纷纷逃散，然而郁达夫独没有动，大家夸奖他勇敢，但是郁达夫想的是："其实一个精神上自以为绝灭了的人，肉体的是否存在，是无关紧要的。"①苦命的诗人，你的心中郁积着多么深的失望和忧愤啊！

　　不久，王映霞带着长子郁飞来到福州。1938年年底，郁达夫就偕同他们一起远渡重洋，奔赴新加坡了。

二

　　郁达夫在1939年初写的一篇文章里说："回想起半年来，退出武汉，漫游湘西赣北，复转长沙，再至福州而住下。其后忽得胡氏兆祥招来南洋之电，匆促买舟，偷渡厦门海角，由香港而星洲，……风尘仆仆，魂梦摇摇。"（《槟城三宿记》）抗战期间，国内有些著名文艺家，如徐悲鸿、刘海粟、金山、王莹等，曾先后赴南洋作爱国宣传，募集捐款，为抗日战争出力。郁达夫所以决心去国，远走星洲，其动机也正如他自己所说，是为动员更多侨胞支援抗日战争，"上南洋去作海外宣传"（《毁家诗纪》），他要为保卫祖国的神圣事业贡献力量，这是主要的原因。同时，想改变一下生活环境，以弥合他和王映霞之间的感情裂痕，可能也是原因之一。

---

① 《郁达夫给王映霞的信》，见温梓川编《郁达夫南游记》(香港世界书局1956年出版)。

　　1938年底，郁达夫和王映霞携郁飞离开福州，踏上赴新加坡的旅途。启程之夕，省主席陈仪设宴饯别后，八九分醉意的郁达夫由家人扶着乘小轮船去闽江口换乘英商和丰公司的丰庆轮去香港，船路过厦门时停泊了一天，虽然阳光朗朗，但是这个风景秀丽的南方城市，在侵略者铁蹄蹂躏下，已经成为看不到人影的死城了。诗人在船舷旁凝望着这美丽的鹭岛，不觉暗暗地滴下了几点伤心之泪。他们抵达香港时，人们正在忙于准备过新年。在香港没有多作逗留，他们就转乘意大利邮船皮亚康马诺伯爵号赴新加坡。海途中邮船在菲律宾的马尼拉市停泊半天，这时正是圣诞节后一日，郁达夫还上岸参观菲律宾大学。

　　郁达夫于1938年12月28日抵达新加坡。翌日，也即12月29日，《星洲日报》上发了这样一条消息，标题是：为努力宣传抗战，郁达夫将入本报工作，昨偕夫人王映霞女士及公子飞抵星，将每日报告抗战文艺界情形。

　　　　自武汉放弃后，我国文艺作家之集中武汉者，实践文章下乡，文章入伍标语，分头赴各乡各镇，以及海外各处，努力宣传工作，以期必胜必成之早日实现。郁达夫近亦由武汉退出，先去湘西及武汉外围前线视察二月，后复经闽浙各战场巡历，现已由闽转粤，偕夫人王映霞女士及子飞由港抵星，不日将入本报工作，以后将每日有关于抗战文艺界详情报告。南洋各埠之关心文艺诸君，若欲知祖国文艺界近状者，可就今后本报探知一切也。①

　　抵星洲后，郁达夫和王映霞等暂时住在南天旅社八号房。住下两

---

① 秦贤次编《郁达夫抗战文录·附录》，台北洪范书店1978年出版。

天,他就应邀去槟城游览。他说:"此番的下南洋,本来是为星洲日报编副刊来的。但是十二月廿八日到星洲,两日过后便是新年的假日。却正逢星洲的兄弟报,槟城星槟日报,于元旦日开始发行,秉文虎先生之命,又承星槟诸同事之招,谓'值此佳期,何不北来一玩!'于是乎就青春结伴,和关老同车,驰驱千五百里,摇摇摆摆地上这东方的花县来了。"(《槟城三宿记》)这里的"东方的花县",指的即是马来亚北部的古城槟榔屿,当时同去的是《星洲日报》主笔关楚璞。战前新加坡报业的新年假期是一个星期,因而郁达夫有时间从容地饱览马来亚的风光。

在赴槟城途中,郁达夫得悉国内汪精卫通电主和,公开进行卖国投降活动,十分愤怒,立即赋诗示车中同伴:"飞车高卧过垂虹,草驿灯昏似梦中。许国敢辞千里役,忍寒还耐五更风。神州旧恨遗徐福,南粤新谣怨蒯通。卷土重来应有日,俊豪子弟满江东。"诗中谴责了无耻的背叛行为,抒发了以身许国的情愫,表达了对抗日前途的必胜信心。他抵达槟城的当天,被安排在《星槟日报》对门的杭州旅馆住宿,"杭州"的店名使他乡思萦怀,夜不成寐,于是吟成一绝:"故园归去已无家,传舍名留炎海涯。一夜乡愁消未得,隔窗听唱后庭花。"这里流露的是因国破家亡、悲愤投荒而引起的忧伤情绪。我们认为,这两首诗比较真实地反映了郁达夫在民族危亡、家庭变故的境遇中的复杂心情。

槟榔屿这个被郁达夫誉为花县的滨海城市,风景十分美丽。洗岸的涛声,如云的列树,漫长的海堤,多姿的房屋;烟云缭绕的升旗山,钟鼓齐鸣的极乐寺,树影婆娑的椰子园,纱衫套裙的女娇娘,争奇斗妍的热带花……这一切集中地显示出南洋城市的风景特色,给郁达夫留下了异常深刻、新鲜的印象。他情不自禁地当场写了一篇题为《槟城三宿记》的优美散文,记述了这次难忘的旅行。

在槟城期间,郁达夫应当地文艺界朋友的邀请,参加了设在醉林居的一次公宴。当时代表文艺界到旅馆邀请郁达夫的文学青年温梓川后来曾撰文回忆这次公宴的情景,他说:"我记得那天晚上,在宴会席上,他报告了国内文艺界抗战工作的近情,说是国内文艺界于抗战一年半来,虽未有伟大的抗战作品产生,原因却在于文艺界中人,此刻正从事抗战的实际行动。目前一般文艺界中人,亦莫不认定以行动为第一,所以当汉口沦陷前,文艺界人士就曾议定,能下乡者下乡,能赴敌后方者赴敌后方,能随军队者随军队,能赴海外者赴海外,一切不能者,即集中重庆,议定后各奔前程,他本人初赴重庆,继转南昌,视察各前线军士,辄见前方军士衣具不足,天寒衣单,且适逢淋漓秋雨,归乃联合同人,提倡募集寒衣,送往前方,后他方由福州南来,将与马来亚同文共同努力提倡文艺,希望文艺作者一齐努力云云。"①文中"他本人初赴重庆"可能是回忆的讹误。然而从这段回忆文字里仍然可以看到,郁达夫当时的确是注意随时进行抗日宣传的。

在从槟城回新加坡的路上,郁达夫所乘坐的火车出轨,车厢横卧在轨道外的草丛中,他幸而没有受伤。后由朋友开车到出事地点将他们接去吉隆坡,郁达夫因而顺道游览了吉隆坡这个城市。回到新加坡不久,郁达夫就搬出南天旅社,在中苓鲁路 24 号 3 楼的一套三房一厅的房子里定居下来。他从 1938 年 12 月 28 日抵新加坡,到 1942 年 2 月 4 日离开,一共在星洲生活和工作了三年零两个月,他为星洲华侨文化事业的发展,付出了巨大的心血,为侨胞的抗日爱国运动,作出了不可磨灭的贡献。

郁达夫从国内万里迢迢到新加坡,"是为星洲日报编副刊来的"。事实上编报纸副刊以至编辑其他报刊正是他在星洲期间的主要工作内容。从槟城回来,他从 1939 年 1 月 9 日正式接编《星洲日报》的日版副刊《晨星》和晚版副刊《繁星》,1 月 15 日又开始接编该报每周一期的《文艺》副

---

① 温梓川编《郁达夫南游记・代序》,香港世界书局 1956 年出版。

刊。《星洲日报》创办于1929年,是华侨资本家胡文虎家族创办的一系列星系报纸的第一份,是当时新加坡最大的华文报纸之一。它以月薪叻币二百元的重金聘请郁达夫,为其主编三大副刊。在这同时,郁达夫还兼编槟城的星系报纸《星槟日报》的《文艺》双周副刊,并负责《星洲日报》印行的画册《星光画报》的文艺栏的编辑工作。后来,从1940年4月起,他又负责《星洲日报》的《教育周刊》的副刊编务,下半年由于关楚璞辞职,郁达夫还代理过《星洲日报》主编。1941年他又担任了在新加坡的英国当局情报部创办的《华侨周报》的主编。可见,报纸成为郁达夫在新加坡期间的主要战斗阵地。

对待编辑工作,郁达夫是非常严肃认真的。他是把它作为一种事业,对它倾注了满腔的热情,寄托了无限的希望。他在接编《晨星》副刊时说:"《晨星》这一块小园地,若能在星洲,在南洋各埠,变作光明的先驱,白昼的主宰,那岂不是祖国之光,人类之福?"(《〈晨星〉的今后》)他在接编《繁星》副刊时写道,1939年已到来,"以后的建国中兴与自强,到处都在要求我们全民族的精诚团结与互助。今后的繁星的读者投稿者,希望也能发挥这一种国民至上的团结的精神!"(《〈繁星〉的今后》)在接编《文艺》星期副刊时他则向读者和作者表示,要"使这一星期一次的小园地,不致荒芜,并且更能发出新的力量来,助我们国家民族复兴的成功。这想不仅是我这编者的期望,当亦为诸君所乐与合作的一件大事业"(《接编〈文艺〉》)。在正式接编了《星洲日报》的三大副刊以后,郁达夫就在《晨星》上发表了一篇《编辑者言》,公开向读者表明自己的编辑态度。他说:"看稿不草率,去取不偏倚,对人无好恶,投稿者的天才与抱负更不得不尊重,这些当然是编辑应尽的职分。"又说:"知无不言,言无不尽,但开风气,亦顺潮流,去时代不能太远,提问题不能太高,实事求是,以汗水来作天才的养乳,这就是我以后在编辑职内想努力的目标。"郁达夫把他所耕耘的一块块小小的副刊园地,当作培育文艺新人的苗圃,宣传抗日救国的阵

地,并把它和民族的复兴、国家的自强联系起来。由于他充分认识自己
的工作的意义,因而就能以严肃的态度和巨大的热情来对待它。他在编
辑工作中的确是这样来要求自己的。所以他所主持的几个副刊都团结
着一批作者,通力合作,办得有声有色,生气勃勃。

在编辑工作之余,郁达夫仍然很喜欢买书。这是他从小就养成的爱
好。他刚抵星洲的第二天就从书店里买了一大包外国书回旅社。他到
槟城旅行时,除游览风景名胜外,就是专跑中西书店,他在一家印度人开
的旧书店买了一大堆价钱低廉的世界名著。据吴继岳回忆,"他在星洲
三年,有钱就买英文书籍,一本厚厚的英文书,他晚上一两个钟头就可以
读完,而且把值得参考的地方,用书签夹上,等到他离开星洲时,还留下
数千部英文书在他的中峇鲁寓所"①。

令人遗憾的是,到了新加坡以后,郁达夫和王映霞的感情裂痕并没
有得到弥合,相反,他们的关系更加恶化,以至发展到完全破裂。在郁达
夫刚到新加坡时,香港《大风旬刊》的编者陆丹林写信来向他约稿,郁达
夫就将近年来写的二十首旧体诗词(诗十九首,词一首)集成一组《毁家
诗纪》,在各首诗后都自写一则纪事。这些诗词和文字毫无保留地暴露
了郁达夫和王映霞婚变的内幕,然而正如陆丹林后来指出的,"这些本事
注,多有不尽不实的地方"②。但是这一组诗词很快就在1939年3月出
版的《大风旬刊》周年纪念特大号发表出来。这一期的《大风》由于发表
《毁家诗纪》而轰动国内外,以至再版了四次。(以后上海的《古今》半月
刊、《永安》月刊等都加以转载,日本刊行的《日本评论》也于1940年译
载)对于郁达夫的这一行为,王映霞自然是不能容忍的。她先后写了两

① 吴继岳《回忆郁达夫》,转引自秦贤次编《郁达夫南洋随笔》中附录的《郁达夫在新加
坡与马来亚》(王润华作)一文。
② 陆丹林《郁达夫诗词钞·前言》,香港上海书局1962年出版。

封信以及《一封长信的开始》、《请看事实》二文寄给《大风旬刊》发表。他们在笔墨上相互攻击，在生活中时起勃谿，虽经朋友调解斡旋，但已无法恢复过去的感情，于是协议离婚，并各在报上自登启事宣布。1940 年 5 月，王映霞回国前夕，郁达夫痛苦万分，独自在初到星洲时曾投宿的南天酒楼开房，喝得酩酊大醉，并写了一首诗："自剔银灯照酒卮，旗亭风月惹相思。忍抛白首盟山约，来谱黄衫小玉词。南国固多红豆子，沈园差似习家池。山公大醉高阳夜，可是伤春为柳枝?"郁达夫与王映霞，十三年前，他们的恋爱与结合曾经是传遍文坛的佳话，而如今，这一对夫妻终于宣告仳离。对于他们离异的原因，论者众说纷纭。我们认为，原因的确是复杂的，战乱时代不安定的流离生活，男女双方各自性格和生活作风的弱点，婚姻手续不完善留下的隐患，流言和误解对感情造成的伤害，《毁家诗纪》发表引起的冲突，等等，都可能推动他们的离异；然而最根本的原因，应该是许绍棣作为第三者的插入，正是这个"吃党饭的"以他的黑手撕毁了郁达夫宁静安谧的家庭。正如郁达夫所悲愤控诉的，这个党部的先生"对我竟做出了比邻人对待我们老百姓还更凶恶的事情"(《回忆鲁迅》)。这是一个正直、善良的知识分子在旧社会遭受黑暗势力迫害的悲剧，它在那个虎狼横行的时代并不是个别的现象。

郁达夫曾经为王映霞献出自己无限的热情，他真诚而深挚地爱着这位妩媚的女性。现在她终于离他而去，留下他在这远离祖国的炎荒之地，和身边的年幼孩子相依为命，这对于郁达夫来说，无疑是十分痛苦的。他又在一首寄王映霞的诗里写道："大堤杨柳记依依，此去离多会自稀。秋雨茂陵人独宿，荆风棘野雉双飞。纵无七子为哀社，犹有三春各恋晖。愁听灯前儿辈语，阿娘真个几时归?"诗中充溢着深沉的忧伤和凄凉的情绪，这是一个受害者发自内心深处的无可奈何的悲鸣和叹息。

但是郁达夫并没有被个人的不幸和痛苦所压倒。他认识到，在当时还"别有戴天仇恨在"。国家的危亡，民族的灾难，是摆在每个爱国者面前的严峻的问题。"匈奴未灭家何恃?""国倘亡,妻妾宁非妓?"如果没有取得反侵略战争的胜利,个人的幸福是根本谈不上的。因此他表示要"留取吴钩拼大敌",要把自己的全部力量首先贡献给保卫祖国的神圣事业。而在实际行动上,他则忍受着内心的巨大痛苦,以他所主持的几个副刊为基本阵地,热情地进行爱国抗日的宣传,积极地促进马华文艺事业的发展。郁达夫在大敌当前时所表现出的这种以国家民族利益为重的襟怀和气概,的确是十分感人的。

在主编新加坡各种报纸和副刊的三年期间,郁达夫同时还写了大量的作品,有政论、随笔、诗歌、文艺评论、书信、序文、译文、歌词等,据统计达 462 篇。[①] 此外他还参加了大量的社会工作,诸如出席各种集会、典礼、演出、展览、募捐、宴会,并且有时还演讲致词、献旗、剪彩等,十分忙碌。他的这些文学活动和社会活动是他在星洲生活和战斗的主要方面,这使他成为新加坡华人社会一位非常活跃的知名人物。下面我们看看他的主要贡献。

首先,郁达夫用他撰写的许多政论,燃烧起海外侨胞的爱国热情,使他们关心自己祖国的命运,密切注视着正在进行的这场反侵略战争,并鼓励他们怀着抗战必胜的信心,积极投入保卫祖国的神圣事业。

郁达夫总是通过各种方式让广大侨胞牢记自己是炎黄子孙,自己的命运是和祖国密切联系的。例如有一次他应邀到中国语文学院去向学员讲课,就着重谈学习祖国语言和文字的问题。他说,中国的文字是最优美、最富于意义的一种,"我们平时虽则并不会觉得祖国语言与祖国文字之可亲可贵,但当受到最后一课的时候,就能感觉到这一种语言,这一种文字,对我们是如何地可宝贵的东西了。"他还举出三年前在台湾的见闻为例,当时他看到在日本统治下的台湾民众被禁止读中文书,不能出

---

① 姚梦桐《郁达夫旅新生活与作品研究》,新加坡新社 1987 年出版。

版中文报纸,其悲惨哀切的情状与都德所写的《最后一课》相似。他在文章的最后写道:"祖国的语言文字,就是祖国的灵魂,我们要拥护祖国,就不得不先拥护我们的语言文字。"(《语言与文字》)他在《一年来马华文化的进展》中还特别肯定侨胞们决心拥护祖国的语言文字的意义。他说:"中华民族的人民,有此坚强的决心以后,自然中华文化不会灭亡了;而文化不灭,也就是民族永生的铁证。"语言文字是一个民族的标志之一,郁达夫通过这一纽带,让侨胞们更强烈地意识到自己和祖国的血肉联系,加深对国家民族的感情,从而提高他们对祖国的责任感。

　　郁达夫还常常注意引导侨胞关心和祖国有关的各种事情。对来自祖国的文艺家和艺术团体,他以巨大的热情撰文加以宣传介绍;另一方面他又经常在侨胞中发动捐款,支援祖国的抗日文化事业。当时国内时常有艺术团体到新加坡来宣传抗日,例如昆明文协分会漫画展览团的画展,武汉合唱团先后演出《雷雨》和《原野》,以及其他团体演出《放下你的鞭子》、《永定河畔》、《反纳粹》等,郁达夫都通过他编辑的副刊发表文章,给予赞扬。著名画家徐悲鸿来新加坡举办义展,郁达夫撰文推荐:"悲鸿先生,在广西住得久了,见了那些被敌机滥施轰炸后的无告的寡妇与孤儿,以及在疆场上杀敌成仁的志士的遗族们,实在抱有着绝大的酸楚与同情。他的欲以艺术报国的苦心,一半也就在这里;他的展览会所得的义捐金全部,或者将很有效用地,用上这些地方去。"(《与悲鸿的再遇》)著名画家刘海粟在南洋一带举行义赈画展,为祖国筹得赈款数百万元,到了新加坡,郁达夫为他写的画展目录序指出:"当国家民族,正处于生死存亡的危急关头,我们的报国途径,原不固定在执枪杆、戴军帽的这一条狭路的。我们只教有决心,有技艺,则无论何人,在无论何地,做无论什么事情,只教这事情有一点效力发生,能间接地推动抗战,增强国家民族的元气与声誉,都可以说是已尽了他的报国的义务。"(《刘海粟大师星华义赈画展目录序》)篆刻家张斯仁"刻印三千,全数助赈"(《印人张斯仁先生》),画家翁占秋"以筹赈为主要目标"的画展（《翁占秋先生画展专刊附言》），歌舞家紫罗兰"为筹赈而卖艺"（《紫罗兰女士速写象题记》），以及著名演员王莹、赵洵（即金山）演出进步话剧，对于这些来自祖国为宣传抗日而奔忙的艺术家，郁达夫也都热情地予以支持，并亲自写文章为他们宣传。另一方面，他还曾在自己所编辑的《晨星》副刊上，发动作者们将稿费的全部或一部捐寄给重庆的全国文协，作为活动费用。他动员新加坡爱同校友会和青年励志社捐款援助在上海生活窘困的鲁迅遗属。他还曾在侨胞中募款捐助延安鲁迅艺术学院。1940年郁达夫得悉重庆以及祖国内地许多作家生活十分困难，就发表文章提出："我们更希望在海外的各侨胞所主办的文化事业机关，也能够尽其全力，向国内的文化人致一臂之助。伤兵、难民，原应该救助，落难的文化人，也同样地要救助一下才对。"（《文艺上的损失》）郁达夫这种沟通侨胞同祖国的血肉联系的工作，实际上是为正在进行的反侵略战争争取了一批海外的爱国力量。

郁达夫在引导侨胞关心祖国命运的同时，又总是向他们指出祖国正在进行的抗日战争的正义性质，并以自己对抗战前途的乐观情绪来鼓舞他们，激励他们怀着必胜的信念参加到保卫祖国的行列。他向广大侨胞指出："抗战的最大目的，当然是在求我民族的自由解放，与国家的独立完整。"（《抗战现阶段的诸问题》）"我们这一次的抵抗侵略战争，使国际间前进的诸人士，不得不承认我们中华民族，是反侵略的急先锋；是为主张世界的和平正义，不惜牺牲一切，来抨击法西斯蒂强盗的先觉者。"明确战争的正义性，就会满怀信心去夺取胜利。于是他向侨胞号召："我们更要以万分乐观的情怀，来争尽我们出最后一个钱，沥最后一滴血的天职，因为这就是最后胜利的另一个名称。"（《纪念九一八》）他在另一篇文章中又说："亲爱的侨胞们，楚虽三户，足以亡秦，众志一成，卒能兴夏，我们只教万众一心，坚持到底，最后胜利，自然是指日可待。最紧要的，是在这为山九仞的时候，务必大家，更多出一点钱，多出一点力，来促成我们建国的大业。"(《介绍昆明文协分会漫画展览团》)在迎接 1940 年到来的时候,他满怀希望地写道:"胜利原是我们的,当然无可疑问,可是到胜利之路,却并不是一条坦途。我们全国的民众,不问在海内海外,必须团结得更加巩固,责任的偿尽,必须做得更加彻底,为国牺牲的觉悟,必须更加坚决,才有希望。"(《迎年小感》)而在 1941 年元旦,他又热情洋溢地说:"我们在这一个抗战将得最后胜利的关头,同胞自然要更加团结,更加出钱出力,共赴国难,才可以造成一九四一年的全线总胜利的局面。"(《简说一年来的敌国国情》)郁达夫这些令人热血沸腾的言论,不但给予广大侨胞以鼓舞,以希望,而且还为他们指出了为保卫祖国贡献力量的方向。而对于那些以实际行动投入保卫祖国的伟大斗争的侨胞,郁达夫则满腔热情地予以赞扬。例如当有四十八名华侨机工志愿回国参加抗战的时候,他就撰文欢迎,说:"这四十八位勇士,非但代表了华侨,证明了侨胞的出力出钱,在绝大牺牲下誓死争取民族的自由与独立;并且也代表了中华民族的正气,证明了我中华民族,是决不会做亡国贱奴的民族";作者还热情地呼唤:"故国在盼望她海外的儿女回来服务,犹大旱之望云霓。"(《送昝华机工回国服务》)

其次,郁达夫撰写政论作为武器,愤怒地控诉日本帝国主义野蛮的侵略罪行,深刻地揭露国民党当局向民族敌人妥协、积极反对抗日力量的伎俩,同时义正辞严地斥责那些汉奸文人背叛祖国、投降日寇的无耻行为。

对于日本帝国主义的侵略野心及其在中国所犯下的杀人放火、奸淫抢掠的灭绝人性的罪行,郁达夫一次又一次地撰文加以揭露和抨击。他在文章中深刻地指出,日本帝国主义对中国的侵略是极其野蛮而残酷的。它既有用飞机大炮的屠杀进攻,又有政治进攻,经济进攻,谣言进攻,毒物进攻,娼妓进攻等;而其中的文化进攻则是敌人用以灭我种亡我国的毒辣的手段。他说:"他们先要使我们忘记国族,所以就授以日文,改变小学教科书;再要证明中日亲善的实际,所以就从由我们这里劫掠去的金钱中拿出一小部分来,示义卖恩,颁赐小惠。或设奖学金,或选派优秀学生至敌国留学;或对于一二稍有声望,甘为奸人走狗的堕落文人与所谓学者,予以小小的荣誉,这么一来,沦陷区的读书种子,就尽入敌人的彀中。再过几十年后,便可将中文完全废止,使炎黄子孙,完全甘心情愿自称作日本的臣民了。"(《敌人的文化侵略》)郁达夫不但看到日寇杀人放火的法西斯暴行,而且还看到他们妄图征服中国民心的卑鄙阴谋,这在当时无疑是比较敏锐和深刻的。

对于国民党反动当局破坏抗战的罪恶阴谋,郁达夫也能及时觉察并予以公开揭露。早在 1940 年他就撰文希望国共能减少磨擦,团结抗日。他说:"即使国共之间,有了些须磨擦,但站在中华民国国民的立场上来说话,我们总只希望这磨擦会减少,会消灭,以收精诚团结的实效。决不应该来过事宣传,或夸大其辞,或鼓励怂恿,使这磨擦日见扩大起来的。制造磨擦,有时候亦属必要等论调,当然不是中华民国的国民所忍说的话。"(《抗战现阶段的诸问题》)1941 年 1 月国内发生了震惊中外的"皖南事变",新四军军部及所属部队九千余人在安徽泾县突然遭到国民党军七个师八万多人的包围袭击,除约两千人突围外,大部壮烈牺牲。郁达夫在海外获悉这一消息,感到非常震惊和痛心,立即联合了星洲华侨中的三十多位文艺工作者,由他领衔发表了为"反对投降妥协坚持团结抗战"的《星华文艺工作者致侨胞书》。他们严肃地指出:"我国十年间惨痛的分裂内战,给予敌人以不少侵略的机会,而三年余来的团结抗战,却给予了敌人以致命的打击。这血淋淋的历史所给予我们的教训是多么的深刻与宝贵呵!""不幸的是,时至今日,正当抗战接近胜利之际,尚有一部分封建残余,顽固败类,躲藏在抗战的阵营里,而且把握着相当大的权力与地位。他们为了一己的利益,遂不惜昧杀天良,实行挑拨离间,造谣中伤,甚至歪曲事实,颠倒是非,无时无刻不在进行他们妥协投降的鬼计。

他们视抗日最力的军队为眼中钉,视真正在唤起民众的集团为心脏病。千方百计,势必把进步的力量消灭,把抗战建国的力量削弱,以遂他们的主子建立'东亚新秩序'的宿愿。年来关于国共磨擦的事件,与忠心为国的进步分子如杜重远、马寅初等的被拘被陷,以及最近轰动中外的解散新四军的惨痛血案,就都是这些汪派汉奸、无耻败类所一手捏造出来的阴谋毒计! 这阴谋毒计,实足以亡国有余!"这种旗帜鲜明、义正辞严的谴责,充分显示了郁达夫深明大义、疾恶如仇的胆识。

对于那些背叛祖国、投降日寇的汉奸,郁达夫总是毫不留情地予以挞伐。例如他刚到星洲不久,就发表文章揭露汉奸卖国贼的丑恶面目。他说:"各种伪组织的中心人物,试看有一个象人的人没有? 不是失意三流军阀,便是地痞恶棍,人格破产,贪污恶劣到骨髓的鼠子。这些人渣,简直是连衣冠也穿不上的禽兽。"(《估敌》)1940 年在纪念黄花岗七十二烈士的时候,他发表了一篇题为《今年的三·二九纪念日》的文章,对该年3 月臭名昭著的汪精卫和陈公博等在南京成立伪国民政府这一事件愤怒地加以讨伐。他说:在黄花岗烈士的同志中竟出现了一个出卖国家、出卖民族子孙的汪逆,这是令人切齿痛恨的。虽然南京傀儡政权无论在国际友人眼里或在我国同胞的心目中,都是不值一提的虫鼠狗彘的行为,但它却是敌人用以来作剥削我民众,欺骗我同胞,分散我力量的爪牙之计,是亡我国灭我族的一个最毒辣的阴谋。在这年的 3 月、4 月间,郁达夫收到郭沫若从重庆来信,信中说:"你知道张资平的消息么? 他竟胡涂到底了,可叹!"这个消息引起郁达夫极大的愤慨,他立即写了那篇著名的政论《"文人"》。文中说,从来信中"我们可以知道,张资平在上海被敌人收买的事情,确是事实了。本来,我们是最不愿意听到认识的旧日同志,有这一种丧尽天良的行为的;譬如周作人的附逆,我们在初期,也每以为是不确,是敌人故意放造的谣言;但日久见人心,终于到了现在,也被证实是事实了。文化界而出这一种人,实在是中国人千古洗不掉的羞耻事,以春秋的笔法来下评语,他们该比被收买的土匪和政客,都应罪加一等"。郁达夫还在文章里感慨道:"时穷节乃见,古人所说的非至岁寒,不能见松柏之坚贞,自是确语。"我们知道,张资平是创造社的早期成员之一,原是郁达夫的好友;周作人是最早公正评价并且热情地肯定郁达夫的小说的文学家,一直受到郁达夫的衷心感激与尊敬。但是,一旦郁达夫发现他们丧失民族气节,背叛祖国利益,他绝不徇私情,而是嗤之以鼻,坚决划清界限,并加以强烈谴责。这种大义凛然的态度令人感动。

郁达夫在斗争中是注意讲究策略的。1940 年 5 月,郁达夫收到东京读卖新闻社学艺部的来信,并附有日本文艺批评家新居格氏写给他的公开状的原稿。新居格是郁达夫的日本朋友,十几年前来中国时郁达夫曾陪他在上海游览,四年前郁达夫去日本也受到他的款待。新居格的信中历叙了过去的友情,流露了对战争的厌烦与对和平的渴望的情绪,并阐述了"人与人之间的感情,是不会因两国之间所酿成的不幸事而改变"的认识,表达了希望两国的不幸早日过去以便可以亲密地交谈艺术的意愿。在两国之间正在进行着激烈的战争的时候,新居格写这封信的真正意图是什么呢?应该如何回复这封信呢?郁达夫说:"对此我曾经考虑得很久,若置之不理呢,恐怕将被人笑我小国民的悻悻之情,而无君子之宽宏大量;若私相授受,为敌国的新闻杂志撰文,万一被歪曲翻译,拿去作为宣传的材料呢?"经再三考虑,他就将来书和复信以《敌我之间》为题一并在《晨星》副刊上发表。郁达夫的复信首先表示相信"国家与国家间,虽有干戈杀伐的不幸",但"民众与民众间的同情,也仍是一样地存在着",并以在中国已有一些反战的日本人为争取真正和平而在同中国人并肩作战为例作证明。接着又告诉新居格,中国广大民众因这次战争的洗礼而大大进步了,他们都有了"任何牺牲,也在所不惜"的决心,"他们都把国家的危难,认作了自己的责任"。他以自己为例,虽然这次战争使他经受了家园爱妻失去、老母胞兄殉难的极大不幸,但他却只存了一个信心,就是"正义,终有一天,会来补偿我的一切损失"。然后又指出,"中国的民众,原是最爱好和平的;可是他们也能辨别真正的和平与虚伪的和平不同。和平是总有一天会在东半球出现的,但他们觉得现在恐怕还不是时候"。最后他向新居格表示,待到挑动干戈的魔物失败,真正的和平到来的时候,他们就可以怀着赤诚的心和真挚的情来握手欢谈艺术了。郁达夫在处理这个问题时,态度不亢不卑,兼顾公谊私交,又把发动侵略战争的军国主义者和普通的日本人民严格区别开来,做到无懈可击,这都说明在民族斗争的锻炼中,他在政治上是逐步走向成熟了。

郁达夫在许多政论中表现出对抗战的热情和信心,对日本侵略者的憎恶和仇恨,对汉奸以及破坏抗战的行为的愤慨和谴责,这一切都说明,在神圣的抗日民族解放战争中,他是始终站在坚持抗战、坚持团结、坚持进步的立场上的,而指导他的行为的思想基础则是闪耀着灿烂光芒的伟大的爱国主义。

再次,郁达夫以他编辑的副刊为阵地,在积极宣传抗日的同时,努力推进星洲的文艺运动,热情地扶植和培养青年作家,他为马华文艺事业的发展作出了不可磨灭的贡献。

郁达夫总是从大量来稿中发现一些青年作者共同的带有倾向性的问题,加以分析,提出指导性的意见;有时则针对文学青年创作中遇到的问题,帮助他们解决。例如他接编几个副刊两个月,看了一千多篇来稿,就写了一篇题为《看稿的结果》的文章,指出在大量来稿中存在的两个共同性的问题:第一,不少来稿存在着"差不多"的雷同的现象。他认为,同一件事情,同一个主题,我们写的时候可以从许多的角度去写。第二,许多来稿很不注意文字的洗练,其主要原因是作者读书太少和不重视文字的锤炼,他提出"读书要眼到、心到、口到;多读、多写、多想、多改,是补救这一个缺点的一剂对症药"。又如他接编几个副刊一年以后,看了一万多篇稿件,他又及时地指出,"经一年间编稿的经验,觉得马华的投稿诸

君,稿子都写得过长,是一个通病。其次,是对于现实的取舍手段不高
明。紧要的地方,握住得不多,而不紧要的地方也同样地不晓得割去,又
是一个通病。"(《〈文艺〉及副刊的一年》)这种从来稿中提出问题进行分析研
究的做法,是能够给予青年作者以切实的帮助的。另一方面,当青年作
者在创作中遇到了难以解决的问题时,郁达夫也总是耐心地加以指导。
例如怎样处理好文学作品的地方色彩问题是当时一些马华文学青年讨
论比较多的,针对这个问题,郁达夫撰文答复:"地方色彩,在作品里原不
能够完全抹煞掉而不管,但一味的要强调这地方色彩,而使作品的主题,
反退居到了第二位去的这一种手法,也不是上乘的作风。"又如对于文艺
的大众化问题,也是当时大家比较注意的,郁达夫指出,"自从这一次神
圣抗战的烽火燃起以后,实际上,文艺就不得不社会化、通俗化、大众化
了。我们在武汉,在重庆,在鄂西北,在延安,已经脚踏实地的在向这一
方面做去。讨论的时代之后,现在似乎已进入了实际创作的阶段。"(《几
个问题》)再如针对当时部分华侨文学青年存在着未上前线如何写作为抗
战服务的作品的问题,郁达夫指出,可以适当运用一些第二手的间接材
料作题材,但写作者必须具有丰富的常识、正确的判断力和如实的想象,
而在形式上,报告文学、宣传短剧、朗诵诗则是能及时为战争服务的轻便
的文艺武器,应大力加以提倡。(《战时文艺作品的题材与形式等》)郁达夫的
这些意见都是比较正确而深刻的,广大文学青年从中可以得到教益。

郁达夫还在马华文学青年中大力提倡报告文学的写作。报告文学
是当时在我国新兴的文体,和小说、戏剧比较起来,它比较轻便,易于为
青年作者所掌握,又能迅速反映时代的风貌;提倡写作报告文学,是培养
文学青年的有效途径。因此,郁达夫发表了《报告文学》一文,指出"在中
国目下的情形之下,要想用准确的现实,来写出足以动人,足以致用的文
学来,自然以取这一个报告文学的形式,最为简捷"。不久,他又写了一
篇《事物实写与人物性格》,研究报告文学如何更好地描写事件和人物性

格的问题。除了在理论上提倡以外，郁达夫还以《晨星》副刊为阵地，发起"马来亚的一日"的征文。他在《再来提倡"马来亚的一日"》里要求"各地的读者，不问是从事那一种职业的人，都不妨先试来写出一日的工作思想行动，投寄给我们"。郁达夫提倡并组织撰写报告文学征文，这种方式对于发现和培养文学新人，是十分有效的。

对于已经显示出文学才华的青年，郁达夫总是满腔热情地给予关心、爱护和培养。许多受过他指导的文学青年都怀着感激的心情来回忆同他的交往。

当时在《星洲日报》当记者的青年吴继岳后来回忆说："主笔关楚璞的骄傲态度，和郁达夫先生的和蔼可亲，成了一个强烈的对照。本来郁先生比关某更有资格摆架子的，因为他无论声誉和地位都不是关某所能比拟，但郁先生却一点架子也没有，他对同事，不论职位高低，都一视同仁，不分彼此。同事有事请教他，他都知无不言，言无不尽，因此同事都很敬爱他。我上班不到几天，就对郁先生发生好感。"①

新加坡作家黄秀后来回忆说："郁达夫很喜欢接近文艺青年，他那时候的寓所在中峇鲁，笔者不止一次到过他的寓所。他给我的印象很好，我觉得他的性格平易近人，毫无半点大作家的架子，对我们这些来访的搞文艺的年青人，非常欢迎，态度也极诚恳。对于年青的写作者，他更是奖励不遗余力。"②

刘前度回忆说："他编的《晨星》，很喜欢提拔后进的写作人，只要内容好，写作技术成熟，都一一被录用。虽说他常常感到篇幅不够，要求投稿者写出的著作，最好不要超过三四千字，但是好的作品，往往超过这种范围，他都没有割爱，而尽量发表的。通常我投去的，多数为近代欧美作

① 转引自秦贤次编《郁达夫南洋随笔》第271页。
② 黄秀《郁达夫的悲剧》，见秦贤次编《郁达夫抗战文录》附录。

家小说的译作,他很快就将它登载出来,这不是说他和我有什么特别交情,只不过表示他对欧美小说的重视吧了。"①

刘心皇在《郁达夫在南洋》一文中写道:"对于爱好写作的青年们,郁达夫常常不怕麻烦地个别指导他们该读那些书,创作该从那儿着手。例如文艺青年的老杜那时也学习小说,如一切好学写作的人一样,他也染上了芜杂、琐屑的毛病,郁达夫把莫泊桑介绍给他,叫他学习这位法国短篇小说之王的简练。老杜接受了他的意见,果然在写作上得益不少,他以后逢人便说起这回事。"②

对一些青年作家的创作,郁达夫还热情地撰写评介文章或为他们写序,给予推荐。例如他为青年作家温梓川的短篇小说集《美丽的谎》写了评论,赞扬作者"很有眼光,很有魄力"(《介绍〈美丽的谎〉》);他在为李桂的《半生杂忆》写的序中认为这部自传式的作品"是一个忠实的灵魂的告白";他还为二十七岁就死去的青年诗人冯蕉衣的遗作写了情深意切的序言。据统计,郁达夫在星洲期间,团结在他编辑的副刊周围的青年作者还有铁抗、老蕾、王君实、张曙生、戴淮君、李词佣、白蒙、漂青、白荻、刘思、清才、李冰人、蓝孔影、金石声等。③ 总之,郁达夫像一个辛勤的园丁,以他不知疲倦的努力耕耘,为马华文艺培育出许多幼苗,这一历史功绩,将永远为马华文艺界所纪念。

除了宣传抗日救国、揭露内外敌人、培育青年作家这几个方面的活动外,郁达夫在星洲的三年还发表了许多政治、时事评论,研究敌我力量的对比,探讨夺取胜利的有利条件,分析国内战局和国际形势的变化,加强人们对于反法西斯战争的信心,其中如《抗战两年来的军事》、《抗战两

---

① 刘前度《郁达夫在马来亚》,见温梓川编《郁达夫南游记》。
② 刘心皇编著《郁达夫与王映霞》第 178 页,香港港明书店 1978 年出版。
③ 见林万青《中国作家在新加坡及其影响》,新加坡万里书局 1978 年出版。

年来敌我之经济与政治》、《抗战两周年敌我的文化演变》、《敌寇政治进攻的两大动向》、《抗战现阶段的诸问题》、《敌最近的侵略形势》、《错综的欧局》、《欧战扩大与中国》、《意大利参战与敌国》、《今后的世界战局》、《简说一年来的敌国国情》等等,这些时事评论反应及时,态度鲜明,分析精辟,有理有据,都是曾经产生较大影响的文章,虽然有较强的时间性,文学色彩也不浓,但却是研究郁达夫思想和政治态度的重要文献。

在王映霞离去以后,1941 年,曾有一位名叫李小瑛的女性闯进郁达夫寂寞的生活中。她原籍福州,年轻漂亮,上海暨南大学毕业,中英文都很好,还能讲国语和上海话。她和郁达夫相识后曾借他的书房住宿,当时她是新加坡英国当局情报部的华籍职员,后来郁达夫为英国情报部主编《华侨周报》时还与她共事。他们两人有一度关系相当亲密。然而李小瑛的情谊并不能抚慰诗人内心的寂寞。有一次,李小瑛得到他们的友人画家刘海粟赠送的一幅题为《芦雁》的画,就请郁达夫在上面题诗。这幅画触动了郁达夫。他说:"这雁倒象我,沫若、寿昌都在重庆忙抗战,仿吾去陕北,只有我成了孤雁南飞。这些兄弟们何日相见呢?"郁达夫题诗中的诗句"炎荒怕读刘郎画,一片蒹葭故国心"表达了这种心情。在新加坡沦陷前李小瑛随英军撤退至爪哇,任联军广播电台播音员,因而最终未能和郁达夫结合。以后郁达夫流亡至苏门答腊保东村,还时常思念她,曾为她写了七首诗,如"望断南天尺素书,巴城消息近何如","月正圆时伤破镜,雨淋铃夜忆归秦",以这些情意绵绵的诗句倾诉他的相思与挂念。他还时常到附近市镇,从联军电台广播中默默地倾听播音员李小瑛的声音,并写下"却喜长空播玉音,灵犀一点此传心"等诗篇,表现出对这位在孤寂中给他安慰的女性的无限眷恋。

1941 年 12 月太平洋战争爆发后,新加坡也面临着战火的严重威胁,此时距离沦陷虽只有一个多月时间,郁达夫还是积极投入抗日的实际工作。他担任新加坡文化界战时工作团主席,战时工作干部训练班主任,新加坡华侨抗敌动员委员会执委,新加坡文化界抗日联合会主席。他还曾协助侨领陈嘉庚组织"星洲华侨义勇军"征集华侨青年,由英政府发给枪械,准备与英军并肩作战。郁达夫实际上成为星洲华侨中的抗日领袖之一。郁达夫对于所担任的工作是非常认真负责的,不管什么情况,他始终坚守着自己的岗位。他晚上编报,白天则在敌机轰炸中,冒着生命危险废寝忘食地为抗日工作到处奔波;后来分工他在工作团团部值班,他就认真留守。王任叔在《记郁达夫》一文中曾回忆郁达夫担任新加坡文化界战时工作团主席时的情况:"在每天一定的时间里,你如果有事去找文工团团长,那一定可以找到他,那就是达夫。在直笃爱伊亚路宽大的爱同小学校里,有时静寂得如深山古刹似的。达夫孤单地一个守在那里。他有老僧似的忍耐力,他并不因此而感到孤寂。他自然不是一个具有领导能力的领袖,但他总爱尽他能尽的一份责任。即此负责精神,已使热情的青年们对他有一种崭新的看法了。"①

在新加坡成为危城时,郁达夫于 1942 年 1 月底将儿子郁飞托人送回国内,自己则留在南洋,准备迎接更加严峻的历史考验。

三

1942 年 2 月 4 日清晨,郁达夫悄悄离开了被战云笼罩着的新加坡。三年前,他是和妻子王映霞、儿子郁飞一起来到这个南洋海港都市的,然而今天,当他向这个围城告别时,已是妻离子散,孑然一身了。他的行李极简单,只有两个手提箱。这次和他同船撤离的还有胡愈之、邵宗汉、王纪元、蔡复生、陈仲达、李铁民、王任叔、张楚琨、汪金丁、高云览等,一共

---

① 王任叔《记郁达夫》,原载《人世间》(1947 年),转引自王自立、陈子善《郁达夫研究资料》(天津人民出版社 1982 年出版)。

二十八人,大都是在星洲从事抗日宣传的华侨文化人。在他们乘坐的难民船驶离新加坡港口以后,日本飞机轰炸了新加坡,他们隐约听得到炸弹的爆炸声,同时也看到了市内冒向天空的滚滚浓烟。

郁达夫和他的同伴渡过了马六甲海峡,撤退到了荷属苏门答腊。由于他们大多数没有合法的入境手续,所以登陆后被荷兰官员扣留了两天,到了2月6日才来到一个名叫石叻班让的小岛。在这里他们商量决定,争取先去爪哇,再从那里设法回国。小岛上的荷兰官员不能做主,就把他们送到另一个海岛——望嘉丽,可是望嘉丽的分州长向荷兰政府请示后,不允许这群华侨文化人去爪哇,他们只好暂时留在这个海岛上了。2月15日,日军占领了新加坡,住在一水之隔的这群文化人,处境十分危险,于是他们在一位华侨的帮助下转移到保东村。他们在这里住了大约一个半月。郁达夫每天写一首诗,怀远忆旧,抒情言志,排遣内心的寂寞,同时他还开始蓄留短髭。他们还是想找机会去爪哇。但是,不久就从收音机里传来爪哇沦陷的消息,原来经爪哇回国的计划已无法实现,他们不能不作长期隐蔽的打算。由于保东村风声紧急,郁达夫就和一个同伴转移到彭鹤岭,这是离保东十多里的一个海滨小村。郁达夫改名赵德清,他们得到一位热心华侨的帮助,开了一爿小杂货店作为掩护。这时,从新加坡撤出来的华侨领袖、富商和进步文化人,比较多地聚集在这附近的一些小岛上,因而引起占领新加坡的日本宪兵部的注意,他们曾经派人来"邀请"一些侨领回去,这一行动带给这群流亡者极大惊恐,住在这些小岛上已很不安全,于是郁达夫和他的同伴们决定进入苏门答腊内地,他们分批乘小船至卜干峇鲁,再坐汽车去苏门答腊西部的巴爷公务(Pajakoem Boeh)。这时郁达夫另又改名赵廉,以商人的身份出现,他大约于4月中下旬抵达巴爷公务。这是一个只有一万多人口的小镇,其中华侨有一千多人,镇上有一所中华学校。郁达夫生命途程中的最后三年,大都是在这个椰影婆娑的南洋小镇上度过的。

自从撤离新加坡以后,只三个月左右的时间,郁达夫就先后移徙了石叻班让、望嘉丽、保东村、彭鹤岭、卜干峇鲁、巴爷公务等几个地方。他像一个旋转的陀螺,生活极不安定。可是就在这历尽千辛万苦的流亡生活中,郁达夫写下了这样的诗篇:

千里驰驱自觉痴,苦无灵药慰相思。

归来海角求凰日,却似隆中抱膝时。

一死何难仇未复,百身可赎我奚辞?

会当立马扶桑顶,扫穴犁庭再誓师。

草木风声势未安,孤舟惶恐再经滩。

地名末旦埋踪易,楫指中流转道难。

天意似将颁大任,微躯何厌忍饥寒。

长歌正气重来读,我比前贤路已宽。

从以上这两首诗里,我们可以窥见到郁达夫这个时期的心情。艰苦的流浪,并没有使他消沉和绝望。相反,在他的心中,蕴蓄着对于日本帝国主义者的深仇大恨,沸腾着献身于保卫祖国事业的热情,洋溢着抗战必胜的乐观精神。那堂堂的正气,拳拳的深情,表现得何等的动人!人们所看到的是一个坚强的爱国者的身影。

郁达夫初到巴爷公务的时候,有一段时间受到当地华侨的冷落,人们把他当作日本间谍而远远躲开他。原来是他从卜干峇鲁来巴爷公务的路上曾发生了意外的情况。他所乘坐的公共汽车在路上遇到一辆日本军车。日本军官做着手势命令公共汽车停下来,车上的司机和印尼乘客都不懂日语,不知为了什么事,因而都纷纷慌张逃跑。郁达夫听懂日军是在问路,就从容地用日语指点他们去向。日本军官看到有人用流利的日语回答他们的询问,就高兴地向他举手敬礼致谢,然后把车开走。这天郁达夫为了防止路上遭抢劫,特意穿了一身蓝布的工人服装。因此当那些逃走的乘客重回到汽车上来的时候,看到这个苦力模样的陌生人,能说一口流利的日语,连日本军官也得向他行礼,自然就对他的真正身份产生怀疑。他们抵达巴爷公务以后,郁达夫住进了一家广东人开设的海天旅馆,汽车司机把这个神秘人物的来历告诉了旅馆主人,几个小时以后,日本大间谍来到巴爷公务的惊人消息就传遍这只有一万多人的小镇。郁达夫从此遇到的就是怀疑的目光与冷淡的态度。直到一些和郁达夫从新加坡一起撤退的同伴陆续抵达巴爷公务,向人们证明这个赵廉确实也是从新加坡逃出的难民,这个误会才消除。

　　有一次,郁达夫去访问巴爷公务镇上的侨长蔡承达,正好同时也有一个日本宪兵来和这位侨长办交涉,双方语言不通,束手无策。这时郁达夫进来,蔡承达知道他会讲日语,就请他做临时翻译。从此,驻在武吉丁宜的日本宪兵部就知道巴爷公务有一个名叫赵廉的华侨,精通日语。当时,占领苏门答腊的日军非常需要通日语的译员,因此,不久郁达夫就不由分说地被带到距离巴爷公务三十多公里的武吉丁宜,充任宪兵部的翻译。

　　在这期间,这批流亡到巴爷公务的华侨文化人,得到了一笔从外地寄来的救济费,共有四百盾。他们就用这笔钱作资本,再吸收当地华侨的投资一二百盾,开办了一家酒厂。赵廉(郁达夫)出面做老板,酒厂名"赵豫记"。张楚琨任经理,胡愈之帮记账。这些文化人边学边干,生产了名叫"双清"和"初恋"的两种酒。酒厂开办一段时间后,销路骤增,生意兴隆,每月都有数百盾的盈余。他们每月结算一次,提取一部分盈利给逃难的文化人分用。这样既能帮助一部分文化人解决生活困难,又能增加被迫进入宪兵部这个魔窟的郁达夫身上的保护色。日本占领军更加相信他是一个殷实的华侨富商,这就掩护郁达夫不至于暴露自己原来的身份。像酒厂这类维持流亡的文化人生活的工厂,以后还陆续开办有肥皂厂、造纸厂等,也都是由赵廉出面做老板的。

郁达夫被迫进入武吉丁宜的日本宪兵部充当译员,无异于被带进了魔窟狼窝。宪兵部是日本法西斯占领者统治与镇压印尼人和华侨的机构,里面犬吠狼嗥,暗无天日。这对于郁达夫是一次极其严酷的考验。事实证明,在那鬼影憧憧的黑暗世界里,郁达夫并没有向邪恶势力屈服,也没有与之同流合污。他巧妙地与日军周旋,千方百计地坚守着自己的民族气节,保持着自己政治上的贞操。他的心始终向着祖国,他的感情始终倾注在那些受法西斯铁蹄蹂躏的人民身上,而对帝国主义者及其走狗则投以强烈的憎恶。他虽孤身陷入敌营,但仍然做了一些力所能及的有益的工作。

他在做译员时,暗中帮助了不少印尼人和华侨。曾经和郁达夫一起流亡到巴爷公务的胡愈之后来回忆说:"在担任通译时,他却帮助了不少人,其中大部分都是印尼人。达夫当时懂得马来话,不过几句,但因为宪兵完全不懂马来话,所以遇到审问印尼人时,仍要他作翻译。他把印尼人的供词翻译时故意减轻罪证,因此开脱了不少的印尼人。武吉丁宜附近一带华侨人数甚少,日本人本来就不十分注意。有时宪兵部接到暗探报告,有关于华侨的,达夫探悉以后,就暗中通知当事人,设法消弭。所以当达夫任通译的几个月中,武吉丁宜宪兵部没有杀害过一个中国人,偶尔有被拘禁的,不久经过达夫的暗中营救,也都释放了出来。"[①]当时曾在"赵豫记"酒厂做事的文化人吴柳斯也回忆说:"在他任职的七个月当中,我知道他只有帮华侨,帮印尼人的忙,并没有陷害一个人","所以当宪兵队长要他通译的时候,也常常自问自答,好比演戏一样,不论什么人被抓到宪兵部去,给他如此一来,都释放出去,于是,被抓的人,既不知

---

① 胡愈之《郁达夫的流亡和失踪》,载《新文学史料》第一辑(1978年)。

是为什么被抓的,又不知为什么被释放的,然而大家都知道,这是郁先生帮的忙"①。由于郁达夫的巧妙周旋与积极营救,一些印尼人和华侨才能从日本法西斯的魔掌中逃脱出来,幸免于难,这不能不说是郁达夫的功绩。

对于敌人,郁达夫则十分憎恨与蔑视。他在担任译员期间,有一次,棉兰某大侨领的儿子奉那里日本宪兵部的命令,带领几个华侨败类,到处缉拿华侨抗日领袖陈嘉庚等人。他们来到武吉丁宜日本宪兵部要求给予协助。但是这一群人都不会讲日语,只好由郁达夫翻译。郁达夫知道他们的来意,就在翻译时故意添上了一些引起日本人不高兴的话。这样,宪兵不但不予协助,而且把这群家伙痛骂一顿。后来郁达夫把他们遣送回去,临走时还狠狠地斥责他们:"你们忘记了自己是中国人吗? 中国人为什么要捉中国人? 快滚回去,以后不许。"这群民族败类弄不清郁达夫的身份,只好莫名其妙地连声答应,狼狈而去。作为"赵豫记"酒厂的老板,郁达夫吩咐厂里,卖给日本人的酒,要尽量提高酒精的度数。他说:"我没有勇气和力量杀死敌人,但我可以使他们慢性麻醉而死。"这里没有什么豪言壮语,然而却透露出郁达夫对日本法西斯的满腔仇恨;增加酒精度数的做法似也比较幼稚,但它所闪烁的这位力量单薄的文学家对于敌人的复仇精神,却是十分可贵的。

有时候,郁达夫还通过自己的努力,使一些以隐晦曲折的方式鼓舞人们同侵略强盗作斗争的剧目得到演出。例如有一次,一出表现历史题材的歌剧在巴爷公务上演,就是得到郁达夫的帮助的。当时同郁达夫一道从新加坡流亡到巴爷公务的汪金丁后来回忆说:"在这异国沦陷的小镇上,我几乎是带着感激的心情,看了这次演出。剧情并没有过多的曲

_____

① 吴柳斯《纪念郁达夫先生》,见李冰人、谢云声合编《郁达夫纪念集》(南洋热带出版社1985 年印行)。

折,平铺直叙,在多少年前,一股入侵米南加波的异族人,毁坏了人们和平幸福的生活,但终于被广大受欺压践踏的群众赶走了。观众好象都懂得那些剧中的歌谣,有人在小声随唱。幕落了,人们从戏院里兴奋地走出来,往日胜利的战迹,仿佛使人在现实的黑暗里重又看到了光明。演出是成功的,轰动的,但只演了两天,剧团走了,它给人留下了怀念。有一次我曾同达夫谈起,他于是说到这剧团如何托人找过他。宪兵部开始不许演,他们根本连剧本也不看,也看不懂,后来他从中说了几句话,通过了,他说他没有想到演出的效果那么好。"①郁达夫这样做,可以说是给深受日寇凌辱的人们提供精神上的武器,增强了他们与敌人抗争的力量和信心。

尽力营救受到法西斯魔爪威胁的印尼人和华侨,以各种方式来表达对日寇和民族败类的憎恨,千方百计地支持人们起来同侵略者斗争,这就是郁达夫只身在敌人魔窟中所进行的特殊的战斗。这一位我国"五四"以后的优秀文学家,身处异域,在极其艰险的环境中,不是用笔来抒发他的仇恨和爱情,而是以他的勇敢和机智,以他的热血和生命,来表达他对祖国的无限忠贞,来倾诉他对受难的人民的深沉热爱,来显示他对法西斯强盗的强烈憎恨。他像一枝挺立在污泥里的洁白的荷花,陷身在失去人性的法西斯营垒里,却始终保持着人的尊严人的良知,始终保持着一个爱国者坚定的民族气节。郁达夫以他的满腔热血,谱写了一首比用笔书写的更加优美、更加感人的诗篇。

郁达夫进入日本宪兵部以后,有机会更多更具体地看到日本帝国主义占领者灭绝人性的野蛮暴行,这一切都使他不能忍受;同时,由于宪兵部相信他只不过是一个不懂政治的商人,所以对他较少防备。郁达夫有一次黯然地对他的朋友张紫薇说:"他们(指宪兵部——引者按)把很秘

---

① 金丁《记郁达夫》,载《读书》1980年第5期。

密的事情都拿来和我商量,我怕……"①他深深知道,了解的秘密越多,危险性就越大。因此,郁达夫就一再想法脱离宪兵部这个黑暗的魔窟。但是,要离开宪兵部绝不是一件容易的事。当时要找一个懂得日、英、荷语的人很困难,何况这位殷富的译员还能经常"借"钱给宪兵用,郁达夫曾多次说起:他不记得宪兵部里有谁没有伸手向他借过钱。所以几经努力都无法从宪兵部离开。后来他只好装病。然而"达夫的身体,素来又是好的,于是他只好虐待自己,鸡鸣即起,用冷水冲凉,让自己伤风;吃鸦片,喝酒,让自己咳嗽……总之他是想尽了不少方法摧残自己,好证明自己是有肺病"②。他又进了萨瓦伦多的医院,并且在那里买通了一个日本医生,给开了一张患有肺病的证明书。日本人很怕肺病传染,恰巧在1943年2月、3月间,武吉丁宜宪兵队长又换了人,这样郁达夫才获得批准辞职,但有一个条件,就是必要时还要找他来帮忙。从此,郁达夫才脱离生活了七个月的武吉丁宜日本宪兵部,回到巴爷公务。

从此以后,郁达夫过着一段暂时安定的生活。他经营着"赵豫记"酒厂,同时也在寓所里"养病"。他用不少时间来看书,他读历史书,读德文本但丁的《神曲》,读各种德文、英文的文学作品。他有一些书是从宪兵部收没的书籍中拿回来的,有时也到甘邦爪哇的市场上去买旧书,在他巴爷公务的寓所里,所藏的旧书可以万计,其中多为德文书,也有英文书,甚至还有荷文书。他本来就精通英、日、德等国语文,而这时,他又能阅读荷文的作品了。

由于郁达夫是以"富商"的身份出现,如果长期过独身生活将会引起日本人的怀疑,而且他的日常生活也确实需要有人照管。后来经友人介绍,郁达夫于1943年9月15日同一位住在巴东的华侨少女何丽有结

---

① 了娜《郁达夫流亡外纪》,载《新文学史料》第五辑(1979年)。
② 金丁《郁达夫的最后》,见李冰人、谢云声合编《郁达夫纪念集》。

婚。这位新夫人原籍广东省,二十岁,生父姓何,小时为陈姓收养,所以原名为陈莲有,郁达夫替她改姓名为何丽有。她的容貌并不美丽,也没有什么文化,而且不懂中国话。郁达夫在朋友面前称她为"婆陀"(即"傻瓜"的马来语)。他所以要娶这样的少女是有他的苦心的,因为如果是娶一位有知识的姑娘,怕会泄漏他的秘密,暴露他的身份。在新婚之夜,郁达夫写了四首律诗。其中一首写道:

> 赘秦原不为身谋,揽辔犹思定十州。
>
> 谁信风流张敞笔,曾鸣悲愤谢翱楼。
>
> 弯弓有待山南虎,拔剑宁惭带上钩。
>
> 何日西施随范蠡,五湖烟水洗恩仇。

郁达夫当时的友人了娜(张紫薇)回忆说:"当结婚那天早晨一早就来找我,相见之下,不说别的,就在袋子里拿出一张纸来,说:'我昨晚弄了很久,拿来给你看。'原来是四首律诗,写得非常恭楷,一笔不苟:……(诗略)在他这四首诗里,可以看出包在保护色里的他的本来面目来。我最喜欢他的'拔剑宁惭带上钩'!他也爱这句,他说:'现在帮他们点忙不要紧。'他说:'赘秦原不为身谋——并不是为自己吃饭。'他说:'揽辔犹思定十州——还想安天下呢。'我们共读这四首诗时,他的声调,他的解释的语句,我如今可说还记得清清楚楚。"①可见,郁达夫虽然取得暂时安定的生活,而且重新成了家,但是在虎狼环伺的处境中,他的内心深处仍旧牢记着国耻家恨,他忍辱负重,渴望着为国为家为己复仇的时刻。

　　郁达夫与何丽有结婚以后,继续了一段比较安定的生活。何丽有善于理家和服侍丈夫,郁达夫的饮食起居得到了较好的照顾。他仍然是经

---

① 了娜《郁达夫流亡外纪》。

营酒厂的富商,而且是安了家的人了,因而生活比较宽裕惬意。他一天散散漫漫的,有时在外面打打麻将,到吃饭时间回家就有夫人准备好的美馔;有时要到巴东或武吉丁宜去玩,何丽有就将出门所需的生活用品为他预备得很齐全。郁达夫对待何丽有也很好,他并未认为她是无知识的女流,凡遇聚餐或访友,多半都同她相依相随。有时过去认识的日本宪兵也来他们家里吃喝,他们也能巧妙地与之应付和周旋,这位外号"赵胡子"的赵廉,仍然没有暴露自己的真实身份。郁达夫从 1943 年春脱离武吉丁宜日本宪兵部以后,大约有一年左右的时间,生活是比较安定的。然而这只是暴风雨到来前的暂时的平静。

1944 年初,郁达夫生活的环境发生了较大变化。这时日本军部已把苏门答腊岛的军政监部迁移到武吉丁宜,苏岛的宪兵总部亦设在此地,因而武吉丁宜这个偏僻的山城就变成日本占领军的政治与军事的重镇。帝国主义侵略者大大加强了在这个地区的统治力量。

当时,宪兵总部里的人员有不少是从新加坡(日军占领期间称"昭南岛")调来的,有些人对原新加坡文化界的情形十分熟悉。其中有一个洪根培,曾在"昭南岛"兴亚炼成所受过训练,是日本侵略军的一条走狗。此人在宪兵总部充当译员,他了解新加坡文化界的情况,也知道巴爷公务的酒厂老板赵廉就是大名鼎鼎的文学家郁达夫,但是他并没有立即告发。开始时郁达夫还巧与周旋,两人有一些来往。后来他托郁达夫为他做媒,因郁达夫获悉女方早有对象,而予以拒绝,他就怀恨在心。同时,巴爷公务原中华学校校长被校董会解聘,曾托郁达夫去为他说情,郁达夫没有答应,因而也心怀不满。这样,他就和洪根培勾结起来去干卑鄙的告密勾当。洪根培向宪兵总部告发郁达夫的真实身份,并诬陷他是联军间谍,中华学校的校长则出面作证。

洪根培告密的消息传来,从新加坡流亡来的这群文化人感到极大不安,他们随时都有被逮捕的危险。当时有人劝郁达夫到别处躲避,但郁达夫知道自己已经受到注意和监视，如果企图逃离，就会立即被捕的。于是他对朋友们说："我是躲避不了的。最近宪兵每天到我家里来喝酒闲谈，虽然没有说穿，显然我已被监视了。我是逃不了的，索性不动声色，等事情爆发了再作打算。但你们应当先离开。不然，事情怕牵连的太大。"郁达夫的分析和建议是合理的。经过商量，这群文化人决定分路疏散。于是，胡愈之和沈兹九夫妇去棉兰，张楚琨、高云览等去巨港。郁达夫在危难紧急时刻所表现的这种镇定从容的态度，以及牺牲自己保存朋友的精神，都是十分难能可贵的。

在这同时，敌人开始对郁达夫进行严密的监视和审查。照例每天都有宪兵到他的家里喝酒闲谈，窥测动静；有两位与郁达夫来往较多的侨商先后被宪兵部传讯；在巴爷公务、巴东、石叻班让、望嘉丽等地，有十多个华侨被逮捕，都是和赵廉案有关的。这些迹象都表明，敌人所撒下的恐怖的罗网，已经步步笼罩着郁达夫了。当然，郁达夫和他的同伴也并没有束手待擒，他们曾试图突破敌人的包围。他们让一个住在郁达夫家里的、曾是新加坡战时工作干训班的学员小杨去巨港，试探另觅转移的据点。可是小杨才走出不远，就在萨瓦伦多被扣留，送到武吉丁宜的宪兵部里去了。当小杨被释放回来的时候，宪兵部要他带口信告诉赵廉先生："他的情况我们都知道了，他是中国著名的文学家，我们过两天将去看望他。"看来郁达夫已经难以逃脱敌人的魔掌了。但是，即使在十分困难的时候，郁达夫也不甘示弱，他决不放弃对民族败类的惩罚。有一次，洪根培离开武吉丁宜要到别处去，汽车经过巴爷公务，停在路旁。郁达夫知道后就去开了车门，抓他下来打了他两个耳光，并愤怒斥责他："你再去告我的密！"郁达夫在任何时候，都保持着凛凛的民族正气。

日本宪兵部经过一段时间的侦查，终于弄清楚赵廉一案。大约在1944年7、8月间，郁达夫被宪兵队长叫了去。在这之前，他们几乎收集到郁达夫过去的全部著作。宪兵队长指着一堆书问郁达夫："这些书是谁作的?"郁达夫一看是自己的作品,知道敌人已经有了准备,便镇定从容地回答:"是我作的。"敌人问:"怎么你又是赵廉呢?"郁达夫态度自若地说:"赵廉是本名,这是笔名。——中国作家不少这样的,例如鲁迅即周树人,茅盾即沈雁冰,所以郁达夫即赵廉,哈哈哈……"宪兵队长似也无法反驳郁达夫的辩解,只说:"我们找你,找得好苦啊!"而郁达夫则故作惊讶地回答:"啊啊!是吗?怎么你们不先问问我呢?如先问问我,我早同你们说了。"后来,日本宪兵到了郁达夫家里,说起他瞒得他们好苦,他们如何跑了许多地方调查他的案子,用了多少钱等等。郁达夫心里明白他们的用意,就说:"钱吗,我这里有,你们要,拿去用吧。"于是送给他们一千盾钱,并请他们吃"支那料理",吃酒,为他们的工作告一段落而干杯。

虽然日本宪兵弄清了郁达夫的身份,但是他们并没有马上就下毒手。胡愈之说:"当时我们研究这件事,觉得也没有什么奇怪。因为郁达夫是一个著名作家,在日本的名声很大,宪兵侦查的结果,知道他在沦陷时期,并无反日的实际活动,但他有民族的良心,如果把他拘捕起来,他一定宁愿牺牲,不愿用郁达夫的名义和敌人合作。如果把他杀掉徒然显示日本的残暴,对于日本并无好处。所以这一件案子实在不好办。倒不如把这案子瞒下,暂不举发。同时仍加严密监视,好在他是逃不了的。我相信日本宪兵既没有把他拘捕,又不强迫他和日本合作,原因当在于此。"[1]

郁达夫对于自己的处境是有非常清醒的认识的,这位对自己的祖国无限忠诚的文学家和战士,随时都作牺牲的准备,为了防备不测,他把自己的遗嘱都写好了。下面是他在1945年农历正月初一写的一份遗嘱:

---

[1]　胡愈之《郁达夫的流亡和失踪》。

余年已五十四岁，即今死去，亦享中寿。天有不测风云，每年岁首，例作遗言，以防万一。

自改业经商以来，时将八载，所有盈余，尽施之友人亲属之贫困者，故积贮无多。统计目前现金，约存二万余盾；家中财产，约值三万余盾。"丹戎宝"有住宅草舍一及地一方，长百二十五米达，宽二十五米达，共一万四千余盾。凡此等产业及现款金银器具等，当统由妻何丽有及子大雅与其弟或妹（尚未出生）分掌。纸厂及"齐家坡"股款等，因未定，故不算。

国内财产，有杭州官场衖住宅一所，藏书五百万卷，经此大乱，殊不知其存否。国内尚有子三：飞，云，均，虽无遗产，料已长大成人。地隔数千里，欲问讯亦未由及也。余以笔名录之著作，凡十余种，迄今十余年来，版税一文未取，若有人代为向出版该书之上海北新书局交涉，则三子之在国内者，犹可得数万元。然此乃未知之数，非确定财产，故不必书。

乙酉年元旦

这不是一张普通的遗嘱，更不是闲人雅士的文字游戏。遗嘱中的年龄、子女、经商时间、藏书数与实际情况有些出入，估计是为了迷惑敌人而故意模糊，但基本内容是真实的。从这些字里行间，人们可以感受到一颗赤子之心在跳动。它传达了我们祖国一个忠诚的儿子在狰狞的民族敌人面前宁愿赴死、决不屈服的伟大心声，它显示了中华民族的宝贵性格。

从郁达夫暴露真实身份到日本投降，大约经过一年时间。郁达夫随时准备迎接灾难的来临，但出乎意外，这段时间却一直平安度过。郁达夫仍然像以前那样生活，有时也写诗抒发自己的情怀。1945年春，他为一位朋友的一幅梅题了一首诗：

十年孤屿罗浮梦，每到春来辄忆家。

难得张郎知我意，画眉还为画梅花。

这是我们目前所能看到的郁达夫最后的一首诗。它表达了一个流亡在海外的孤独诗人对于自己祖国和家园的眷恋和思念，情深意切，十分动人。[①]

四

郁达夫"九岁题诗四座惊"，他和文学结下的不解之缘是从诗歌开始的。以后他陆续为读者奉献出许多优秀的小说、散文和政论。可是当他接近生命路程的尽头的时候，在日本法西斯的虎狼环伺下，他却完全失去提笔写文章的自由，只能偶尔暗中弹奏诗的竖琴，偷偷地吟唱心中的寂寞与苦闷。诗歌成为他生命最后三年惟有的心灵慰藉。这也表明，他的创作生涯是以诗开始也以诗结束，诗的女神陪伴着他的一生。他写的基本上是旧体诗词。近四十年的创作历程留下了大量作品，目前所能收集到的约有六百首，这还远远不是郁达夫诗作的全部。然而这已经是一笔非常可观的文学财富了。

郁达夫是将写诗作为表达生活感受的手段，而且认为旧体诗是最适合自己的文体。他说："一个人，感情激动的时候，总是有的；同乡下人的看了落日朝暾而出神，渔夫的看了大海狂澜而荡气时一样，到了这一种有抒情之必要的瞬间，同乡下人的长啸一声，渔夫的慨叹一回一样，我有时候，也喜欢玩弄玩弄文字。因此历年来当感情紧张，而又不是持续的

①　我们在写郁达夫流亡苏门答腊这一节时，曾参考了胡愈之、汪金丁、了娜、王任叔、张楚琨等发表的回忆文章。特此说明，并致谢忱。

时候,或有所感触,而环境又不许可写长篇巨论的时候,总只借了五七字句来发泄。"(《序〈不惊人草〉》)又说:"象我这样懒惰无聊,又常想发牢骚的无能力者,性情最适宜的,还是旧诗,你弄到了五个字,或者七个字,就可以把牢骚发尽。"(《骸骨迷恋者的独语》)由于郁达夫是把写作旧体诗作为感情激动时的"抒情之必要",是为了表达生活中的"感触",为了"发牢骚",所以他甚至不是将写诗看作"文学创作",更多的是将它作为一种精神生活方式,是内心诉求和日常交流的需要,就如同语言交流一样。于是在日常生活中不管遇到什么事,他只要有感触就会写诗,诸如个人身世的叙述,恋爱婚姻的心绪,现实遭遇的感悟,朋友间的交往酬酢,读诗读史的心得,对亲人故乡的怀念,对时局形势的思考,以及游览山水名胜的题咏等等,郁达夫都诉之笔端,赋以诗篇。同时,我们从郁达夫诗作的这些内容也可以看到,他只是将诗歌当作宣泄个人喜怒哀乐情绪的载体,它完全是一种个人化写作,郁达夫生前从未将自己的诗作收集单独出版似也可以说明这一点。但是,郁达夫毕竟亲身经历了二十世纪上半叶的许多重大事件,并常常以他的吟唱对这些事件作出反应,表达他对国家命运的忧虑,对邪恶势力的抨击和对底层民生的关注,因而他的诗篇也就会一定程度地反映着时代的风云,感应着现实的脉动。这样,我们从郁达夫四十年的全部诗作中,就可以看到一部用诗谱写的特定历史时期一个知识分子的心灵史。

由于将写诗看作是感情激动时的"长啸一声",是发泄诗人情绪的私人行为,郁达夫在写诗的时候,既不装腔作势,也不扭怩作态,既不藏掖遮掩,也不无病呻吟,而是能够把自己内心深处最真切的感受倾吐出来,况且他在理论上也主张"艺术的价值,完全在一真字上"。因此,"真实"就成为郁达夫诗作的一个最鲜明的特色。他在诗歌创作中所彰显的是真实的思绪、真挚的感情,和真诚的态度,赤裸裸地展现诗人真实的自己。在一些与朋友、亲属日常酬唱的诗作中,他总是态度诚恳地倾注真情,决不以虚情假意应付了事。至于抒写某些在别人看来较"敏感"的题材,他也是坦然地敞开自己的心扉,毫无隐讳地诉说自己的想法与态度,欢乐与痛苦。例如,在郁达夫生命中的不同阶段,先后有几位女性闯入他的生活,他曾为她们奉献出许多深情的吟唱。朱自清在为《中国新文学大系·诗集》写的"导言"里曾感叹"中国缺少情诗"。在郁达夫生活的时代,尤其是"五四"前后,某些道貌岸然的正人君子都讳谈男女之事,作家要歌唱爱情还是需要勇气的,然而他在与孙荃的唱和中却留下了许多情深意切、大胆直白的佳作,以后他为王映霞、李小瑛也写了不少热情的诗篇。至于像对日本女友隆儿,侍女梅儿、玉儿以及安徽的妓女海棠,郁达夫也都毫不顾虑地以诗相赠,这在当时是颇为越轨的行为,但郁达夫却都真实地呈现在读者面前。又例如,二十世纪三十年代,国民党当局对进步人士实施白色恐怖,对日本侵略者则采取不抵抗政策。受到这种时代气氛威胁的郁达夫并不隐瞒自己的观点,不伪装自己的态度,他不顾个人安危,写下《改昔人咏长城诗》、《闻杨杏佛被害感书》等诗篇,表示强烈的愤懑与抗议,真实地显示自己的政治立场。再例如,郁达夫在诗篇中敢于毫无保留地对外公开自己的家丑。他的一组《毁家诗纪》记叙他和王映霞的婚变,赤裸裸地将"九州铸铁终成错,一饭论交竟自媒"的情况暴露出来,以后郁达夫还因自认定的妻子红杏出墙而写诗羞辱自己。正如郭沫若所说:"达夫的为人坦率到可以惊人","自我暴露,在达夫仿佛是成为一种病态了。别人是'家丑不可外扬',而他偏偏要外扬"(《论郁达夫》)。总之,人们从这些诗篇中所看到的,确实是一个真实的郁达夫。

在诗词创作中,郁达夫十分注重艺术情调的酿造。他说:"历来我持以批评作品的好坏的标准,是'情调'两字。只教一篇作品,能够酿出一种'情调'来,使读者受了这'情调'的感染,能够很切实的感着这作品的'氛围气'的时候,那么不管它的文字美不美,前后的意思连续不连续,我就能承认这是一个好作品。"(《我承认是"失败了"》)事实上"情调"既是郁达夫文学批评的标准,也是他文学创作追求的目标。所谓"情调",就是作品里弥漫着的一种描绘如画、蕴含感情、能够拨动人的心弦的"氛围气",读者从中能够受到感染,获得审美的快感。那么如何创造这种"氛围气"呢? 郁达夫在《谈诗》一文里曾介绍他的一个"做诗的秘诀",就是"辞断意连"。具体地说,就是通过诗歌语言的省略、跳跃、组合,或若干独立意象的叠加、并置,以重新建构一种诗情画意的艺术境界,从而取得"情调"的效果。我们读郁达夫的诗,就常常能感受到这种富有艺术意味的氛围。例如下面这首诗:"许侬赤手拜云英,未嫁罗敷别有情。解识将离无限恨,阳关只唱第三声。"这是郁达夫1917年回国与孙荃订婚后即将返回日本时写的"临行有寄",它通过书生裴航向仙女云英求婚,古代美女秦罗敷的多情,以及王维《渭城曲》第三句"劝君更尽一杯酒"三个独立的意象的并置连缀,暗示出一个诗意的情景:诗人虽没有重金礼聘,但多情的少女依然为我献出她的无限柔情,临行之前她以频频劝酒来表达其依依之情。郁达夫就是通过这种艺术氛围来寄托他对深情的未婚妻的感激与眷恋。又如《星洲旅次有梦而作》这首诗:"钱塘江上听鸣榔,夜梦依稀返故乡。醒后忽忘身是客,蛮歌似哭断人肠。"这是诗人刚从祖国来到新加坡时写的。它以梦中返回故乡听到钱塘江上渔人捕鱼时敲榔之声和醒来以后听到异国似哭的蛮歌这两个意象的强烈对比,在"忽忘身是客"的失望氛围中表达了诗人对故乡的思念和牵挂。又例如1940年他与王映霞在新加坡仳离后,孤独地和幼子郁飞相依为命,写了那首"大堤杨柳记依依"的律诗(见前引)。诗篇以大堤杨柳,茂陵独宿,野雉双飞,三春恋晖,以及"愁听灯前谈笑语"等独立的意象的组合,渲染了婚姻变故以后家庭里呈现的冷清凄凉的情景,正如郁飞所回忆的:"家庭变故在各人——尤其是孩子——心头造成的创伤是可想而知的。此后父亲逗我玩时不经心间会提到往昔三人在一块时说过的玩话,出口以后两人都

三分天下二分已沮洳
海何人弔國殤昨
向西基二畔遇若
痕猶似淚淋浪
祖賢兄正
郁達夫

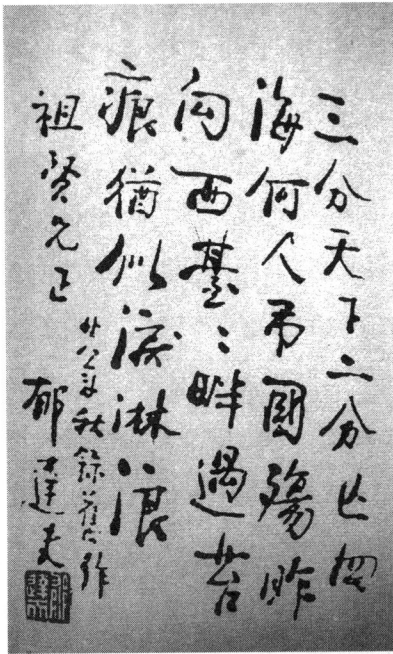

郁达夫诗手迹

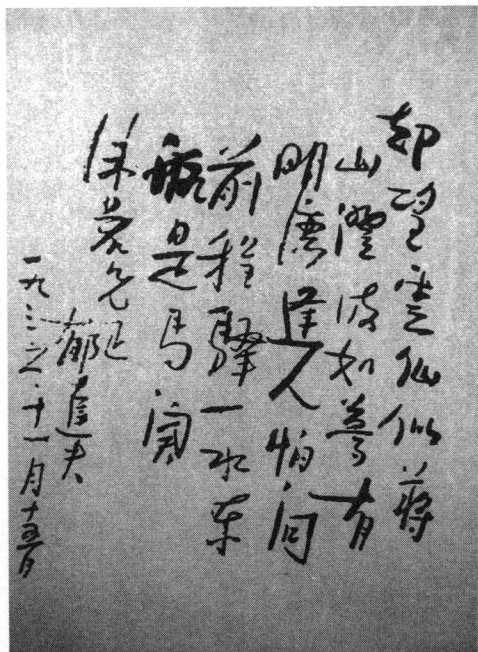

卻望雲孤似蔣
山灃陂如善有
明傳達人恫間
前程驛一水東
飛是馬閣
休兄正
郁達夫
一九三之十一月十二曰

郁达夫诗手迹

立即想起当初的情景,全都默不作声了。"《郁达夫的星洲三年》在这种氛围中,最后一句写儿子的问话:"阿娘真个几时归?"这无可奈何的呼唤就将情绪推向高潮,从而使这首诗所营造的情调具有强烈的震撼力。再如《乱离杂诗》的第八首:"犹记高楼诀别词,叮咛别后少相思。酒能损肺休多饮,事决临机莫过迟。漫学东方耽戏谑,好呼南八是男儿。此情可待成追忆,愁绝萧郎鬓渐丝。"这首诗选择的视角是诗人追忆与女友李小瑛诀别时的情景:大战即将临头,李小瑛随英军撤退前与诗人告别时殷切地叮嘱,深情地关心与鼓励,然而从此就再难见面了。诗篇以李小瑛临别时的反复叮咛与愁苦忆念的白发萧郎(作者自比)两个意象相互映衬,传达出来的是诗人深切的思念与淡淡的忧伤。由以上几个例子可以看到,郁达夫在营造诗歌中的情调时,总是经过若干意象的组合,将诗人要表达的感情,选择一个可感的客观的形象体现出来:频频劝酒,异国惊梦,幼儿唤母,临别叮咛等,在这里,读者获得的是具有视觉效果的具象,是一种蕴含诗意的画面感。诗歌的这种情调能够给予读者美的享受。

我们在郁达夫的诗作里,还时常能聆听到流淌于其字里行间的感伤的旋律。形成这一特色是有多种原因的。在理论上郁达夫曾主张"感伤主义,就是文学的酵素",是激发作品感染力的重要因素;他本人平时最喜爱的古代诗人如李商隐、吴梅村、黄仲则、龚定庵等,其诗作都洋溢着浓重的感伤情绪,郁达夫不能不受到影响;而最主要的则是他的人生命运十分坎坷,在内忧外患的困境中他所抒发的常常是忧伤的声音。郁达夫在其撰写的文论《文学概说》里,将 sentimentalism 翻译为"殉情主义",并谈到这类作品的产生,他说"殉情主义的作品,总带有沉郁的悲哀,咏叹的声调,旧事的留恋,与宿命的嗟怨。尤其是国破家亡,陷于绝境的时候,这一种倾向的作品,产生得最多"。我们看到,郁达夫诗作的感伤旋律同样也是伴随着他的生命历程产生,只是由于诗人境遇的变化而出现不同的内容,呈现出各异的色彩。一、思乡。这主要是在日本留学时期的诗作中大量出现的。当时作者年轻,又孤身在异国,不能不时常思念大洋彼岸生活着母亲、兄弟和未婚妻的故乡,思念着多灾多难的祖国,从而发出咏叹的声调。如《乡思》:"闻道江南未息兵,家山西望最关情。几回归梦遥难到,才渡重洋已五更。"如《有寄》:"只身去国三千里,一日思乡十二回。寄语界宵休早睡,五更魂梦欲归来。"诸如此类的都是情绪忧郁的思乡曲。二、穷愁。郁达夫在日本留学时只靠微薄的公费生活,回国后又长期过着比较清贫的日子,因此在诗作中就常常为贫穷而发出感叹。如"塞翁得失原难定,贫士生涯总可怜"(1919 年),"十载关山一故吾,今年穷极并锥无"(1920 年),"贫士生涯原似梦,异乡埋骨亦甘心"(1920 年),"恨司马家贫,江郎才尽,李广难朝"(1927 年),"两年掌上晨昏舞,慰我黔娄一段贫"(1935 年)。三、忧时。郁达夫生活在内忧外患的时代,军阀混战,白色恐怖,日寇入侵,事件连年不断。他对动荡的时局,时常写诗表达他的忧虑和不安。如 1931 年面对各派政治势力争斗,他在途经南京时写道:"伤心忍见秣陵秋,梁燕争棋局未收。一着何人输始了,平西耿尚不同仇。"《过南京》又如 1934 年面对国土的大片丧失,他悲愤地写道:"三分天下二分亡,四海何人吊国殇。偶向西台台畔过,苔痕犹似泪淋浪。"《偶过西台有感》四、避祸。郁达夫移居杭州前后,国民党当局的白色恐怖笼罩中国大地,他也受到政治迫害的威胁,不得不时常迁徙躲避,生活很不安定。他在诗作中抒写了这种郁闷的心情:"背脊驼如此,牢骚发渐幽。避嫌逃故里,装病过新秋。未老权当老,言愁始欲愁。看他经国者,叱咤几时休。"《无题》同时,又以"伤乱久嫌文字狱,偏安新学武陵渔"表示他的人生态度。五、殇子。1926 年,郁达夫与孙荃的儿子龙儿病逝,他曾写了著名的散文《一个人在途中》,如泣如诉地表达其殇子之痛,感动了许多读者。1935 年他和王映霞的第三子耀春病逝,他则写了一组《志亡儿耀春之殇》的诗。如"明眸细齿耳垂长,玉色双拳带乳香。收取生前儿戏具,筴笼从此不开箱","魂魄何由人梦来,东西歧路费疑猜。九泉怕有人欺侮,埋近先茔为树槐"。这些伤心的吟唱,同样能够催人泪下。六、婚变。郁达夫与王映霞感情的破裂,给他带来撕裂肝胆的痛苦,他写了许多诗歌倾诉这种毁家的感受。诸如"国破家亡此一时,侧身天地我何之?""凤去台空夜渐长,挑灯时展嫁衣裳","而今劳燕临歧路,肠断江东日暮云","沈园旧恨从头数,泪透萧郎蜀锦衾","忍抛白首名山约,来谱黄衫小玉词","异国飘零妻又去,十年恨事数番经"。这些诗句都极为悲痛,感人至深。七、自辱。对于王映霞的离去,郁达夫一直相信有关其红杏出墙的传言,这种家丑对于一个自尊心很强的男人是莫大的耻辱,内心的巨大伤痛使他在诗篇里用偏激的言辞来羞辱自己,有时甚至达到残酷的地步。他常把自己比作庄子《秋水》篇中的"曳尾涂中"的神龟。如"纵齐倾钱塘潮水,奇羞难洗。欲返江东无面目,曳尾涂中当死",如"莫忏泥涂曳尾行,万千恩怨此时情",如"纵移团扇面难遮,曳尾涂中计尚赊"。郁达夫这种极端残酷的自辱是惊人心魄的。八、漂泊。郁达夫远离祖国万里投荒,到了新加坡,太平洋战争爆发又流亡到苏门答腊,几年间都过着漂泊无定的生活,再加上与王映霞的仳离,后来随英军撤退的女友李小瑛又时时引起他的牵挂和思念,他的内心是十分孤独和悲哀的,这些情绪不能不诉诸笔端。如"归去西湖梦里家,衣冠憔悴滞天涯。沈园可有春消息?忆煞桥边野草花",如"投荒大似屈原游,不是逍遥范蠡舟。忍泪报君君莫笑,新营生圹在星洲"(《槟城杂感》),又如"千里驰驱自觉痴,苦无灵药慰相思。归来海角求凰日,却似隆中抱膝时。一死何难仇未复,百身可赎我奚辞。会当立马扶桑顶,扫穴犁庭再誓师"(《乱离杂诗》)。除了以上所列的方面外,还有诸如应试落第、病中苦吟、怀忆往事、感叹身世等诗作,也都能听到诗人感伤的咏叹。如果说,郁达夫的全部诗作是一部深沉丰富的乐曲,感伤情绪则是其中贯穿始终的一股旋律,随着乐曲的进行,在不同阶段它就会出现不同的主题。这就形成郁达夫诗词作品的又一鲜明的特色。

　　郁达夫诗词的表现手法和艺术风格是多姿多彩的。熟练地掌握旧体诗词的写作技巧,使他的作品达到很高的艺术水平。表现手法方面,他尝试使用多种艺术手段,来体现自己的思绪。由于郁达夫具有非常渊博的历史知识和文学积累,因而他可以从浩如烟海的历史典籍和文学作品中随手拈出某些典故,用来表达自己的思想和感情,有时一首诗甚至几乎句句用典。这成为他写诗常用的重要手法。例如《毁家诗纪》第七首:"清溪曾载紫云回,照影惊鸿水一隈。州似琵琶人别抱,地犹稽郡我重来。伤心王谢堂前燕,低首新亭泣后杯。省识三郎肠断意,马嵬风雨葬花魁。"诗里运用的典故有:杜牧与紫云,陆游与唐琬,琵琶别抱,朱买臣稽郡重来,王谢堂前燕,新亭泣酒杯以及马嵬断肠等七个典故来表达作者失去王映霞的巨大痛苦。又如郁达夫晚年与何丽有新婚时写的那首"赘秦原不为身谋,揽辔犹思定十州"的律诗(全诗见前引),也用了重耳赘秦,登车揽辔,张敞画眉,谢翱哭台,南山射虎,范蠡泛舟等六七个典故。郁达夫的用典,大多贴切、通俗、自然,读来并无堆砌、生涩之感,大量典故的运用使他的诗作显得厚实、深沉,也拓展了内容的空间。但有时根据内容表现的需要,他的诗作却又完全不用典故,采用另外一种写法。例如下面的几首诗:"大海浮萍聚一年,秋风吹散野飞烟。别来颇忆离时景,扬子江头月满船。"(《寄夏莱蒂》)"新安江水碧悠悠,两岸人家散若舟。几夜屯溪桥下梦,断肠春色似扬州。"(《屯溪夜泊》)"半堤桃柳半堤烟,急景清明谷雨前。相约皋亭山下路,沿河好看进香船。"(《万安桥头闲步忆旧游》)"年年风雨黄花节,热血齐倾烈士坟。今日不弹闲涕泪,挥戈先草册倭文。"(《廿七年黄花岗烈士纪念节》)这些诗作不用典故,也没有晦涩的内容,既明白晓畅又含蓄隽永,既具体如画又诗意盎然,读来宛如夏天的凉风,清新而舒爽。郁达夫有时还尝试运用口语化的文字,创作颇具民歌风的诗篇。如"泥壁茅蓬四五家,山茶初苗两三芽。天晴男女忙农去,闲煞门前一树花"(《临安道上野景》),又如"男种秧田女摘茶,乡村五月苦生涯。先从水旱愁天意,更怕秋来赋再加"(《沪杭车窗即景》)。此外,郁达夫还有《拟唐人作》《改昔人咏长城诗》等，也都反映了他的旧体诗创作的多方面探索。另一方面郁达夫诗词作品的艺术风格也呈多元的风貌。由于作者总是根据内容和情绪表达的需要来提炼字词、选择典故、熔铸形象和营构意境，这样，内容不同，艺术色调也就各异。在他的诗词作品里，出现较多的有时是如光风霁月、静水平流的洒脱深情的弹唱，有时是如阴霾弥天、波纹荡漾的铭心刻骨的苦吟，但有时也会出现烈火狂飙、奔涛急浪般的豪迈呐喊与高歌。走进郁达夫诗词的艺术世界，读者看到的就是如此绚丽多姿、丰富多彩的美丽风景。总之，郁达夫终其一生所从事的旧体诗词创作，达到了很高的艺术境界，毫无疑问它是一串闪耀着灿烂光辉的艺术明珠，是中国现代文学的一份珍贵的瑰宝。

1945 年 8 月 15 日，日本帝国主义宣布无条件投降。郁达夫和他的同伴们，终于度过了漫漫的黑夜，看到了胜利的曙光。然而正当他们在欢庆胜利的时候，日本法西斯分子却向郁达夫凶猛地扑了过来。由于郁达夫是一个有广泛影响的文学家，又曾在宪兵部里亲眼看到日本法西斯的各种暴行，在未来审判战犯的国际军事法庭上，他将会是一个很有力量的证人。日本宪兵为了减轻与脱卸罪责，就向他伸出了罪恶的黑手。

8 月 29 日晚上九点多钟，郁达夫正在和几位朋友在家中打牌、闲谈，有个素不相识的青年拿着一封信来找郁达夫。和那个青年讲了几句话后，郁达夫就回到客厅对大家说有点事，要出去一趟。他穿着睡衣和木屐，出去后就再也没有回来。郁达夫失踪的第二天，他的夫人何丽有分娩，是他们的第二个孩子，这个可怜的女孩，从出生时起，就看不到自己的爸爸了。郁达夫被害的日子，一说是当年 9 月 17 日，一说是当年 8 月 29 日；至于遗体埋在何处也无从知道。一个中国作家就这样走到生命的尽头，实在让人悲叹。

中国现代文学天宇中的一颗明亮的星辰陨落了。

| 结束语 |

　　展现在读者面前的是一位异常复杂的作家的一生。在他五十年的生命途程中,始终充满着深刻的矛盾。他因在异邦饱受歧视、凌侮而迫切希望祖国富强昌盛,然而却寻找不到实现强国之梦的真正路径;他不满国内军阀统治的黑暗现实,然而又痛苦地意识到个人缺乏改变现状的力量;他满腔热情地奔向涌动着革命浪涛的祖国南方,然而又因看到被滚滚洪流搅泛起来的某些沉渣污秽而深感失望;他受到白色恐怖的威胁而逃离沸腾的现实生活,寄情山水,然而在他的内心深处却又时刻牵挂着苦难的祖国,苦难的人民;他曾在达官贵人的饮宴酬酢中消磨时日,也曾为家庭的突然破碎而遭受心灵的重创,甚至一度被胁迫不得不厮混于虎狼群中,然而不管在什么情况下,他都一直关心着国家的安危,民族的存亡,并终于加入到反法西斯斗争的队列,直至献出自己的生命。这就是郁达夫坎坷的生活道路的真实写照。

　　这种深刻的矛盾也从作家郁达夫的文学创作中反映出来。一方面,他拨动他的竖琴,抒唱对祖国母亲的无限爱恋和热烈期望,倾诉对那些挣扎于生活底层的受苦人的深切同情,褒扬知识青年解放个性的努力和被压迫者为改变不幸命运所作的抗争,叙说内心深处的悒闷不平,思考革命斗争的经验教训,赞美自然景色的绚丽多姿,同时对各种违背人性的邪恶势力严正地予以谴责与抨击;另一方面,在二十世纪上半叶风雷激荡的背景下,他的歌声有时过于悲凉和忧伤,令听者心情沉重,感到前途渺茫,对那种远离现实社会的恬静闲适的隐居生活的竭力赞颂,也有可能误导人们走向脱离当前斗争的歧途,笔墨浓重的情色叙写使他的歌唱有时出现某些不甚悦耳的音调,它会损害读者心灵的健康。在郁达夫奉献给读者的全部作品中,积极与消极,希望与失望,健康与病态,明朗与晦暗,就是这样紧密地胶着在一起的。

郁达夫在给王映霞的一封信里写道:"我平生的吃苦处,就在表面上老要作玩世不恭的样子,……这是我的死症,我心里却是很诚实的,你不要因为我表面的态度,而疑到我的内心的诚恳。"李初梨也说过这样的话:"达夫是摩拟的颓唐派,本质的清教徒。"纵观郁达夫一生的经历,他自己的表白与李初梨的评价是可信的。尽管他有时也放浪形骸、表现出玩世不恭的样子,但是他的内心的确是真实而诚恳的;尽管他有时会发出疲惫颓唐的叹息,但是他对待人生却始终抱着严肃的态度。同样,尽管郁达夫的生活道路和文学创作呈现着深刻的矛盾、复杂的面貌,但是应该说,它的主导方面却仍然是鲜明而清晰的,拨开遮蔽着的迷雾,我们所看到的是,爱国感情和人道主义关怀始终处于凸显的位置,决定着郁达夫人生和作品的基本倾向。从为祖国的贫弱而叹息呼喊,到为改变祖国落后面貌而向新旧军阀作斗争,从在侵略者魔影下百倍眷恋祖国的山水,到为反抗蹂躏祖国和亚洲美丽土地的日本法西斯而献出宝贵生命,对祖国深沉的爱在郁达夫的思想与创作中是贯穿始终而又不断发展的一条线索。与此相联系,郁达夫还一直关心着自己的人民。从关注知识青年的个性解放到同情底层民众的生存境况,从寄希望于农民的反抗到奋起控诉法西斯惨无人道的暴行,人道主义则是郁达夫一生中贯穿始终而又不断发展的另一条线索。

郁达夫认为"五四"最大的成功在于"个人的发现",从此"现在的人才晓得为自我而存在了"。他本人就是受到"五四"精神洗礼而走上文坛的知识分子,他充分认识到作为"人"应该有自己的价值,自己的尊严。因此,作为一个作家,在对祖国表现出无限热爱、对民众表现出无限关怀的同时,他对于自己则始终坚守人格的独立,始终维护一个人应有的尊严。在日本留学时,他曾以慷慨的演说驳斥日本学者攻击中国的言论,迫使"宪政之神"尾崎当众道歉,捍卫了中国人的尊严;回国前后他在文学创作中蔑视虚伪的封建道德,以惊人的大胆暴露自己,彰显了独立的个性;他拥护国民革命军的北伐进军,但对革命后方的消极面又无情地加以揭露,而当掌权的右派势力以"为他们帮助党务"来拉拢他时,则又严加拒绝,维护自己独立的人格;他曾热情参与三十年代的左翼文艺运动,但由于不能接受某些极"左"的行动,就自行退出,决不随波逐流;流亡苏门答腊期间,面对日本法西斯的鬼哭狼嚎,他依然坚守民族气节,并最终以生命捍卫一个中国人的尊严。可见,坚守人格独立、维护人的尊严是贯穿郁达夫一生的又一条线索。

我们认为,正是爱国感情,人道关怀,人格独立,共同汇聚成奔腾在郁达夫全部生活和创作中的主流。它像是整部乐曲的强音,整幅图画的主色。正是由于这种高贵的情愫是他的主导方面,郁达夫才能在他的作品里体现了"五四"精神的光辉传统,反映了反帝反封建的历史诉求,从而在现代文学发展史上占有重要的地位。在三十年代,郁达夫曾对美国友人史沫特莱说过这样一句话:"I am not a fighter, but only a writer."他认为自己只是一个作家,不是一个战士。当时人们或者并不觉得这是郁达夫的自谦之词,但是,当郁达夫走到生命的尽头,殉命于日本法西斯的魔掌下的时候,人们终于清楚地看到了爱国感情、人道关怀和人格独立在他身上所焕发出来的光芒,并会毫不怀疑地认为,他不仅是一个作家,而且是一个战士。新中国成立不久,人民政府就追认在抗日战争中牺牲的郁达夫为革命烈士,中国人民正是把郁达夫作为卓越的文学家和英勇的反法西斯战士来纪念的。

郁达夫的一生生动地说明,一个作家,尽管他所走过的人生道路崎岖不平,他的思想面貌曾经呈现出深刻的矛盾,他奉献给读者的作品也可能存在着瑕疵和局限性,但是,只要他热爱自己的祖国和人民,只要他曾为寻求救国救民的道路而作过艰苦的跋涉,只要他为祖国的富强和人民的安乐贡献出自己的力量,只要他拥有一个现代知识分子的良知和独立人格,祖国和人民一定会认定他是自己优秀的忠诚的儿子,他所书写的那些记录着自己对祖国的挚爱和对人民的关切的心声的作品,则是我们民族的一份弥足珍贵的艺术财富。

| 初版后记 |

呈献在读者面前的这本《郁达夫评传》是近两年写成的,它距离我们发表于 1957 年的《郁达夫论》已经有二十五年左右了。

我们既写了作家论,为什么还要再写这个《评传》呢? 主要有以下几个原因:一、由于作家论受到篇幅的限制,我们当时较偏重于论述郁达夫思想发展的过程和特点,而对郁达夫的生平则未能作较详细的评介,对他丰富的文学作品也未能作更深入的艺术分析,我们希望能有机会作一些弥补。二、近几年来,有关郁达夫资料的搜集、整理取得了很大进展,诸如郁达夫的诗词、日记、书信以及抗战期间发表在新加坡报刊上的文章,都有重大发现。在这方面,大陆和港台的学者,以及日本、南洋的学者都做了大量的工作,此外,郁达夫的亲属和作家生前的朋友还发表了不少回忆文章。这一切都为继续深入研究郁达夫提供了极为有利的条件。三、由于"左"的思潮的干扰,较长时间,郁达夫研究的正常工作几乎陷于停顿,而某些文学史著作对郁达夫则作了不公正的评价。党的十一届三中全会以后,同现代文学的其他领域一样,郁达夫研究的工作才又开始活跃起来。在文艺春天的温煦的阳光下,我们觉得,对这一位现代文学史上思想和创作面貌都比较复杂的作家,有必要根据近年来发现的大量的新的资料,作进一步的研究,并努力作出更为实事求是的评价。于是我们决定撰写这一本《评传》。我们的一些看法是否准确,对郁达夫的评价是否公允,恳望能得到广大读者和专家的指正。

在本书即将付排的时候,我们怀着深深的感激之情想到许多关心它的写作和出版的师友。我们的老师郭绍虞教授在这本书开始动手写作时就为它写了题签。在写作过程中,正在编辑多卷本《郁达夫文集》的王自立、陈子善同志,热情地为我们提供所需的各种资料;李福田同志及时地给我们寄来刚出版的《达夫书简》;从国外讲学回来的章培恒、顾炯等同志将他们在国外得到的有关资料寄给我们;几位在香港的朋友也为我们认真搜集这方面的书籍;而百花文艺出版社的编辑同志则为这本书的出版付出了不少心血。没有这些朋友的帮助,这本书是不能顺利地和读者见面的。在它即将出版的时候,我们谨向这些师友表示衷心的感谢。

为撰写《郁达夫评传》,我们两人曾经到杭州场官衖凭吊当年郁达夫苦心经营的"风雨茅庐",如今它的旁边已矗立起高大整齐的新建住宅群,真令人有沧海桑田的感慨。我们两人也曾一起访问郁达夫的家乡——富阳,我们登上鹳山,远眺江山胜景,也看到为纪念郁达夫及其大哥曼陀而建的双烈亭;我们还漫步在新辟的宽阔而热闹的市街。作家故居的胡同已命名为达夫弄。家乡的人民对作家有着深切的怀念。在富阳我们还感到,富春江的确是像郁达夫所写的那样秀丽迷人;当然,郁达夫作品中留给我们的富阳城的古老衰败的印象,以及作家多次返里时的沉重疲惫的屐痕,是无法寻觅的了。现在,那里的一切是生机蓬勃,充满希望的。我们想,如果郁达夫能活到今天,亲自看到他所挚爱的祖国的沸腾的社会主义新生活,他的歌声就不会还是那样忧伤了,他一定会唱出一些欢乐的歌的。那么，我们的这本《评传》，对于这位才气横溢的文学家的结局的叙写，也就会减少它的悲剧色彩，而赋予更多明丽的亮色。

作　者

1983 年 6 月

| 再版后记 |

　　《郁达夫评传》和读者见面将近一年了，最近出版社通知准备再版，我们感到很高兴。一本书能得到读者的喜爱，对于作者来说，自然是莫大的欣慰。

　　撰写作家评传，我们还是处于探索的阶段。在《冰心评传》(人民文学出版社出版)和《郁达夫评传》的写作过程中，我们逐渐体会到，要写好一本作家评传，必须注意处理好以下的几个关系：一、"杂色"与"主色"的关系。我们面对的都是思想面貌比较复杂的作家，如果人为地"提纯"就必然会失真，所以我们还是努力写出他们的复杂性。然而透过这种复杂性的迷雾，我们又可以看到奔腾在这些作家身上的进步思想的主流，如果不清晰地揭示这种主导方面，在读者心目中，作家的思想面貌又将会一片混沌。因此，既应写出复杂性，又应揭示其主导方面，这样才能较好地描绘出作家的真实形象。二、作家与时代的关系。我们注意到，仅仅围绕着一个作家来孤立地写作家评传是不行的，应该从更大的系统来对作家进行研究，也即把作家放在广阔的时代背景中去考察，让人们看到，作家的成长离不开时代的土壤，他是时代的产儿；而从一个优秀的作家身上，又能显示出时代前进的投影。三、"评"与"传"的关系。既然是评传，就不是作家论，也不等同于文学的传记，它应该有"评"又有"传"。因此，我们尽可能通过大量事实，来勾画在特定时代里作家的人生道路、思想脉络和创作历程，多侧面地来叙写作家的生活经历、感情风貌和思想气质，使之富于立体感；同时又注意不堆砌资料，尽量腾出手来，审察作家同时代的联系，评论作家生平中的重大事件，分析作品的艺术特色，探讨作家创作的艺术规律。我们认为，作家评传的这种写法，将有利于学术性和文学性的结合。当前，在现代文学研究中，撰写作家评传正在形成热潮。我们愿意同大家一起，继续在这一领域里耕耘，争取能有更好的收获。

今年是郁达夫殉难四十周年，据悉北京、浙江都在筹备届时举行纪念活动。祖国和人民一直在惦念着自己的忠诚的儿子，郁达夫有知，将会含笑于地下。而作为两名普通的现代文学研究者，我们也愿以这本《评传》的再版，来表示对优秀文学家郁达夫烈士的深挚的纪念。

作　者
1985 年 6 月

| 新版后记 |

　　从最早接触郁达夫研究这一课题到现在,已经五十多年了,那是1954年秋天在老师贾植芳教授指导下,《郁达夫论》作为本科毕业论文的题目定下来的。从此我们就一直关注着郁达夫这位中国现代文学史上具有鲜明特色的重要作家。1957年我们发表了《郁达夫论》,1983年出版了《郁达夫评传》,1985年《评传》又再版,九十年代我们又写了一组系列论文,论述郁达夫与传统文化、外国文化、地域文化的关系和分析某些代表作,2001年为台湾撰写并出版了一本郁达夫传记:《零余者的叹息——郁达夫》,此外还先后编了一本《郁达夫自传》和一本《郁达夫自述》出版。

　　跟踪这一研究课题,实际上也是一个不断积累和深化的过程。随着研究环境的改善,随着新资料和新的研究成果的不断出现,现在的郁达夫研究已经比从前丰富和深入多了,我们的一些看法也有变化,现在再回头看看写于近三十年前的这本《评传》,就发现有不少地方是需要补充和修改的,我们真希望能有机会来做这个工作。就在我们有这个想法的时候,去年 5 月,正好接到丁帆约我们修订《郁达夫评传》的电话,就很高兴地马上答应下来,并立刻进行了长达半年多的增订、修改工作。

这次修订,在重新阅读郁达夫著作和有关资料的基础上,对《郁达夫评传》的原有框架作了一些调整,对许多评价和观点根据目前的认识重新斟酌,新增写了一些内容,重写了一些部分,修改了一些文字,补充了一些资料,订正了一些引文。现在这个增订工作基本完成,我们希望它能以较新的面貌出现在读者面前。当然这并不意味着我们这个研究课题的终结,况且现在所呈献出来的成果也一定还存在这样那样的问题和不足,我们期盼得到读者和专家的指正,以便使这一课题能达到更高的研究水平。丁帆、徐德明和新版责编马蓝婕为本书的修订和出版花了不少心血,谨向他们表示衷心的感谢。

作　者
2010 年 1 月

图书在版编目(CIP)数据

郁达夫评传 / 曾华鹏,范伯群著. —南京:南京
大学出版社,2012.2
　(中国现代文化名人评传丛书)
　ISBN 978 - 7 - 305 - 08224 - 5

　Ⅰ.①郁… Ⅱ.①曾…②范… Ⅲ.①郁达夫
(1896~1945)-评传　Ⅳ.①K825.6

　中国版本图书馆 CIP 数据核字(2011)第 046554 号

出 版 者　南京大学出版社
社　　　址　南京市汉口路 22 号　　邮　编　210093
网　　　址　http://www.NjupCo.com
出 版 人　左　健
丛 书 名　中国现代文化名人评传
书　　　名　郁达夫评传
著　　　者　曾华鹏　范伯群
责任编辑　马蓝婕　　　编辑热线　025 - 83594071
照　　　排　南京紫藤制版印务中心
印　　　刷　南京爱德印刷有限公司
开　　　本　635×965　1/16　印张 18.5　字数 230 千
版　　　次　2012 年 2 月第 1 版　2012 年 2 月第 1 次印刷
ISBN　978 - 7 - 305 - 08224 - 5
定　　　价　46.00 元

发行热线　025 - 83594756
电子邮箱　Press@NjupCo.com
　　　　　Sales@NjupCo.com(市场部)

出版统筹　金鑫荣

责任编辑　马蓝婕

责任校对　李廷斌

装帧设计　敬人书籍设计工作室
　　　　　吕敬人 + 杨 婧